KB234593

카 네 기
인간관계론

카네기 인간관계론

데일 카네기 지음 | 황금진 옮김

친구를 얻고
사람들에게
영향을
끼치는 방법

아템포

이 책 따위는 읽어볼 필요가 없는 사람,
내 소중한 친구 호머 크로이에게
이 책을 바친다.

이 책을 통해 당신이 해낼 수 있는 12가지

1. 틀에 박힌 사고에서 벗어나 참신한 생각을 함으로써 새로운 비전과 야망을 품는다.
2. 쉽고 빠르게 친구를 사귄다.
3. 전보다 인기가 많아진다.
4. 사람들에게 자신의 의견을 관철한다.
5. 어떤 일을 추진할 때 행사할 수 있는 영향력, 위신, 능력이 높아진다.
6. 새로운 의뢰인, 새로운 고객을 확보한다.
7. 수익력이 향상된다.
8. 회사에서 더욱 유능한 영업사원, 더욱 유능한 중역이 된다.
9. 불만 사항을 노련하게 처리하고 논쟁을 피하며 원만하고 즐거운 인간관계를 유지한다.
10. 발표 능력이 향상되고 더욱 재기 넘치는 대화 상대가 된다.
11. 심리학의 원리에 쉽게 다가가며 이를 일상생활에도 적용할 수 있다.
12. 동료에게 열정을 불러일으킨다.

28개 언어로 번역된 본 저서는 무수한 독자들에게 위와 같은 성과를 안겨준 바 있다.

성공으로 가는 지름길

지난 1월의 어느 추운 겨울밤, 2500명의 남녀가 뉴욕의 펜실베이니아 호텔 내 대연회장으로 모여들었다. 7시 반이 되자 좌석이란 좌석은 모조리 찼다. 8시가 되어도 열의에 들뜬 군중이 여전히 쏟아져 들어왔다. 널찍한 발코니는 이내 사람들로 꽉 찼고 이제는 서 있을 자리조차 찾아보기 어려울 정도였다. 그날 밤, 하루 업무를 마치고 파김치가 된 사람들 수백 명이 뭔가를 보기 위해 한 시간 반이나 서 있었다. 대체 뭐였을까?

패션쇼?

6일 코스 경륜[1]일까? 그것도 아니면 친히 클라크 게이블[2]이라도 등장한 걸까?

____

1. 6일간 실내 트랙을 달리는 자전거 경주로, 영국에서 처음 시작되었다.
2. 미국의 유명 영화배우로 남성적 매력을 뽐내 특히 여성 관객에게 많은 사랑을 받았다. 〈바람과 함께 사라지다〉, 〈어느 날 밤에 생긴 일〉 등의 영화에 출연했다.

아니다. 이 사람들은 모두 어떤 신문광고를 보고 혹해서 찾아왔다. 이틀 전 저녁, 이들은 〈뉴욕 선^{New York Sun}〉지 한 부를 집어들었다가 신문 한가운데서 자신을 빤히 쳐다보고 있는 전면 광고를 하나 발견했다.

"소득을 늘리고
효과적인 말하기도 배우고
리더가 될 준비를 하십시오."

어디서 많이 보던 문구라고? 그러나 믿거나 말거나 세상에서 가장 약아빠진 도시 뉴욕에서, 그것도 인구의 20퍼센트가 생활보장 대상인 불경기 동안 2500명의 사람이 위와 같은 광고를 보고 펜실베이니아 호텔로 몰려들었다.

잊지 말아야 할 점은 위 광고가 타블로이드지가 아니라 뉴욕에서 가장 보수적이라고 정평이 난 〈뉴욕 선〉지에 실렸다는 사실이다. 게다가 광고를 보고 찾아온 사람들은 경제활동의 상위 계층에 속한 중역들, 고용주들, 전문직 종사자들로 연간 소득이 2000달러에서 5000달러에 이른다.

이러한 남녀가 효과적인 말하기와 인간관계를 위해 데일 카네기 연구소가 주관한 강좌, '효과적인 말하기와 성공적인 비즈니스 대화법'이라는 아주 현대적이고 실용적인 강좌의 첫 수업을 듣기 위해 모여든 것이다.

2500명의 남녀 직장인이 그곳에 온 이유는 무엇이었을까?

불경기 때문에 갑자기 배움에 대한 갈증이 생기기라도 한 것일까?

그 때문은 아닐 것이다. 이와 똑같은 강좌가 뉴욕 시에서 지난 24년간 분기마다 강연 장소를 가득 메운 청중을 앞에 두고 열렸기 때문이다. 그동안 1만 5000명이 넘는 비즈니스맨과 전문직 종사자들이 데일 카네기에게 교육을 받았다. 웨스팅하우스, 맥그로힐 출판사, 브루클린유니언 가스 회사, 브루클린 상공회의소, 미국 전기기술자협회, 뉴욕 전화 회사와 같이 의심 많고 보수적인 대규모 조직들조차 임직원을 위해 자신들의 사무실에서 카네기 초빙 강좌를 열었다.

초등학교나 고등학교 또는 대학을 떠난 지 10~20년도 넘은 이들이 이러한 강좌를 들으러 온다는 사실은 우리의 교육제도가 지닌 치명적인 결함을 여실히 보여주는 증거이다.

성인들이 정말로 배우고 싶어 하는 것은 무엇일까? 이는 매우 중요한 질문이다. 따라서 그 해답을 찾기 위해 시카고 대학교와 미국 평생교육협회, 그리고 미국 YMCA 학교는 2만 5000달러의 비용과 2년이라는 시간을 들여 설문조사를 진행했다.

설문조사에 따르면 성인들의 주된 관심사는 '건강'인 것으로 밝혀졌다. 그다음으로 관심 있는 분야는 '인간관계 기술 연마'였다. 성인들은 타인과 원만하게 지내고 타인을 설득하는 기술을 배우고 싶어 했다. 성인들은 대중연설가가 되고 싶은 것도 아니고, 심리학에 관한 거창한 내용을 귀에 못이 박이게 듣고 싶은 것도 아니다. 그들이 원하는 것은 비즈니스와 사교 모임, 그리고 가정에서도 즉시 써먹을 수 있는 제언이다.

그렇다면 이것이 바로 성인들이 배우고 싶어 하는 것인가?

"좋아. 성인들이 원하는 게 그거라면 우리가 그걸 주도록 하자"라고 설문조사를 한 사람들은 다짐했다.

교재를 물색하던 중 그들은 인간관계에서 일상적으로 겪는 문제들을 해결하는 데 도움을 줄 효과적인 안내서가 존재하지 않는다는 사실을 발견했다.

참으로 큰일이 아닐 수 없다! 평범한 성인들은 들춰볼 일조차 없는 그리스어와 라틴어, 고등수학에 관한 학습서는 수백 년 동안 끊임없이 쏟아져 나왔다. 그런데 관련 지식에 대한 갈증에 목말라 있으며 진심으로 지도 편달을 열망하는 단 하나의 주제를 다룬 책은 한 권도 없다니!

이것이 바로 2500명의 열성적인 성인들이 신문광고를 보고 펜실베이니아 호텔의 대연회장으로 구름처럼 모여든 이유이다. 그들은 오랫동안 찾아 헤매던 것을 마침내 발견했다.

그들은 고등학교와 대학교에 다니던 시절에 지식만이 금전적, 직업적 보상을 받게 해줄 유일한 수단이라 믿으며 책 속에 파묻혀 지냈다.

그러나 그들은 혼란스러운 비즈니스 생활 몇 년 만에 극심한 환멸감을 느꼈다. 지식만 갖춘 것이 아니라 화술에도 능하고 사람들에게 자신의 의견을 관철하는 사람, 또 자기 자신과 자신의 아이디어를 '판매할' 줄 아는 사람이 사업에서 가장 눈부신 성공을 거두는 것을 목격했기 때문이다.

그들은 얼마 안 가 깨닫게 되었다. 선장이 되어 비즈니스라는 배를 몰고 싶다면, 하버드 졸업장이나 라틴어로 쓰인 시에 대한 지식보다 능숙한 말솜씨가 더욱 중요하다는 사실을 말이다.

〈뉴욕 선〉지에 실린 광고를 보니 펜실베이니아 호텔에서 열릴 회합이 흥미진진해 보인다. 실제로도 그랬다.

이미 강좌를 들어본 사람들 18명이 확성기 앞에 모여 있었고, 그중 15명에게는 각자의 사연을 발표할 시간이 딱 75초 주어졌다. 발언 중이더라도 75초가 되면 의장은 '꽝' 하고 의사봉을 두드리며 "그만! 다음 발표자!" 하고 외쳤다.

물소 떼가 우르릉거리며 평야를 가로지르듯 발표는 신속하게 진행되었다. 구경꾼들은 발표를 들으려고 한 시간 반 동안이나 서 있었다.

발표자들은 미국 실업계의 단면을 보여주었다. 체인점 중역부터 제빵사, 무역협회 간부, 은행가 두 명, 트럭 외판원, 화학약품 외판원, 보험설계사, 벽돌제조업체협회 총무, 회계사, 치과의사, 건축사, 위스키 외판원, 크리스천 사이언스[3] 치유사, 강좌를 들으려고 인디애나폴리스에서 뉴욕까지 온 약제사, 중요한 3분짜리 연설을 앞두고 준비 차원에서 온 하바나 출신의 변호사까지 매우

---

3. 1866년 메리 베이커 에디 부인이 창시한 종교 단체로, 예수의 치유 행위가 오늘날 사람들에게도 적용될 수 있는 과학이라고 주장한다.

다양한 사람들이 모였기 때문이다.

맨 처음 연사로 나선 사람은 패트릭 J. 오헤어^{Patrick J. O'Haire}라는 아일랜드식 이름을 가지고 있었다. 그는 아일랜드에서 태어나 정규교육이라고는 4년밖에 받지 못했고 어쩌다 보니 미국까지 와서 기계공으로 지내다가 이후 운전기사 일을 했다고 한다.

나이 마흔에 식구가 점점 늘어 수입을 늘릴 필요가 생긴 그는 트럭을 팔아보기로 했다. 그의 말에 따르면 마음을 좀먹고 있는 열등감 때문에 용기 내어 사무실 문을 열기까지 대여섯 번이나 그 앞을 서성거려야 했다고 털어놓았다. 외판원으로서는 영 아니다 싶어 다시 기계공이 되어볼까 생각하던 어느 날, 데일 카네기의 효과적인 말하기 과정 총회의 초청장이 날아들었다.

참석할 마음은 없었다. 대학물 먹은 사람들이 득시글거려 소외감을 느끼게 될까 두려워서였다. 절망에 빠져 있던 그의 부인은 "여보, 당신한테 도움이 될지도 모르잖아요. 혹시 아나요, 당신한테 필요한 걸지"라며 가보라고 우겼다. 그는 총회가 열리는 장소까지 가서는 장내에 들어설 만큼 자신감이 생길 때까지 5분 동안 보도에 서 있었다.

처음 몇 번은 그도 남들 앞에서 말을 해보려고 노력했지만 두려움 때문에 머리가 어질어질했다. 그럭저럭 몇 주가 흘러 이제 연단 공포증이 말끔히 사라지게 된 그는 곧 자신이 말하는 것을 매우 좋아한다는 사실을 알게 되었다. 군중의 규모가 크면 클수록 좋았다. 대인공포증 또한 말끔히 사라져 더는 고객을 만나는 일이 두렵지 않게 되었다. 그의 소득은 서서히 오르다가 어느 순간 하늘 높이 치솟았다. 현재 그는 뉴욕에서 가장 잘 나가는 외판원이다. 그날 밤 펜실베이니아 호텔에서 패트릭 오헤어는 2500명의 사람을 앞에 두고 자신이 이룩한 성과를 신명 나고 멋지게 들려주었다. 장내는 곧 웃음바다로 변했다. 전문 연사도 그보다 더 잘할 수는 없었을 것이다.

다음 연사로 나선 고드프리 마이어는 반백의 은행가로 자녀를 11명이나 둔 아버지였다. 처음으로 발표를 시도했던 날, 그는 말 그대로 꿀 먹은 벙어리가 되었다. 머리가 굳어버렸던 것이다. 그의 이야기는 말을 잘하는 사람에게는 자연히 리더십이 생길 수밖에 없다는 사실을 생생하게 보여준다.

그는 월스트리트에서 일하고 있으며 25년째 뉴저지 주 클리프턴에서 살고 있다. 그 기나긴 세월 동안 그는 지역사회의 일에 적극 나선 적이 단 한 번도 없었고 아는 사람도 500명이 될까 말까 했다.

카네기 과정에 등록하고 얼마 지나지 않았을 때, 그는 세금고지서를 받아 보고 부당하게 부과된 명세가 있다는 생각에 격분했다. 보통 때 같았으면 집에 가만히 앉아 씩씩대거나 이웃에게 불평을 늘어놓으면서 화를 풀었을 것이다. 그러나 그날 밤에는 모자를 쓰고 마을회관으로 가 사람들이 모두 모인 자리에서 스트레스를 풀었다.

그날 밤 나눈 분노의 대화 이후 뉴저지 주 클리프턴 주민들은 시의원에 출마해보라며 그를 부추겼다. 그렇게 해서 그는 몇 주 동안 이런저런 회의에 참석하면서 지자체의 낭비와 방만한 운영을 맹렬히 비난하게 되었다.

시의원 후보는 모두 96명이었다. 개표 결과 놀랍게도 고드프리 마이어가 1위를 차지했다. 거의 하룻밤 만에 그는 주민 4000명이 사는 지역사회의 유명인사가 되었다. 세 치 혀 덕분에 그는 25년 동안 사귄 것보다 8배나 많은 친구를, 그것도 6주 만에 사귀게 되었다.

게다가 시의원으로서 월급을 받는다는 것은 투자 대비 연간 1000퍼센트의 이익을 거둔다는 의미다.

세 번째 연사는 전국 식품제조업협회라는 거대한 조직의 회장으로, 이사회에 참석했을 때 당당히 앞에 나가 자신의 아이디어를 표현할 수 있게 된 경위를 들려주었다.

그가 신속한 판단력을 갖추게 되자 두 가지 놀라운 일이 일어났다. 얼마 안 가 자신이 속한 협회의 회장이 되었으며, 회장 자격으로 미국 전역에서 열리는 회의에서 연설해야 하는 상황에 놓였다. 그가 연설에서 한 발언은 연합통신의 뉴스에 제공되어 전국의 신문 및 업계 잡지에 실렸다.

대중 화술을 배운지 2년 만에 그는 25만 달러를 들여 직접적인 광고로 회사와 제품을 홍보했을 때보다 훨씬 큰 홍보 효과를 얻었다. 이 연사는 예전에는 로어 맨해튼[4]의 중요한 기업인들에게 전화를 걸어 점심에 초대하는 일조차 주저했노라고 고백했다. 그러나 웅변술로 얻은 명망 덕분에 이제는 반대로 그들이 그에게 전화를 걸어와 점심에 초대하고는 시간을 빼앗아 미안하다며 사과한다고 했다.

화술은 성공으로 가는 지름길이다. 화술은 사람들의 주목을 받게 하고 두각을 드러내게 하며 누구보다 뛰어난 사람으로 만들어준다. 말을 잘하는 사람은 대개 뭐든지 실제보다 잘하는 것처럼 인식된다.

요즘 평생교육 운동이 전국을 휩쓸고 있으며 그러한 움직임 가운데 가장 눈에 띄는 인물이 바로 데일 카네기다. 그는 세상 그 누구보다 성인들의 이야기를 자주 경청하고 평가해본 사람이다. '리플리[5]의 믿거나 말거나' 최근 만화에 따르면 카네기는 15만 건의 연설을 평가한 셈이라고 한다. 이처럼 어마어마한 총 횟수도 대수롭지 않게 생각된다면, 이는 콜럼버스가 아메리카 대륙을 발견한 이후 거의 매일 연설을 들은 것과 마찬가지라는 사실을 기억하자. 다른 방식으로 환산하면, 데일 카네기 앞에서 말을 한 사람들이 각자 3분씩만 썼다고 하더라도 그 말을 전부 다 들으려면 밤낮없이 꼬박 1년이 걸린다.

극과 극을 오간 데일 카네기의 이력 자체가, 독창적인 생각에

---

4. 맨해튼의 남쪽 지역을 뜻하며 여기에는 월스트리트, 뉴욕증권거래소 등이 있어 뉴욕 경제의 중심지라고 할 수 있다.
5. 로버트 리플리는 신문 만화가로, 주로 특이하고 기이한 소재를 수집해 소개했다. 후에 '리플리의 믿거나 말거나'는 텔레비전, 라디오, 박물관 등 여러 매체로 확산되어 소개되었다.

매달려서 열정적으로 매진하면 인간이 무엇을 이룰 수 있는지를 아주 분명하게 보여주는 예이다.

철길에서 16킬로미터나 떨어진 미주리 주의 한 농장에서 태어난 카네기는 스무 살이 되어서야 처음으로 전차를 보았다. 그러나 마흔여섯 살이 된 지금은 홍콩에서 함메르페스트[6]까지, 세계 구석구석을 안 다녀본 곳이 없을 정도이다. 또한 그는 리틀 아메리카Little America[7]에 기지를 둔 버드 제독의 탐사대가 남극에 접근한 것보다 더 가깝게 북극에 접근한 일도 있다.

한때 5센트를 받고 딸기를 따고 우엉 베는 일을 했던 미주리 주 출신의 이 청년은 이제 대기업 간부들에게 자기표현 기법을 가르치면서 1분에 1달러를 받는다.

사우스다코타 서부에서 소몰이를 하고 송아지에 낙인도 찍고 말을 탄 채 울타리도 넘던 이 전직 카우보이는 나중에 런던으로 가 웨일스 공 전하의 후원을 받아 공연을 하기도 했다.

공개 석상에서 연설을 시도했을 때 처음 대여섯 번은 완패하고 말았던 이 친구가 바로 나중에 내 개인 매니저가 된 사람이다. 내 성공의 태반은 데일 카네기에게 받은 훈련 덕분이라고 해도 과언이 아니다.

청년 카네기는 교육을 받기 위해 투쟁해야만 했다. 왜냐하면 불운이 플라잉 태클[8]과 보디슬램[9]의 기세로 미주리 주 북서부에

---

6. 노르웨이 북부의 항구 도시로 유럽에서 가장 북쪽에 있는 도시.
7. 남극 대륙 로스 해 남부에 있는 미국의 남극 탐험 기지.

있는 구식 농장을 연타했기 때문이다. '102' 강[10]의 수위는 해마다 높아져 옥수수밭을 삼켜버리고 건초를 휩쓸어버렸다. 통통하게 살이 오른 돼지는 철마다 병이 들어 콜레라로 죽었고 소와 노새 시장은 바닥을 쳤으며 은행은 저당물의 담보권을 행사하겠다고 협박했다.

실망에 실망을 거듭한 카네기 가족은 농장을 팔고 미주리 주 워런스버그에 있는 주립 교육대학 근처에 또 다른 농장을 샀다. 하루에 1달러만 내면 읍내에서 숙식을 해결할 수 있었지만 젊은 카네기는 그럴 형편도 못 되었다. 그래서 그는 농장에 머물며 대학까지 5킬로미터쯤 되는 거리를 매일 말을 타고 통학했다. 집에 와서는 소젖을 짜고 장작을 패고 돼지에게 사료를 준 다음 눈앞이 흐릿해지다가 꾸벅꾸벅 졸 때까지 석유램프 빛에 의지해 라틴어 동사를 공부했다.

카네기는 한밤중에 잠자리에 들면서도 자명종을 새벽 3시에 맞춰 놓았다. 그의 아버지는 순종 두록저지Duroc Jersey[11] 돼지를 길렀는데, 몹시 추운 밤에는 새끼 돼지들이 얼어 죽을 위험이 있었다. 그래서 이 새끼 돼지들을 바구니에 넣은 다음 마대 자루로 덮어주고 그 바구니를 주방 스토브 뒤에 놓았다. 본능에 충실한 새

---

8. 미식축구에서 몸을 던지거나 뛰어올라 거는 태클.

9. 레슬링에서 상대 선수를 들어 던지는 기술.

10. 미주리 주의 플랫(Platte) 강의 지류로 원래 명칭은 원헌드레드앤드투 강(One Hundred and Two River)이다.

11. 돼지 품종의 한 가지.

끼 돼지들은 새벽 3시에 먹이를 달라고 꿀꿀댔다. 그래서 자명종이 울리면 데일 카네기는 이불 속에서 기어나와 새끼 돼지들이 든 바구니를 어미 돼지에게 가지고 나갔다. 그러고는 새끼 돼지들이 젖을 다 먹을 때까지 기다렸다가 바구니를 다시 따뜻한 주방 스토브 뒤에 가져다 놓았다.

주립 교육대학에는 600명의 학생이 있었는데 데일 카네기는 읍내에서 숙식을 해결하는 것조차 여의치 않은 6명의 외톨이 중 하나였다. 그는 말을 타고 농장으로 돌아가 매일 밤 소젖을 짤 수밖에 없게 하는 가난이 부끄러웠다. 하루가 다르게 커져만 가는 열등감 때문에 그는 성공으로 가는 지름길을 하루빨리 모색해야 했다. 얼마 후 그는 대학 내에서 영향력과 명성을 누리는 특정한 집단이 있다는 사실을 깨달았다. 바로 축구선수와 야구선수 그리고 토론과 웅변대회에서 이기는 이들이었다.

운동에는 소질이 없다는 사실을 깨달은 카네기는 웅변대회에서 1등을 해보기로 마음을 먹었다. 그래서 몇 달 동안 연설을 연습했다. 통학하느라 말을 타고 전력 질주를 하면서도, 소젖을 짜면서도, 헛간에서 건초 더미를 올리면서도 연습을 멈추지 않았다. 겁먹은 비둘기들에게 몸짓을 섞어가며 일본인의 이민을 중단시켜야 할 필요성에 관하여 열변을 토했다.

그러나 이처럼 열과 성을 다해 준비했음에도 카네기는 연거푸 고배를 마셔야 했다. 이때 카네기는 한참 예민하고 자신만만한 18세였다. 실망하고 좌절한 카네기는 심지어 자살까지 생각했다.

그러다가 어느 순간부터 갑자기 이기기 시작하더니 학내 웅변대회에 나가기만 하면 우승했다.

카네기에게 그 비법을 전수해달라고 애원한 학생들이 있었는데, 그렇게 배운 학생들 또한 우승했다.

대학 졸업 후, 카네기는 네브래스카 서부와 와이오밍 동부 모래언덕에 자리 잡은 목장주들에게 통신 강좌를 판매하기 시작했다.

그러나 넘치는 에너지와 열의에도 성공할 수 없었다. 크게 실망한 그는 대낮에 네브래스카 주 얼라이언스에 있는 자신의 호텔방으로 가 침대에 몸을 던지고는 엉엉 울었다. 대학으로 돌아가 전쟁같이 고된 삶에서 벗어나고 싶었지만 그럴 수가 없었다. 그래서 그는 오마하로 가서 다른 일을 구하기로 결심했다. 기차표를 살 돈도 없어 차비 대신 화물칸 두 량에 실은 야생마에게 사료와 물을 주는 조건으로 화물칸에 탑승했다. 사우스 오마하에 내린 카네기는 아머앤드컴퍼니의 베이컨과 비누, 식용 돼지기름을 판매하는 일을 구했다. 그의 담당 구역은 배드랜드[12]와 사우스다코타 서부의 소와 인디언 거주 지구 사이에 있었다. 그는 자신의 담당 구역을 화물열차와 역마차, 말을 타고 이동했으며 방과 방을 나누는 칸막이로 모슬린[13] 한 장이 전부인 서부 개척기 초기의 호텔에서 잠을 잤다. 세일즈 기술에 관한 책도 읽고 미쳐 날뛰는 야생마도

---

12. 사람이 살기 적합하지 않은 땅으로 여기에서는 사우스다코타 주 남서부 및 네브래스카 주 북서부의 황무지를 말한다.
13. 속이 거의 다 비치는 고운 면직물.

타고 인디언 여자와 결혼한 백인 남자들과 포커도 치면서 수금 방법을 배웠다. 오지의 가게 주인이 자신이 주문한 베이컨과 햄값을 낼 수 없다고 하자 카네기는 가게 선반에서 구두 12켤레를 가져다 철도 종업원한테 판 다음 그 돈을 아머앤드컴퍼니에 보낸 일도 있었다.

화물열차를 타고 하루에 160킬로미터를 이동하는 일도 다반사였다. 열차가 화물을 내리기 위해 정차하면 카네기는 부리나케 주택가로 달려가 상인 서너 명을 만나 주문을 받았다. 기적이 울리면 눈썹을 휘날리며 거리를 달려 내려가 이미 움직이고 있는 열차에 매달려 탔다.

그는 사우스 오마하 시외로 가는 총 29개 자동차 노선 주변 지역 중 판매 순위 25위에 불과했던 기피 지역을 2년 만에 1위로 올려놓았다. 아머앤드컴퍼니는 그에게 승진을 제안하면서 이렇게 말했다.

"자네는 불가능한 일을 가능하게 만들었네."

그러나 그는 승진도 마다하고 퇴사한 후 뉴욕으로 가서 연극예술학교를 마쳤다. 그러고는 〈서커스단의 폴리〉에서 하틀리 박사역을 맡아 전국 순회공연을 하러 다녔다.

부스나 베리모어 같은 대배우가 되지는 못했을 것이다. 그 정도도 모를 만큼 분별력이 없는 사람이 아니었기에 카네기는 다시 판매원 일을 시작했고, 이번에는 패커드 자동차 회사의 트럭을 판매했다.

그는 기계에 대해 전혀 몰랐을 뿐만 아니라 관심도 없었다. 조금도 행복하지 않았던 그는 하루하루 도살장에 끌려가는 소의 심정으로 일해야 했다. 공부할 시간도 갖고 싶었고 대학 시절부터 꿈꿔온 책을 쓸 시간도 갖고 싶었다. 그래서 그는 일을 그만두었다. 낮에는 기사나 소설을 쓰고 밤에는 야간학교에서 가르치면서 생활비를 벌 계획이었다.

그런데 대체 무엇을 가르쳐야 할까? 대학 시절을 돌아보며 그때의 자신을 평가해본 결과, 대중연설을 연마한 것이 대학 생활 내내 했던 나머지 활동보다 자신감, 용기, 평정심, 사업상 만나야 할 사람들을 상대하는 능력을 크게 길러주었다는 사실을 알게 되었다. 그래서 뉴욕에 있는 YMCA 학교를 찾아가 비즈니스맨을 위한 대중연설 강좌를 개설해달라고 요청했다.

뭐라고? 비즈니스맨을 웅변가로 만들겠다고? 터무니없는 소리였다. YMCA 측은 알고 있었다. 전에도 그런 강좌를 개설해보았지만 번번이 실패한 경험이 있기 때문이다.

YMCA 측이 하룻밤에 2달러인 급여를 지급하지 않겠다고 하자 카네기는 수수료만 받고 강의하겠으며 순수익의 일정 부분만 가져가겠다고 했다. 순수익이 발생할지는 알 수 없었지만 말이다. 3년도 안 되어 YMCA 측에서는 카네기에게 애초 약속한 조건에 따라 하룻밤에 2달러가 아닌 30달러를 지급하게 되었다.

강좌의 규모는 나날이 커져만 갔다. 다른 'YMCA' 학교들, 나아가 다른 도시에까지 소문이 퍼졌다. 얼마 안 가 데일 카네기는 뉴욕, 필라델피아, 볼티모어까지 다니는 순회 강사가 되었고 나중에는 런던과 파리로까지 활동 영역을 넓히기에 이르렀다. 그런데 모든 교재가 하나같이 다들 지나치게 학구적이거나 비현실적이어서 그의 강좌를 듣기 위해 모여든 비즈니스맨들에게는 부적합했다. 그렇다고 포기할 그가 아니었다. 시간을 들여 《비즈니스 대중연설 Public Speaking and Influencing Men in Business》이라는 제목의 책을 썼다. 이 책은 YMCA뿐만 아니라 미국 은행가협회와 전국신용조사원협회의 공식 교재이기도 하다.

오늘날 대중연설 교육을 받으려고 분기마다 데일 카네기를 찾는 성인의 수는 뉴욕 시내에 있는 총 22곳의 전문학교 및 대학교에서 개설한 대중연설 강좌를 찾는 인원수보다 훨씬 많다.

데일 카네기는 누구든 화가 난 상태에서는 말을 잘할 수 있다고 주장한다. 마을에서 가장 무식한 사람을 찾아 턱을 갈겨준 다음 때려눕히면 그 사람은 벌떡 일어나 전성기의 윌리엄 제닝스 브라이언[14] 저리 가랄 정도로 유창하고 열정적이고 강단 있게 말할 수 있다는 것이다. 또한 내면에서 부글부글 끓어올라 넘치기 직전인 아이디어와 자신감만 있으면 누구든 공식 석상에서 제법 말을 잘할 수 있다고 주장한다.

자신감을 기르는 방법은 자신이 두려워하는 일을 한 다음 그 일에 성공했다는 기억을 갖는 것이라고 카네기는 말한다. 따라서

---

14. 변호사 출신의 미국 정치가로 제국주의에 반대하고 평화 유지에 힘썼다.

그는 강의할 때마다 참여한 사람 모두에게 억지로라도 말을 해보게 한다. 그 자리에 모인 청중은 동병상련을 느끼고 있다. 모두 한 배에 타고 있으므로 계속 연습하다 보면 용기와 자신감, 열정이 생겨나고 이는 곧 사적인 자리에서의 화법에도 영향을 미친다.

데일 카네기는 여러분에게 우연히 시작하게 된 대중연설 강의로 자신이 이날 이때까지 먹고산 게 아니라고 말할 것이다. 그는 사람들이 두려움을 극복하고 용기를 기르도록 돕는 것이 자신의 본업이라고 주장한다.

카네기는 처음에 대중연설 강좌 하나를 개설했을 뿐이지만 강좌를 들으러 온 학생들은 비즈니스맨이었다. 그들 중 다수가 30년 동안 교실 근처에도 가지 않았던 사람들이다. 또한 대다수가 수업료를 할부로 내는 실정이었다. 따라서 그들은 빠른 결과를 원했다. 다음 날 당장 사업 면담에서, 여러 사람 앞에서 말해야 하는 자리에서 써먹을 수 있는 결과를 원했다.

그래서 카네기 또한 신속하고 실용적이어야만 했다. 그 결과 독특한 훈련 체계를 개발하게 되었다. 그것은 대중연설과 세일즈 기술, 인간관계와 응용 심리학이 결합한 놀라운 체계였다.

결코 철칙에 얽매이는 법이 없던 카네기는 홍역처럼 사실적으로 와 닿으면서 두 배는 더 재미있는 강좌를 개발했다.

종강 후에도 수강생들은 자기들끼리 조를 짜서 그 후로도 오랫동안 2주에 한 번, 지속적인 모임을 하고 있다. 19명으로 구성된 필라델피아의 어느 조는 17년 동안 겨울 학기 내내 한 달에 두 번이나 모임을 하고 있다. 카네기의 수업을 들으려고 80킬로미터 혹은 160킬로미터나 되는 장거리 운전을 마다치 않는 사람들도 많다. 매주 시카고에서 뉴욕으로 통학한 학생도 있었다.

하버드 대학교의 윌리엄 제임스Willian James15 교수는, 보통 사람은 잠재하고 있는 지적 능력 중 겨우 10퍼센트만을 계발한다고 말하곤 했다. 비즈니스맨이 잠재적인 가능성을 계발하도록 도와줌으로써 데일 카네기는 평생교육 분야에서 가장 의미심장한 움직임을 일으켰다.

---

15. 미국의 심리학자, 철학자로서 근대 심리학의 창시자로 여겨진다.

* 로웰 토머스(Lowell Thomas)
아카데미 시상식에서 7개 부문을 석권하며 영화사에서 기념비적 작품으로 손꼽히고 있는 〈아라비아의 로렌스〉(데이비드 린 감독)의 주인공인 영국군 장교 토머스 에드워드 로런스를 세상에 처음으로 알린 미국 유명 언론인. 로웰 토머스는 로런스의 전쟁 당시 활동을 담은 기록 영화 〈팔레스타인의 앨런비, 아라비아의 로런스〉를 만들어 크게 흥행시켰다. 이 영화를 통해 로런스는 일약 아랍 민족의 해방을 이끈 전쟁 영웅이 됐다.
로웰 토머스가 로런스의 영화를 만들고 상영할 때 데일 카네기는 그의 매니저로서, 그리고 영화 디렉터로서 함께 일했다. 이 둘은 평생 우정을 나눈 친구였다. _편집자

이 책을 어떻게, 왜 썼는가

지난 35년간 미국의 출판사들이 낸 책만 20만 종이 넘는다. 그중 대부분은 끔찍할 정도로 재미가 없었고 다수가 재정적인 실패를 면하지 못했다. 내가 '다수'라고 했던가? 세계에서 가장 큰 출판사 가운데 하나인 어느 출판사의 사장이 최근 내게 털어놓은 이야기로는 75년의 역사를 자랑하는 자신의 출판사도 8권 중 7권꼴로 금전적 손해를 본다고 했다.

그런데 나까지 무모하게 책을 내려는 이유는 무엇일까? 또한 여러분이 내가 쓴 이 책을 굳이 읽어야 할 이유는 무엇일까?

어려운 질문이지만 내 나름대로 답해보려 한다.

이 책이 세상에 나오기까지의 과정을 정확하게 설명하기 위해서는 유감스럽게도 여러분이 로웰 토머스가 쓴 서문 '성공으로 가는 지름길'에서 이미 읽었을 법한 사실 몇 가지를 다시 한번 간단히 짚고 넘어가야 할 것 같다.

나는 1912년부터 뉴욕의 남녀 직장인 및 전문직 종사자들을 위한 교육과정을 개설해왔다. 처음에는 대중연설 교육과정만 개설했다. 이 과정은 성인을 대상으로 실전을 통하여 사업상 면담에서든 대중 앞에서든 순발력 있게 사고하고 자신의 아이디어를 분명하고 효과적이면서 침착하게 표현하게끔 훈련하는 것이었다.

그러나 해가 갈수록 성인들에게는 효과적인 화술 훈련뿐만 아니라 일상적 비즈니스와 사교 활동 중 접촉하는 타인과 원만한 관계를 맺는 훈련 또한 전자 못지않게 필요하다는 사실을 깨달았다.

더불어 나에게도 그러한 훈련이 절실하게 필요하다는 사실을 깨달았다. 이제 와 지난 세월을 돌이켜 보니 경악할 일이게도 나 또한 기교와 이해가 부족했던 적이 적잖았다. 20년 전에 누군가 내게 이런 책을 손에 쥐여주었더라면 얼마나 좋았을까! 말할 수 없이 요긴하게 쓰였을 텐데!

사람을 다루는 일이야말로 우리가 직면한 문제 중 가장 중대한 문제가 아닐까 한다. 특히나 비즈니스에 몸담고 있다면 더할 나위 없다. 그러나 당신이 주부나 건축사, 엔지니어라도 마찬가지다. 몇 년 전 카네기 교육진흥재단의 후원으로 시행한 연구에서 매우 중요하고 의미심장한 한 가지 사실이 밝혀졌다. 이러한 사실은 나중에 카네기 공과대학에서 실시한 추가 연구에서도 확인되었다. 수차례의 연구 끝에 밝혀낸 바에 따르면 엔지니어링과 같은 공과 계열에서조차 재정적 성공의 약 15퍼센트는 기술적 지식에 기인하고 무려 85퍼센트가 인사관리, 즉 리더로서 지닌 능력과 성격에 기인한다고 한다.

나는 수년간 분기마다 필라델피아 엔지니어 클럽에서 강좌를 개설했고, 미국 전기공학자협회 뉴욕 지부에서도 교육을 진행해 보았다. 총 1500여 명이나 되는 엔지니어들이 내 수업을 들은 셈이다. 그들은 다년의 관찰과 경험 끝에 엔지니어링 분야에서 고액 연봉을 받는 사람들이 엔지니어링을 가장 많이 아는 사람은 아니라는 사실을 마침내 깨달았다. 그래서 나를 찾아온 것이다. 가령 엔지니어링이든 회계든 건축이든 그 밖의 어떤 다른 전문 분야든, 주급 25달러에서 50달러에 기술적인 능력만 살 수 있다고 가정해 보자. 시장에는 늘 그런 인력이 넘쳐난다. 그러나 기술적 지식에 **더해** 자신의 아이디어를 표현하고 리더십을 발휘하고 사람들의 열의를 불러일으킬 수 있는 사람이 있다면, 그의 수익력은 더욱 높을 수밖에 없다.

전성기의 존 D. 록펠러는 매슈 C. 브러시에게 "인간관계 능력도 설탕이나 커피처럼 구매할 수 있는 상품"이라고 했다. 존 D. 록펠러는 "그 능력을 사기 위해서라면 얼마든 지급할 용의가 있다"라고 했다.

여러분은 아마도 이 땅에 있는 대학들이 모두 이처럼 세상에서 가장 비싼 능력을 계발하기 위한 과정을 개설해 놓고 있으리라 여길 것이다. 그러나 성인들을 위해 이렇게 실용적이고 상식적인 교육과정을 개설해 놓은 대학이 이 땅에 단 한 군데라도 있을까? 만일 그렇다면 이 책을 집필 중인 현재까지도 내 눈에 띄지 않았을 뿐인가 보다.

시카고 대학교와 YMCA 연합학교는 성인이 배우고 싶어 하는 분야를 알아내기 위해 설문조사를 시행했다.

이 설문조사를 위해 2만 5000달러의 비용과 2년의 세월이 투입되었다. 가장 마지막 조사 지역은 코네티컷 주 메리덴이었다. 메리덴은 미국의 전형적인 도시로 채택되었다. 메리덴에 거주하는 모든 성인을 대상으로 인터뷰를 시행하여 156개 문항에 답변을 요청했다. 질문에는 "직업이 무엇입니까? 교육 수준은? 여가는 어떻게 보내고 계십니까? 소득은 얼마입니까? 취미는? 장래희망은? 고민은 무엇입니까? 가장 관심 있는 학습 분야는 무엇입니까?" 등이 포함되었다. 설문조사 결과에 따르면 성인들의 주요 관심사는 건강이었고 그다음은 인간, 즉 타인을 이해하고 타인과 원만하게 어울리는 방법, 사람들에게 호감을 사는 방법, 사람들에게 자신의 의견을 관철하는 방법 등에 관한 것이었다.

그에 따라 본 설문조사를 시행한 위원회는 메리덴에서 성인을 대상으로 그러한 교육과정을 개설하기로 결정했다. 해당 주제를 다룬 실용적인 교재를 부지런히 뒤져보았으나 찾을 수 없던 그들은 결국 성인 교육에 관하여 세계에서 제일가는 권위자 가운데 한 명에게 성인들의 필요를 충족시켜줄 수 있는 책이 있는지 물어보았다. 그는 "글쎄요, 성인들이 무엇을 원하는지는 저도 잘 압니다만 그런 책은 이제껏 출간된 적이 없습니다"라고 대답했다.

나 또한 경험을 통해 그의 말이 사실이라는 것을 알고 있다. 나 또한 인간관계에 관한 실용적이고 효과적인 안내서를 수년간 찾아 헤맨 장본인이기 때문이다.

그러한 책이 존재하지 않으므로 나는 강좌에서 사용할 목적으로 직접 써보기로 했다. 이 책이 바로 그 결과물이다. 아무쪼록 여러분의 마음에도 들었으면 하는 바람이다.

나는 이 책을 준비하면서 해당 주제에 관한 책을 모두 찾아서 읽어보았다. 도러시 딕스부터 이혼법정 자료, 〈페어런츠 매거진 Parent's Magazine〉, 오버스트리트 교수, 알프레트 아들러, 윌리엄 제임스에 이르기까지 모조리 섭렵한 듯하다. 이게 다가 아니었다. 나는 전문 연구원을 채용해 1년 반 동안 여러 도서관을 전전하며 내가 놓친 것이 있다면 빠짐없이 읽어보고 심리학에 관한 어려운 책과 씨름했다. 또한 잡지 기사 수백 건을 탐독하고 수많은 전기를 이 잡듯 뒤졌으며, 시대를 통틀어 위대한 인물들은 어떻게 사람을 다루었는지 확인했다. 우리는 시대를 살다 간 모든 위인들의 전기를 읽어보았다. 율리우스 카이사르부터 토머스 에디슨에 이르기까지, 위대하기로 명성이 자자한 지도자들의 인생사를 읽어보았다. 시어도어 루스벨트에 관한 전기만 백여 권은 읽은 것으로 기억한다. 우리는 친구를 얻고 사람들에게 영향을 끼치기 위해 누구든 사용한 적이 있는 실용적인 아이디어라면, 역사를 통틀어 그것이 무엇이건 모두 찾아내기 위하여 시간과 비용을 아끼지 않기로 했다.

또한 성공한 사람들을 수십 명 만나 직접 인터뷰했는데, 그중에는 전 세계적으로 이름을 떨친 마르코니[Marconi1], 프랭클린 D. 루스벨트, 오언 D. 영[Owen D. Young2], 클라크 게이블, 메리 픽포드[Mary Pickford3], 마틴 존슨 등이 있다. 인터뷰 내내 그들이 인간관계에서 활용한 여러 기법을 찾아내려고 애를 썼다.

이러한 자료를 모두 참고하여 나는 짧은 강연을 준비했다. 그리고 그 강연을 '친구를 얻고 사람들에게 영향을 끼치는 방법'[4]이라고 불렀다. 나는 이 강연이 '짧다'는 표현을 썼다. 왜냐하면 처음에는 정말 짧았기 때문이다. 그러던 것이 지금은 한 시간 반이나 잡아먹는 강의로 확대되었다. 나는 수년간 매 분기 뉴욕에 소재한 카네기 공과대학에서 성인을 대상으로 이 강의를 했다.

강의를 마친 후에는 참가한 사람들에게 현장에 나가 비즈니스에서든 사교 활동에서든 배운 내용을 시험해보고 수업에 와서 그들의 경험과 성과를 발표해달라고 했다. 참으로 흥미로운 숙제가 아닌가! 자기계발에 굶주려 있던 이들은 남녀를 불문하고 모두 일종의 새로운 실험, 이제껏 행해졌던 그 모든 실험 중에서 성인을 대상으로 하는 처음이자 유일무이한 인간관계 실험에 참여할 수 있다는 생각에 매료되어 있었다.

이 책은 통상적인 책과는 다른 방식으로 쓰였다. 아이가 자라

---

1. 이탈리아의 전기 기술자이며 최초로 무선 통신에 성공해 실용화했다.
2. 미국의 법률가·실업가로서 제너럴일렉트릭 사의 이사장 및 뉴욕연방준비은행의 중역, 국제상업회의소 회장 등 여러 금융기관 및 회사에서 중역 또는 고문을 맡았다.
3. 1920년대 전후, 청순미로 미국 최고의 인기스타에 올랐던 영화배우.
4. 이 책의 원제 'How to Win Friends and Influence People'이기도 하다.

듯 이 책도 자랐다. 실험 덕분에, 성인 수천 명의 체험 덕분에 성장하고 발전할 수 있었다.

몇 년 전, 우리가 시작할 때만 해도 엽서 한 장만 한 크기의 두꺼운 종이에 인쇄된 일련의 원칙이 다였다. 다음 학기에는 그 종이의 크기가 좀 더 커졌고 그다음 학기에는 전단이 되더니 그다음에는 소책자가 되었다. 매번 크기와 범위가 커졌다. 15년 동안의 실험과 조사를 마친 끝에 이렇게 어엿한 한 권의 책이 되었다.

우리가 이 책에서 세워 놓은 원칙들은 이론이나 추측이 아니다. 마법과도 같은 효력을 발휘한다. 믿기 어렵겠지만 나는 수많은 사람이 이 원칙들을 실생활에 적용하여 말 그대로 인생 역전에 성공하는 모습을 목격했다.

예를 들어보겠다. 지난 학기에 314명의 종업원을 거느리고 있던 어떤 남자가 우리 강좌에 등록했다. 그는 꽤 오랫동안 눈치 따위는 전혀 살피지 않고 마음 내키는 대로 종업원들을 몰아붙이고 비난하고 질책해왔다. 친절, 감사, 격려는 그와는 거리가 먼 단어였다. 이 책에서 거론된 원칙들을 학습한 후, 이 고용주는 자신의 인생철학을 완전히 바꿨다. 그의 회사에는 이제 새로운 충성심, 새로운 열의, 새로운 팀워크 정신이 넘쳐난다. 314명의 적이 314명의 친구로 돌변했다. 그가 수업 시간에 자랑스럽게 발표한 내용은 다음과 같다.

"전에는 구내를 돌아다녀도 저에게 인사를 건네는 사람이 아무도 없었습니다. 제가 다가오는 것을 보면 직원들은 저를 못 본 척

했습니다. 그런데 지금은 모두 제 친구가 되었고 경비원들도 저를 이름으로 부릅니다."

이 고용주는 이제 수익도 여유도 전보다 더욱 많아지게 되었으며, 두말할 필요도 없이 더욱 중요한 것은 일터와 가정에서 모두 전보다 더욱 큰 행복을 찾게 되었다는 사실이다.

이러한 원칙들을 활용하여 영업 실적이 월등히 좋아진 외판원들도 무수히 많다. 새로운 단골을 확보한 이들도 많은데 이들의 신규 고객들은 꽤 오래전부터 공을 들이고도 설득하지 못한 부류였다. 중역들은 더 높은 권위와 연봉을 얻었다. 한 중역은 지난 학기에 연봉이 5000달러나 늘었다면서 그 주된 이유가 이러한 원칙을 적용했기 때문이라고 했다. 필라델피아 가스공급 회사의 또 다른 중역은 호전적인 성격과 리더십 부재 때문에 좌천 후보에 올랐다. 그는 교육을 받고 65세의 나이에 좌천당할 위기에서 벗어났을 뿐만 아니라 오히려 승진과 연봉 인상이라는 쾌거를 이룩했다.

종강 기념 연회에 참석한 주부들이 이 교육을 남편들이 받고 난 이후 가정이 한결 화목해졌다고 말한 경우도 부지기수이다.

남자들은 자신들이 이룩한 새로운 성과에 깜짝 놀라곤 한다. 모든 것이 마법처럼 보이는 모양이다. 열의에 넘친 나머지 자신의 성과를 발표하는 정규 수업 시간까지, 그 48시간을 기다리지 못하고 일요일에 우리 집에 전화를 건 사람도 있었다.

지난 학기에는 원칙을 주제로 한 강의를 듣고 흥분한 나머지 동기들과 함께 한밤중까지 토론을 벌인 남자도 있었다. 다른 사람들은 새벽 3시에 집으로 돌아갔지만 그 남자는 그동안 자신이 저지른 실수를 깨닫고 큰 충격에 휩싸였고 자신 앞에 펼쳐진 전보다 더욱 풍요로운 신세계에 고취되어 잠을 이루지 못했다. 그 남자는 그날 밤도, 그다음 날 낮에도, 그다음 날 밤에도 계속 잠을 이루지 못했다.

그 남자는 대체 어떤 사람이냐고? 자기 앞에 던져진 새로운 이론에 대하여 입을 다물지 못하는 순진하고 무지한 사람이 아니냐고? 아니다. 전혀 그런 사람이 아니다. 그는 자기 일에 흥미를 잃은 세련된 미술상商으로 3개 국어를 유창하게 구사하며 외국에서 대학을 두 군데나 다닌 사교계 인사였다.

이번 장을 집필하던 도중 선조가 몇 대에 걸쳐 호엔촐레른 가家[5] 아래에서 육군 장교를 지냈다는 어떤 고루한 독일 귀족으로부터 편지를 한 통 받았다. 대서양 횡단 기선에서 썼다는 그의 편지는 원칙들을 적용해보았다는 내용을 담고 있었는데 종교적인 광기에 가까운 분위기를 풍기고 있었다.

오랫동안 뉴욕 시민이었고 하버드 출신으로 사교계 명사 인명록에 이름이 대문짝만 하게 실렸을 뿐만 아니라 대규모 카펫 공장의 소유주로 막대한 부를 자랑하는 또 다른 남자는 사람에게 영향을 미치는 고급 기술에 관한 본 교육체계를 통해 14주 동안

---

5. 1871년부터 1918년까지 독일을 지배한 왕가.

4년을 대학에 다니면서 배운 것보다 훨씬 많은 것을 배웠노라고 단언했다. 어처구니없다고? 가소롭다고? 기가 막힌다고? 물론 어떤 말로 이런 증언들을 무시하건 당신의 자유이다. 나는 보수 성향을 가진 성공한 하버드 졸업생이 1933년 2월 23일 목요일 저녁, 뉴욕에 있는 예일 클럽에서 약 600명에게 한 공개연설 도중 공표한 내용을 사심 없이 전달하는 것뿐이다.

유명한 하버드대 교수인 윌리엄 제임스는 이렇게 발언했다.

"우리가 가진 잠재력에 비하면 우리는 반만 깨어 있다. 우리는 육체적·정신적 능력의 극히 일부분만을 이용하고 있다. 폭넓은 의미에서 우리 인간은 한계에 훨씬 못 미치는 삶을 살고 있다. 인간은 무한한 능력을 갖추고 있으면서도 그 능력을 습관적으로 방치하고 있다."

"습관적으로 방치하고 있는" 그 모든 능력을 생각해보라! 이 책의 목적은 동면하고 있는 당신의 능력, 즉 활용되지 못하고 있는 자산을 발견하고 계발하여 이익을 얻는 것, 그거 하나밖에 없다.

프린스턴 대학교의 전前 학장인 존 G. 히벤은 "교육이란 인생의 온갖 상황에 대처하는 능력"이라고 했다.

이 책의 처음 세 장章을 다 읽고도, 인생의 온갖 상황에 더욱 잘 대처할 준비가 되지 않는다면 그 사람에게는 이 책이 완전한 실패작이라고 보아야 할 것이다. 왜냐하면 허버트 스펜서는 **"교육의 위대한 목적은 앎이 아니라 행동"**이라고 했기 때문이다.

그리고 이 책은 바로 그 행동을 촉구하는 책이다.

본 서문 또한 대부분의 다른 서문들과 마찬가지로 이미 너무 길어졌다. 그러니 이제 시작해보자. 지금 당장 본론으로 들어가도록 하자. 주저하지 말고 1장으로 책장을 넘겨주시길.

인간관계에서 명심해야 할 기본 원칙

How
to WIN
Friends
and
Influence
People

꿀을 모으고 싶다면 벌집을 걷어차지 마라

1931년 5월 7일, 뉴욕 시에서는 역사상 유례없던 범인 검거 작전이 절정에 달하고 있었다. 수주간의 수색 끝에 소재가 파악된 '쌍권총' 크롤리(담배도 피우지 않고 술도 마시지 않았던 살인자)가 웨스트엔드 애비뉴에 있는 애인의 아파트에 갇혀 옴짝달싹 못하고 있었던 것이다.

150명의 경찰관과 형사들이 맨 위층에 있던 그의 은신처를 포위하고 있었다. 그들은 지붕에 구멍을 낸 다음 최루탄을 써서 '경찰 살인범' 크롤리를 밖으로 유인하려고 했다. 주변 건물들에 기관총도 배치해 놓았다. 뉴욕에서 제일가는 고급 주택가는 한 시간도 넘게 날카로운 권총 소리와 요란한 기관총 소리로 떠나갈 듯했다. 크롤리는 소파 뒤에 몸을 숨긴 채 경찰을 향해 연신 총을 쏘아댔다. 만 명이나 되는 구경꾼들이 신이 나서 이 일대 활극을 지켜보았다. 일찍이 뉴욕 거리에서는 볼 수 없었던 진풍경이 펼쳐

졌으니 사람들이 이를 놓칠 리가 만무했다.

크롤리가 생포되었을 당시, 뉴욕시 경찰국장인 E. P. 멀루니는
이 쌍권총 악당이 시市가 겪어본 범죄자 중 가장 위험한 인물이라
고 공표했다. 국장은 "놈은 깃털만 떨어져도[1] 사람을 죽일 유형"이
라고 했다.

한편 '쌍권총' 크롤리는 자신을 어떻게 여기고 있었을까? 경찰
이 그의 아파트를 향해 사격을 가하는 와중에 그가 "관계자 여러
분" 앞으로 편지를 보낸 덕분에 우리는 그 답을 알 수 있다. 작성
당시 크롤리의 부상 부위에서 흘러나온 핏자국이 남아 있는 편지
에는 핏자국 외에 어떤 내용이 있었을까. 그는 이렇게 썼다.

"내 외투 밑에는 세상사에 지치긴 했어도 따끈따끈한 심장이
있소이다. 파리 한 마리 죽이지 못할 심장이."

포위전이 있기 얼마 전 크롤리는 롱아일랜드의 시골 길에 차를
세워 놓고 여자친구와 애정 행각을 벌이고 있었다. 그때 돌연 경
찰관이 차로 다가와 말했다.

"면허증 좀 봅시다."

크롤리는 눈 깜짝할 사이 총을 뽑아 그 경찰관에게 총알 세례
를 퍼부었다. 경찰관이 쓰러져 다 죽어가고 있는데도 크롤리는 차
에서 뛰어나와 경찰관의 리볼버를 낚아채 바닥에 엎어져 있던 몸

---

1. 오래전 미국 서부의 남성들은 '모자 떨어뜨리기(at the drop of a hat)'를 시작으로 싸
움이나 경주를 벌였다. 여기에서는 이에 빗대어 모자가 아닌 '깃털이 떨어져도(at the
drop of a feather)' 총을 빼든다는, 즉 마구잡이로 사람을 죽여댄다는 의미로 쓰였다.

에 대고 한 발을 더 발사했다. 그런 살인범이 "내 외투 밑에는 세상사에 지치긴 했어도 따끈따끈한 심장이, 파리 한 마리 죽이지 못할 심장이 있다"라고 한 것이다.

크롤리는 전기의자형을 선고받았다. 싱싱 교도소에 있는 사형수 감방에 수송됐을 때 크롤리가 과연 "사람을 죽여서 이렇게 벌을 받게 됐구나"라고 했을까? 천만의 말씀이다. 오히려 "내 목숨을 부지하려다가 이 신세가 됐구나"라고 했다.

이 이야기의 요점은 '쌍권총' 크롤리가 자기 탓은 전혀 하지 않았다는 것이다.

크롤리가 유별난 범죄자였던 걸까? 그렇게 생각한다면 다시 생각해주길 바란다.

"나는 손쉬운 쾌락거리를 제공해 국민이 즐거운 시간을 보낼 수 있도록 돕는 데 내 인생의 전성기를 바쳤다. 그런데 내게 떨어진 것은 비난과 범죄자라는 손가락질이다."

다름 아닌 알 카포네가 남긴 말이다. 미국에서 가장 악명 높은 공공의 적이자 시카고를 벌벌 떨게 한 잔인한 갱단 두목이었던 바로 그 알 카포네 말이다. 카포네 역시 자기 탓은 전혀 하지 않았다. 오히려 자신을 사회의 인정과 이해를 받지 못한 대중의 은인으로 여겼다.

뉴어크에서 갱단의 총알 세례를 받고 쓰러지기 전, 뉴욕에서 가장 악랄하기로 소문이 자자했던 더치 슐츠도 마찬가지였다. 더치 슐츠는 한 신문사와 인터뷰하면서 자신을 대중의 은인이라고 지

칭하기까지 했다. 그는 자신이 정말 그런 사람이라고 믿었다.

나는 악명 높은 싱싱 교도소에서 수년간 교도소장을 지낸 워든 로스와 이 주제에 관하여 흥미로운 서신을 주고받은 적이 있다. 그는 다음과 같이 단언했다.

"싱싱 교도소 재소자 중에서 자신을 진짜 나쁜 사람이라고 여기는 범죄자들은 거의 없습니다. 그들도 당신이나 나와 다를 바 없는 인간일 뿐입니다. 따라서 그들도 우리처럼 합리화를 하고 변명을 하지요. 그들은 어째서 금고를 털 수밖에 없었는지, 잽싸게 방아쇠를 당길 수밖에 없었는지 곧바로 해명할 수 있습니다. 대개는 나름의 논리를 펼쳐가면서 자신들이 저지른 반사회적 행동을 합리화하려 들지요. 그러한 합리화 결과, 급기야 자신들이 억울하게 감옥에 갇히게 되었다는 주장까지 하게 됩니다."

알 카포네와 '쌍권총' 크롤리 그리고 더치 슐츠를 비롯하여 교도소 담장 너머에서 절망에 빠져 있는 수많은 남녀는 자기 탓을 전혀 하지 않는다고 한다. 그렇다면 우리와 맞닿아 있는 주변인들은 어떨까?

고인이 된 워너메이커 백화점의 창립자인 존 워너메이커가 다음과 같이 털어놓은 적이 있다.

"나는 남을 비난하는 것이 얼마나 어리석은 일인지 30년 전에 깨달았다. 내 약점을 극복하는 것만도 이미 벅차고 힘든데 하나님께서 애초에 지능이라는 선물을 고르게 나눠줄 마음이 없으셨다는 사실에 불평할 틈 따위는 없었다."

워너메이커는 이러한 교훈을 아주 일찍 깨우쳤다. 그런데 나는 열에 아홉 사람은 아무리 자기가 잘못했어도 제 탓은 하지 않는 다는 사실을 깨우치느라 30년도 넘게 산전수전을 겪었다.

비난은 상대를 방어 태세에 돌입하게 하고 자기 합리화에 골몰 하게 하므로 아무짝에도 쓸모가 없다. 또한 상대의 소중한 자존 심과 자중심[2]에 상처를 주며 원한을 품게 하여 위험하기도 하다.

독일군은 일단 어떤 사건이 벌어지고 난 직후에는 병사의 이의 제기와 사후 비난을 허용하지 않는다. 해당 병사는 억울하더라도 우선 하룻밤 곰곰이 생각하면서 화를 가라앉혀야 한다. 즉각적인 이의 제기를 하면 그 병사는 처벌을 받는다. 민간인의 생활에서도 우는소리를 하는 부모들이나 잔소리하는 아내들, 책망하기 바쁜 고용주들, 그리고 불쾌하기 짝이 없는 수많은 불평꾼을 위해서라 도 이 같은 법률이 생겨나야 한다.

비난의 무익함을 보여주는 사례는 역사 속에서 무수히 찾아볼 수 있다. 가령 시어도어 루스벨트와 태프트[Taft] 대통령 사이에 벌 어졌던 유명한 싸움을 보자. 이 싸움으로 공화당이 분열되었고 우드로 윌슨[Woodrow Wilson 3]이 백악관에 입성했다. 또한 제1차 세계

---

2. 'sense of importance'를 직역하면 '(자신을) 중요하게 느낌'인데 매번 이렇게 풀어쓰 기가 어렵다는 판단에 '자중심(自重心)'이라고 번역했다. 자중심은 '자기를 소중히 하는 마음'이라는 뜻이다. 'a feeling of importance' 역시 유사한 뜻으로 해석되고 또 빈번하 게 등장하므로 자중심으로 옮겼다.
3. 미국의 제28대 대통령으로 1913년부터 1921년까지 재임했다. 제1차 세계대전 당시 국제연맹 수립과 민족자결주의를 주창했다.

대전 기간 내내 눈이 번쩍 뜨이는 머리기사가 양산되었으며 역사의 흐름이 바뀌었다. 당시 상황을 재빨리 훑어보자. 시어도어 루스벨트는 1908년 백악관에서 물러나면서 태프트를 지지했고, 태프트는 대통령으로 당선되었다. 얼마 후 시어도어 루스벨트는 사자 사냥을 하러 아프리카로 떠났다. 아프리카에서 돌아온 루스벨트는 격노했다. 태프트의 보수적인 정책을 맹렬히 비난하며 자신이 직접 차기 대통령 후보의 지명권을 획득하려고 혁신당을 창당하면서 공화당을 붕괴 직전까지 몰고 갔다. 뒤이은 선거에서 윌리엄 하워드 태프트와 공화당은 버몬트와 유타, 두 주에서만 지지를 얻었다. 이는 공화당이 창당한 이래 가장 참담한 패배였다.

시어도어 루스벨트는 태프트를 비난했지만, 대통령이었던 태프트는 과연 자기 탓을 조금이라도 했을까? 천만의 말씀이다. 태프트는 눈물을 글썽이며 다음과 같이 말했다.

"당시의 나로서는 달리 손쓸 방법이 없었습니다."

비난받아야 할 사람은 누구였을까? 루스벨트였을까, 아니면 태프트였을까? 솔직히 말해서 나는 알지도 못하고, 알고 싶지도 않다. 요점은 시어도어 루스벨트가 그토록 비난했어도 태프트는 자신의 잘못을 시인하지 않았다는 사실이다. 오히려 태프트로 하여금 자기 합리화에 사력을 다하게 하고 눈물을 글썽이며 "당시의 나로서는 달리 손쓸 방법이 없었다"는 말만 되풀이하게 했을 뿐이었다.

티포트돔Teapot Dom 부정 사건도 여기에 해당한다. 이 사건은

1920년대 초반, 신문지상을 연일 뜨겁게 달구었다. 미국 전역을 발칵 뒤집어 놓았다고 해도 과언이 아니었다. 건국 이래 미국 공직계에서 일어나리라고는 상상조차 하지 못한 일대 사건이었다. 이 사건의 진상을 있는 그대로 살펴보자. 하딩 내각의 내무장관이었던 앨버트 B. 폴은 엘크힐과 티포트돔에 있는 정부 소유 유전의 임대를 좌지우지할 수 있는 자리에 있었는데, 이 지역의 유전은 미 해군의 예비용으로 지정되어 있었다. 내무장관 폴이 경쟁 입찰을 허용했을까? 어림도 없는 소리였다. 그는 거액의 이익을 보장하는 이 계약을 친구인 에드워드 L. 도헤니에게 넘겼다. 그러자 도헤니는 어떻게 했을까? 그는 폴에게 자칭 10만 달러의 '대출금'을 주었다. 내무장관 폴은 엘크힐 유전에서 채유 중이던 인근 유정의 경쟁자들을 내쫓기 위해 해당 지역의 미국 해병대에 출동 명령을 내렸다. 총부리와 총검의 위협에 일터에서 내쫓긴 이들이 법정으로 몰려가 하소연하는 바람에 티포트돔 부정 사건의 내막은 만천하에 드러나게 되었다. 이 사건으로 말미암아 폭로된 부정부패의 정도가 너무나 심각한 나머지 하딩 행정부는 실각하게 되었고 온 국민의 반감을 샀으며 공화당은 붕괴 위기에 처했고 앨버트 B. 폴은 철창 신세를 지게 되었다.

폴에게는 맹비난이 쏟아졌다. 공직에 몸담았던 사람치고 그 사람만큼 욕을 먹은 사람은 없을 정도였다. 그는 과연 뉘우쳤을까? 천만의 말씀! 수년 뒤 허버트 후버는 대국민 연설에서 하딩 대통령은 친구가 배신하는 바람에 불안과 걱정에 시달리다가 죽은 거라며 대놓고 폴을 책망했다. 폴 부인은 그 말을 듣자 자리에서 벌떡 일어나더니 눈물을 흘리며 파르르 떨고는 다음과 같이 버럭 소리를 질렀다.

"뭐라고! 하딩이 그이한테 배신을 당했다고? 말도 안 돼! 내 남편은 아무도 배신한 적이 없어. 내 남편은 금송아지를 준대도 마다할 사람이라고. 배신당하고 대신 십자가를 짊어진 건 바로 그이야."

그러면 그렇지. 인간이란 모름지기 자기가 아무리 잘못했어도 남 탓만 하는 존재이다. 우리도 예외가 아니다. 따라서 내일 당장 누구를 비난하고 싶어 못 견디겠거든 알 카포네, '쌍권총' 크롤리, 앨버트 폴을 떠올리자. 비난은 부메랑 같다는 사실을 상기하자. 부메랑은 자신에게 돌아온다. 우리가 비난으로 바로잡아보려는 그 사람은 십중팔구 자기 합리화를 하면서 오히려 우리에게 비난의 화살을 쏠 것이라는 사실을 잊지 말자. 어쩌면 심약한 태프트처럼 "당시의 나로서는 달리 손쓸 방법이 없었다"라고 할지도 모르겠다.

1865년 4월 15일 토요일 아침, 에이브러햄 링컨은 포드 극장 바로 맞은편에 있는 싸구려 하숙집의 문간방에서 다 죽어가고 있었다. 존 윌크스 부스에게 저격당했기 때문이다. 링컨의 장신은 두 다리를 뻗기에도 부족한 푹 꺼진 침대에 모로 놓여 있었다. 머리 위에는 로사 보뇌르의 유명한 작품인 〈말 시장The horse Fair〉의 싸구려 모작이 걸려 있었고 가스등이 음울하게 깜빡거리고 있었다.

링컨이 사경을 헤맬 때, 전시 국방장관이었던 스탠턴이 이렇게 말했다.

"역사상 가장 완벽하게 인간을 다스렸던 이가 여기 누워 있구나."

링컨이 사람을 성공적으로 다룰 수 있었던 비결은 무엇일까? 나는 에이브러햄 링컨의 삶을 연구하는 데 10년을 보냈고 《데일 카네기의 링컨이야기Lincoln the Unknown》라는 책을 쓰고 수정하는 데 3년을 더 바친 사람이다. 링컨의 인성과 가정생활에 관해서라면 그 누구보다도 자세하고 광범위하게 연구했다고 자부한다. 그 중에서도 링컨이 사람을 다루는 방법에 대해서는 더욱 깊이 연구했다. 설마 링컨이 남을 헐뜯는 일에 몰두했겠느냐고? 그렇다, 그에게도 그런 시절이 있었다. 인디애나 주 피전 크리크 밸리에 살던 청년 시절의 링컨은 비난만 한 것이 아니라 남을 조롱하는 편지나 시를 써서 이를 사람들이 자주 다니는 길목에 떨어뜨려 놓기까지 했다. 그런 편지 중에는 평생의 분노를 산 것도 있었다.

심지어 일리노이 주 스프링필드에서 개업 변호사가 되고 난 후에도 링컨은 신문지상을 통해 상대편을 공개적으로 공격했다. 이런 식의 공격은 심심찮게 이어졌다.

1842년 가을, 링컨은 제임스 실즈James Shields라는 이름의 아일랜드 출신 정치인을 조롱했다. 실즈는 자만심이 강하고 호전적인 사람이었다. 링컨은 〈스프링필드 저널Spring field Journal〉에 익명의 편지를 게재하여 그를 풍자했다. 실즈는 모두의 웃음거리가 되고 말았다. 예민하고 자존심 강했던 실즈는 노발대발했다. 그는 편지를

쓴 사람을 알아낸 후 그 길로 말에 올라타 링컨을 찾아가서는 결
투를 신청했다. 링컨은 결투에는 반대하는 입장이었지만 명예가
걸려 있어 거절할 수가 없었다. 무기 선택권은 링컨에게 주어졌다.
팔이 길었던 링컨은 기병대용 장검을 고른 다음 웨스트포인트 사
관학교 졸업생에게 검술을 배웠다. 약속한 날, 링컨과 실즈는 죽
을 때까지 싸울 각오를 하고서 미시시피 강가의 모래톱에서 만났
지만 최후의 순간, 입회인들의 개입으로 결투가 중단되었다.

이 사건은 링컨 생애에서 가장 충격적이었다. 이 사건을 계기로
링컨은 인간관계에 대한 아주 값진 교훈을 깨우쳤다. 그 후 링컨
은 남에게 모욕을 주는 편지를 다시는 쓰지 않았다. 남을 조롱하
는 편지 역시 다시는 쓰지 않았다. 그뿐만 아니라 어떤 일이 있어
도 절대로 아무도 비난하지 않게 되었다.

남북전쟁 중 링컨은 포토맥Potomac 부대 사령관을 몇 번이고 교
체했다. 매클렐런, 포프, 번사이드, 후커, 미드 등이 차례로 사령
관에 임명되었지만 다들 어처구니없는 실수로 비극을 초래하여
링컨을 절망의 구렁텅이에 빠트렸다. 국민 대다수가 무능한 장군
들을 맹렬히 비난했지만 링컨은 이렇게 말하면서 잠자코 있었다.

"누구에게도 원한을 품지 말고, 모든 이를 사랑하는 마음으로."

링컨이 가장 좋아하는 인용구 가운데 하나가 "너희가 심판을
받지 않으려거든, 남을 심판하지 말아라"[4]였다.

---

4. 마태복음 7장 1절

링컨 부인을 비롯하여 측근들이 남부 사람들을 헐뜯는 말을 할 때에도 링컨은 이렇게 말했다.

"그 사람들을 비난하지 맙시다. 우리도 그 입장이라면 그들과 다를 바 없을 것입니다."

그럼에도 누군가를 비난할 기회가 많은 사람이 있다면 그것은 단연코 링컨이었다. 예를 한 가지만 들어보기로 하자.

게티즈버그^{Gettysburg} 전투는 1863년 7월 1일부터 3일까지 벌어졌다. 먹구름이 물 폭탄으로 변한 7월 4일 밤에 리^{Lee} 장군은 남쪽으로 퇴각하기 시작했다. 패잔병을 이끌고 포토맥 강에 도착했을 때, 리 장군 앞에는 이미 물이 불어 건널 수 없게 된 강이 버티고 있었고 뒤에서는 승승장구 중인 북부군이 추격하고 있었다. 리 장군은 독 안에 든 쥐 신세가 되었다. 한마디로 진퇴양난이었다. 링컨도 그걸 알고 있었다. 지금이야말로 하늘이 내린 절호의 기회였다. 리 장군이 이끄는 부대를 섬멸하여 전쟁을 끝장낼 수 있는 천재일우의 기회였다. 희망에 잔뜩 부푼 링컨은 미드^{Meade} 장군에게 참모 회의를 소집하지 말고 즉각 리 장군을 공격하라고 명령했다. 링컨은 이 같은 명령을 전보로 보낸 다음 미드 장군에게 즉각적 공격 개시를 요구하는 특사를 보냈다.

그런데 미드 장군은 어떻게 했을까? 그는 청개구리처럼 행동했다. 링컨의 지시를 정면으로 위반하여 참모 회의를 소집했다. 그는 꾸물대고 늑장을 부렸다. 그러고는 전보로 온갖 핑계를 댔다. 리 장군을 공격하라는 명령을 딱 잘라 거절했다. 결국 불어난 강물의 수위가 낮아졌고 리 장군은 부대를 이끌고 포토맥 강을 넘어 무사히 퇴각했다.

머리끝까지 화가 난 링컨이 아들인 로버트에게 소리쳤다.

"이게 대체 어떻게 된 일이냐? 세상에! 이게 대체 어떻게 된 일이야? 적이 제 발로 우리 손아귀에 들어왔는데, 손만 뻗으면 일망타진할 수 있었는데, 내가 무슨 말을 해도, 무슨 짓을 해도 아군을 움직일 수가 없다니. 그런 상황에서는 어떤 장군이라도 리 장군을 무찌를 수 있었을 텐데. 장군이 아니라 내가 갔어도 리 장군을 끝장낼 수 있었을 거다."

크게 낙담한 링컨은 책상에 앉아 미드 장군에게 다음과 같은 편지를 썼다. 링컨이 매우 조심스럽고 삼가는 어법을 사용한 시기라는 점에 주목하자. 따라서 링컨이 1863년에 쓴 아래 편지는 그런 링컨이 어지간히 화가 났음을 보여준다.

친애하는 장군께,

귀하는 리 장군이 무사히 퇴각한 것이 얼마나 심각한 상황을 초래했는지를 제대로 인식하지 못한 것 같습니다. 리 장군은 우리의 손아귀에 들어왔었고, 그런 리 장군을 압박했다면 전쟁은 끝났을 것입니다. 그러나 현 상황에서 종전은 먼 얘기가 되어버렸습니다. 지난 월요일에 리 장군을 공격하는 게 위험했다면 당시 동원할 수 있었던 병력의 3분의 2만 데리고 강 이남으로 가서 공격하는 것이 가당키나 하겠습니까? 그런 걸 바란다는 건 욕심일 테고 이제 귀관의 활약은 기대도 하지 않습니다. 귀관에게 주어진 절호의 기회는 날아갔습니다. 그 때문에 나는 더할 수 없는 절망에 빠져버렸습니다.

미드 장군은 이 편지를 읽고 나서 어떻게 했을까?

미드 장군은 이 편지를 읽지 못했다. 링컨이 편지를 부치지 않았기 때문이다. 이 편지는 링컨 사후에 그의 서류 더미 속에서 발견되었다.

내가 추측하기로(순전히 내 추측일 뿐이지만) 링컨은 이 편지를 작성한 후 창밖을 내다보면서 이렇게 혼잣말을 했을 것이다.

'잠깐. 너무 성급한 것일지도 몰라. 평화로운 백악관에 앉아서 미드 장군한테 공격 명령을 내리는 건 식은 죽 먹기겠지만, 만일 미드 장군이 게티즈버그에서 지난주 내내 목격했던 피바다를 내 두 눈으로 보았다면, 부상으로 죽어가는 병사들의 고통에 찬 신음과 비명을 내 두 귀로 똑똑히 들었다면 나도 공격을 망설였을지 몰라. 내가 미드 장군처럼 심약한 사람이라면 나 또한 미드 장군처럼 대처했겠지. 어쨌거나 이제 엎질러진 물이야. 이 편지를 보내면 내 마음은 누그러지겠지만, 미드 장군을 자기 합리화에 빠트릴 거야. 그렇게 되면 장군은 날 비난할 테고. 더불어 원한도 사고, 사령관으로서 장군의 장래성을 망치게 되어 어쩌면 현역에서 물러나게 할 수도 있어.'

그래서 앞서 말했다시피 링컨은 이 편지를 보내지 않았다. 통렬한 비난과 질책은 거의 예외 없이 부질없는 결과를 가져온다는 사실을 뼈아픈 경험을 통해 깨우쳤기 때문이다.

시어도어 루스벨트는 대통령 재임 당시 당혹스러운 문제에 직면하면 의자에 몸을 깊숙이 파묻고 앉아 백악관 내 집무실 책상 위에 걸린 커다란 링컨 초상화를 올려다보며 이렇게 자문했다고 한다.

"링컨이었다면 이런 때 어떻게 했을까? 이 문제를 어떻게 풀었을까?"

다음부터 누군가를 책망하고 싶어 근질거리거든 주머니에서 5달러짜리 지폐를 꺼내 링컨의 얼굴을 보며 자문하자.

"링컨이었다면 이 문제를 어떻게 해결했을까?"

혹시 주변에 잔소리와 참견을 동원해서라도 바꿔주고 싶은 사람이 있는가? 그렇다면 좋다! 문제 될 게 없다. 나도 열과 성을 다해 응원하는 바이다. 단, 자기 자신부터 시작하는 건 어떨까? 순전히 이기적인 관점에서 보자면, 남을 바꾸려는 것보다 자신을 바꾸는 것이 훨씬 유익한 데다 두말할 필요 없이 훨씬 수월하다.

로버트 브라우닝은 "사람은 남이 아닌 자기 자신과 싸우기 시작했을 때 가치 있는 사람이 된다"라고 했다. 자기 몸에 묻은 똥부터 제거하려면 지금부터 시작해도 크리스마스까지는 시간이 걸릴 것이다. 그러나 일단 똥을 제거하고 나면 그 이후의 나머지 휴일에는 편안하게 쉴 수 있을 것이고 새해에는 남의 몸에 묻은 겨를 실컷 나무랄 수 있을 것이다.

단 반드시 먼저 자신의 몸에 묻은 똥부터 깨끗이 제거해라.

옛날에 공자는 이런 말을 남겼다.

"자기 집 문간에 쌓인 눈은 치우지도 않았으면서 이웃집 지붕에 쌓인 눈을 가지고 불평하지 마라."

남에게 잘 보이려고 안간힘을 쓰던 철없는 시절에 나는 당시 미국 문단에서 꽤 이름 높았던 작가, 리처드 하딩 데이비스^{Richard Harding Davis}에게 어리석은 편지를 보낸 적이 있다. 미국 작가들에 관한 잡지 기사를 준비 중이었던 나는 데이비스에게 그의 창작 방식에 대해서 알려달라는 요청을 했다. 몇 주 후, 나는 어떤 사람으로부터 맨 밑에 다음과 같은 문구가 표기된 편지를 받았다. "본 편지는 구술을 받아 적은 편지이며 교정은 보지 않았음." 나는 꽤 깊은 인상을 받았다. 이 편지를 쓴 사람이 눈코 뜰 새 없이 바쁜 거물임이 틀림없을 거라는 느낌을 받았다. 나는 바쁜 것과는 거리가 먼 사람이었지만 리처드 하딩 데이비스에게 나 또한 그런 사람이라는 인상을 심어주고 싶었던 나머지, 내 짧은 편지의 끝 부분에 "본 편지는 구술을 받아 적은 편지이며 교정은 보지 않았음"이라는 문구를 넣었다.

데이비스는 답장을 쓰는 수고 따위는 하지 않았다. 그저 내가 보낸 편지의 끝에 다음과 같은 문장을 휘갈겨 써서 반송했을 뿐이었다. "예의 없는 사람으로는 따를 자가 없으시군요." 틀린 말이 아니었다. 내가 어처구니없는 실수를 저질렀으니 그런 질책을 받아 마땅했다. 그렇지만 나도 인간인 고로 화가 났다. 어찌나 크게 화가 났던지 10년 후 리처드 하딩 데이비스의 부고를 읽었을 때

떠오른 딱 한 가지 생각이, 낯 뜨겁게도 내가 그에게 당했던 망신이었다.

수십 년 동안 가슴에 품고 있다가 누군가가 죽는 순간까지도 사라지지 않을 앙금을 만들고 싶다면 지금부터 신랄한 비난을 마음껏 퍼붓도록 해라. 그것이 제아무리 정당한 비난이라는 확신이 들더라도 결과는 마찬가지일 것이다.

인간관계에서 명심해야 할 점은 인간은 전혀 논리적인 존재가 아니라는 사실이다. 사실 인간은 편견 덩어리인 데다 자만과 허영의 부추김에 넘어가는 존재, 즉 감정의 노예이다.

게다가 비난은 위험한 기폭제와도 같다. 자존심이라는 화약고에 떨어지면 어마어마한 폭발을 일으키며 때때로 죽음을 재촉하기도 한다. 가령 레너드 우드Leonard Wood 장군은 비난을 받았고 그 결과 프랑스 파견이 거부되었다. 이 일로 자존심에 치명상을 입게 된 것이 그의 명을 단축했을 가능성이 크다.[5]

신랄한 비평은 그 누구보다 영국 문학을 찬란히 빛나게 해준 소설가인 토머스 하디로 하여금 소설 집필을 영원히 단념케 했다. 또한 영국 시인인 토머스 채터턴을 자살로 몰고 갔다.

---

5. 군사의 전시 대비를 목소리 높여 주창하던 우드는 제1차 세계대전 발발 당시 우드로 윌슨 대통령의 중립정책에 반대했고 이 때문에 윌슨 대통령은 크게 분노한다. 1917년 미국의 제1차 세계대전 참전이 결정되자 정부는 일탈을 일삼고 명령 불복종의 이력이 있는 우드가 아닌 퍼싱을 보내기로 결정했다. 전장에 나가기를 고대하던 우드는 캔자스 주 펀스턴 기지의 89사단 훈련소로 파견되었다. 이는 모욕적인 처사였다. 우드는 이 상황에서도 전장에 나가기 위해 동분서주 했으나 결국 그의 바람은 무산됐다.

젊은 시절 눈치 없기로 유명했던 벤저민 프랭클린은 후에 외교적 수완과 노련한 인간관계 기술로 프랑스 주재 미국 대사에까지 오르게 되었다. 그가 성공할 수 있었던 비결은 무엇이었을까? 그는 "나는 험담을 하지 않는다. 대신 내가 아는 사람 모두를 칭찬한다"라고 했다.

비난, 질책, 불평은 바보도 할 수 있는 일이고, 실제로 바보들 대부분이 그렇게 하고 있다.

그러나 타인을 이해하고 용서하기 위해서는 비범한 인격과 자제력을 갖추고 있어야 한다.

남을 비난하기에 앞서 그들을 이해하려고 노력해보자. 그런 행동을 한 이유가 무엇인지 헤아려보는 수고를 아끼지 말자. 무턱대고 비난하는 것보다는 훨씬 유익하고 흥미로운 일이기 때문이다. 더불어 공감 능력과 인내심, 친절한 마음씨까지 기를 수 있다.

"모든 걸 알면 모든 걸 용서할 수 있다"는 말도 있지 않은가?

존슨 박사는 "하나님도 인간이 죽은 뒤에야 심판하십니다"라고 했다.

하물며 인간인 우리는 어련할까?

How
to WIN
Friends
and
Influence
People

| 2장 |

인간관계의 비결

누군가에게 어떤 일을 시키는 방법은 이 세상에 딱 한 가지밖에 없다. 그 방법이 무엇인지 곰곰이 생각해본 적이 있는가? 다시 한 번 말하지만 딱 한 가지밖에 없다. 그 유일무이한 방법이란 바로 상대방이 그 일을 정말 하고 싶게 만드는 것이다.

다른 방법은 없다는 사실을 명심해라.

물론 상대의 옆구리에 총구를 들이밀면 누군가가 시계를 내놓을 수도 있다. 해고하겠다고 협박하면 직원의 협조를 얻어낼 수도 있다. 등은 돌리지 말아야 하겠지만 말이다. 때리거나 윽박질러서 아이에게 당신이 원하는 일을 시킬 수도 있다. 그러나 이처럼 강압적인 방법들은 심한 반발을 사게 된다.

타인에게 어떤 일을 시킬 수 있는 유일무이한 방법은 당사자가 원하는 것을 주는 것이다.

당신이 원하는 것은 무엇인가?

20세기가 낳은 가장 유명한 심리학자 지그문트 프로이트는 우리가 하는 모든 행동은 두 가지 동기에서 나온다고 했다. 즉 성性적 욕구와 위대해지고 싶은 욕망이다.

미국에서 가장 위대한 철학자 중 한 명인 존 듀이John Dewey 교수는 프로이트와는 조금 다른 표현을 썼다. 듀이 박사는 인간 본성 중 가장 강한 욕구는 "중요한 존재가 되고 싶은 욕망"이라고 했다. "중요한 존재가 되고 싶은 욕망"이라는 문구를 잊지 말자. 앞으로 이 책에서 가장 자주 듣게 될 말이기 때문이다.

당신이 원하는 것은 무엇인가? 바라는 것은 많겠지만 그중에서 거부할 수 없을 만큼 집요하게 열망하는 것은 그다지 많지 않다. 거의 모든 정상적인 성인이 원하는 것은 아래와 같다.

1. 건강과 장수
2. 식량
3. 수면
4. 돈과 돈으로 살 수 있는 물건
5. 내세의 삶
6. 성적 만족
7. 자녀의 안녕
8. 중요한 사람이라는 느낌

이러한 욕구 중 대부분은 충족되지만 딱 하나 충족되지 않는 것이 있다. 식욕이나 수면욕 못지않게 강하고 긴급하지만 충족되기는 어려운 욕망이다. 프로이트는 그 욕망을 "위대한 사람이 되고 싶은 욕망"으로, 듀이 박사는 "중요한 존재가 되고 싶은 욕망"으로 불렀다.

링컨은 "누구나 칭찬을 좋아한다"고 편지에 쓴 적이 있다. 윌리엄 제임스도 "인간 본성 중 가장 강렬한 것은 인정받고 싶은 갈망"이라고 했다. 제임스가 사용한 단어가 인정받고 싶은 '소망wish'도, '욕망desire'도, '열망longing'도 아닌 '갈망craving'이라는 점에 주목하자. 그는 인정받고 싶은 **갈망**이라고 했다.

해소되기 어려운 극심한 허기와도 같은 인간의 욕망이 존재한다. 이러한 마음속 갈증을 제대로 충족시켜줄 수 있는 사람은 극히 드물지만, 그런 사람이 있다면 다른 사람의 마음을 쥐락펴락할 수 있을 것이며 '장의사조차 그런 사람이 죽으면 애석해할 것이다.'

자중심에 대한 욕망은 인간과 동물을 구분 짓는 가장 중요한 차이점 중 하나이다. 이해를 돕기 위해 예를 들어보겠다. 나는 어렸을 때 미주리에 있는 농장에서 자랐는데 당시 아버지는 두록저지 우량종 돼지와 순종 헤리포드 소를 길렀다. 우리는 돼지와 헤리포드 소를 중서부 전역에서 열리는 지역 축제와 가축 품평회에 데리고 가서 선보이곤 했다. 우리는 최고점을 획득하여 1등 상을 탔다. 아버지는 1등 상으로 받은 푸른 리본들을 흰색 모슬린 천에 한가득 꽂아놓고는 친구나 친척들이 우리 집에 오면 그 모슬린 천을 꺼내 자랑하셨다. 푸른 리본이 잔뜩 꽂힌 모슬린 천을 쫙 펼쳐 보이기 위해 아버지와 내가 각각 한쪽 끝을 잡고 있기도 했다.

돼지들은 자기들이 딴 푸른 리본에는 눈곱만큼도 관심이 없었지만 아버지는 지대한 관심이 있었다. 푸른 리본은 아버지에게 자중심을 느끼게 해주었던 것이다.

우리 선조에게 자중심에 대한 불타는 욕구가 있지 않았다면 문명은 존재하지 않았을 것이다. 그러한 욕구가 없었다면 우리는 동물과 다를 바 없는 존재가 되었을 것이다.

극심한 가난 때문에 교육을 받지 못한 한 식료품점 점원이 어느 가족에게서 50센트를 주고 잡동사니가 든 술통을 샀다. 그가 술통 밑바닥에서 우연히 발견한 법률 서적을 파고들게 된 것도 결국 자중심에 대한 욕구에서 비롯되었다. 이 식료품점 점원에 관한 일화는 다들 들어봤을 것이다. 그 점원은 다름 아닌 링컨이다.

찰스 디킨스로 하여금 불멸의 명작들을 쓰도록 분발케 한 것도, 건축가 크리스토퍼 렌으로 하여금 멋들어진 석조 건물을 설계하도록 영감을 준 것도, 존 D. 록펠러John D. Rockefeller로 하여금 자신을 위해서는 한 푼도 쓰지 않을 억만금을 벌게 한 것도 바로 자중심에 대한 욕구였다.[1] 당신이 사는 동네에서 제일가는 부자가 필요 이상으로 큰 집을 지은 것도 바로 이러한 자중심에 대한 욕구 때문이다.

---

1. 존 D. 록펠러는 미국의 '석유왕'으로 불리며 수단방법을 가리지 않고 그 누구보다 큰돈을 벌었지만, 그 돈을 주로 자선사업에 썼다.

최신 유행 옷을 입고, 큰 차를 타고, 자식 자랑을 하게 만드는 것도 바로 자중심에 대한 욕구이다.

수많은 소년 소녀들로 하여금 갱단에 가입해 범죄를 저지르도록 유혹하는 것도 바로 이러한 욕구이다. 뉴욕 시 경찰국장을 역임한 E. P. 멀루니의 말로는 보통 젊은 범죄자들은 자중심이 강해서 체포 후에 가장 먼저 요구하는 것이 자신을 영웅 취급해준 신문기사들을 보여달라는 것이라고 한다. 베이브 루스, 라과디어LaGuardia2, 아인슈타인, 린드버그Lindbergh3, 토스카니니Toscanini4, 루스벨트 대통령과 신문에 나란히 실렸다는 기쁨에 도취할 수만 있다면 코앞에 닥친 끔찍한 수감 생활 따위는 자신과 무관한 얘기가 되는 모양이다.

자중심을 어떻게 충족시키는지를 보면 그 사람이 어떤 사람인지 알 수 있다. 즉 그 사람의 인격을 알 수 있다는 말이다. 어찌 보면 자중심을 충족시키는 방식은 그 사람의 정수이다. 가령 록펠러는 일면식도 없는 중국 북경의 빈민들을 위해 현대적인 병원을 설립하는 데 기부함으로써 자중심을 충족시켰다. 반면 딜린저Dillinger5는 노상강도, 은행 강도, 살인자가 되어 자중심을 채웠다.

---

2. 존경받는 미국의 정치인으로 1933년부터 1945년까지 12년 동안 뉴욕 시장을 세 번이나 역임했다.
3. 세계 최초로 대서양 횡단 무착륙 단독 비행에 성공한 미국의 비행사.
4. 이탈리아에서 태어난 미국의 지휘자, 첼리스트.
5. 미국 대공황 시기 미국 연방수사국(FBI)에는 '공공의 적' 1호였고 시민에게는 '의적'으로 인식되던 전설적인 범죄자.

FBI 요원들에게 쫓기던 딜린저는 미네소타에 있는 한 농가에 뛰어들어가 다짜고짜 "나는 딜린저다!"라고 외쳤다. 자신이 공공의 적 1호라는 사실을 아주 자랑스러워했던 것이다. 그는 "당신을 해치지는 않겠다. 나는 딜린저다!"라고 말했다.

그렇다, 딜린저와 록펠러를 구분 짓는 중요한 차이점은 자중심을 충족시키는 방식이다.

역사 속에는 자중심을 충족시키기 위해 분투한 유명인들의 흥미로운 사례가 얼마든지 있다. 심지어 조지 워싱턴조차 "미합중국 대통령 각하"라고 불러주길 원했다. 콜럼버스는 "해군 제독 및 인도 총독" 자리를 달라고 애원했다. 예카테리나 대제는 "황후 폐하"라는 칭호가 없는 편지는 뜯지도 않았고, 링컨 부인은 백악관 시절 "감히 내가 앉으라고 하기도 전에 앉다니!"라며 그랜트 장군의 부인을 노려보고 호통을 쳤다.

백만장자들이 버드 제독의 남극 탐험에 자금을 지원해준 것도 빙산에 자신들의 이름을 붙여준다는 조건 때문이었다. 빅토르 위고는 파리 시가 자신을 기리는 의미에서 시의 이름을 바꿔주길 간절히 바랐다. 대문호 셰익스피어도 자기 가족을 위한 문장紋章을 획득함으로써 자신의 이름을 길이 빛내려고 했다.

타인의 동정과 관심을 받아 자중심을 충족시키려고 일부러 환자가 되는 예도 있다. 이를테면 매킨리 부인은 미합중국의 대통령이었던 남편으로 하여금 자신이 잠들 때까지 몇 시간이고 병상을 지키게 함으로써 국정을 등한시하게 했다. 그녀는 치과 치료를 받는 동안에도 남편이 곁에 있어야 한다고 고집을 부림으로써 관심을 받으려는 극심한 욕구를 충족시켰는데, 한번은 매킨리 대통령이 존 헤이^{John Hay}6와의 면담 때문에 그녀를 치과의사에게 맡겨두고 자리를 뜨자 험악한 장면을 연출했다.

메리 로버츠 라인하트^{Mary Roberts Rinehart}7는 밝고 활달한 여성이 자중심을 얻으려고 몸져눕게 된 이야기를 들려주었다. 라인하트의 이야기는 다음과 같다.

"어느 날, 이 여자는 문득 무언가와 직면할 수밖에 없었어요. 아마도 자신의 나이였겠죠. 기다리는 건 외로움밖에 없을 테고 이제 인생에서 기대할 것도 별로 없었으니까요. 여자는 그날로 몸져누웠어요. 여자의 어머니가 3층에 있는 여자의 방으로 식사를 나르면서 10년 동안 간호했어요. 그러다 병간호에 지친 노모가 쓰러지더니 급기야 돌아가시고 말았죠. 몇 주 동안 여자는 병상에서 홀로 끙끙 앓았어요. 그러다가 스스로 일어나 옷을 입더니 멀쩡한 몸으로 다시 일상을 이어갔지요."

일부 전문가들은 각박한 현실 세계에서 거부당한 자중심을 망상의 세계에서 찾으려고 정말로 미쳐버리는 사람도 있다고 단언한다. 미국은 그 밖의 온갖 질병을 앓고 있는 환자보다 정신이상 환자의 수가 더 많다. 만약 당신이 15세 이상의 뉴욕 거주자라면 7년간

---

6. 윌리엄 매킨리, 시어도어 루스벨트 두 대통령 아래에서 미국 국무부 장관을 지냈다.
7. 미국의 '애거서 크리스티'라고 불리는 작가.

정신병원에 수용될 확률은 20분의 1이다.

정신이상의 원인은 무엇일까?

이처럼 막연한 질문에 속 시원한 답을 줄 수 있는 사람은 없겠지만 매독과 같은 특정 질환이 뇌세포를 파괴하여 정신이상을 초래한다는 사실은 알고 있다. 사실 모든 정신이상의 절반가량이 뇌병변, 알코올, 독극물, 외상과 같은 신체적 원인으로 발생한다. 그러나 이것이 정말 무서운 부분인데, 나머지 절반은 뇌세포에 명백히 아무런 조직적 결함이 없는데도 정신이상을 앓게 된 경우이다. 시체를 해부하면서 고성능 현미경으로 뇌 조직을 들여다보았더니 정상인과 다를 바 없이 건강했다고 한다.

그렇다면 이 사람들은 왜 정신이상을 앓게 된 것일까?

나는 최근 위 질문을 우리나라에서 제일가는 정신병원의 정신과 의사에게 던져보았다. 이 의사로 말할 것 같으면 이 주제에 관하여 최고 학위를 받았고 가장 영예롭다는 상도 수차례 받은 자타공인 전문가이다. 그가 내게 허심탄회하게 털어놓은 바로는 자신도 사람들이 정신이상을 보이는 이유를 알지 못한다고 한다. 자신뿐만 아니라 그 이유를 정확히 아는 사람은 아무도 없단다. 그러나 정신이상을 보이는 사람 중 대다수가 현실 세계에서는 가질 수 없었던 자중심을 정신이상 상태에서 발견하더라는 것이다. 그러고는 나에게 다음과 같은 이야기를 들려주었다.

"현재 저에게는 결혼이 한 편의 비극이 되어버린 환자가 한 명 있습니다. 그녀는 사랑, 성적 만족, 자녀, 사회적 위신을 원했지만 인생은 그녀의 희망을 모두 앗아가 버렸습니다. 남편의 사랑을 받지 못한 거지요. 남편 되는 사람이 심지어 그녀와 한 공간에서 식사하는 것조차 거부하는 바람에 위층에 있는 그의 방으로 식사를 날라야만 했습니다. 자식도, 사회적 지위도 없었고요. 그러자 그녀는 정신이상을 보이기 시작했습니다. 상상 속에서 그녀는 남편과 이혼해서 처녀 시절의 성을 다시 썼지요. 그러다 지금은 영국 귀족과 결혼했다고 믿고 있어서 자신을 레이디 스미스라고 우기고 있어요.

또 매일 밤 자신이 신생아를 출산했다고 상상하고 있습니다. 회진할 때마다, '선생님, 제가 어젯밤에 아기를 낳았어요'라고 한다니까요.

그녀의 모든 꿈을 싣고 항해 중이던 배는 현실이라는 단단한 암초에 부딪혀 난파되었지만, 맑은 날만 계속되는 망상의 섬에서 그녀가 탄 돛단배는 돛대를 통과하며 노래하는 바람에 한껏 부푼 돛을 펄럭이며 항구에 정박합니다.

불쌍하다고요? 글쎄요, 전 잘 모르겠습니다. 지금 당장 내 두 손으로 그녀의 정신이상을 치료해줄 수 있다고 해도 전 치료해주지 않을 겁니다. 그녀는 지금 훨씬 행복해하고 있으니까요."

그녀의 의사는 이렇게 이야기를 끝맺었다.

정신병자들은 대개 나나 당신과 같은 정상인보다 더욱 행복하다. 정신이상 상태를 즐기는 사람도 꽤 많다. 당연하지 않은가? 정신이상으로 모든 문제가 다 해결되었으니 말이다. 그들은 당신에게 100만 달러짜리 수표를 써주거나 아가 칸Aga Khan[8]에게 소개장도 써줄 것이다. 그들은 자신이 만들어낸 꿈속 세상에서 그토록 바라던 자중심을 발견했다.

자중심에 대한 갈망이 너무 큰 나머지 실제로 자중심을 얻으려고 정신이상까지 보이는 사람들이 있다면, 이런 식의 정신이상을 가감 없이 인정함으로써 우리가 이룰 수 있는 기적을 상상해보라.

내가 알기로 연봉으로 100만 달러를 받은 사람은 역사상 딱 두 명, 월터 크라이슬러와 찰스 슈워브Charles Schwab밖에 없다.

앤드루 카네기Andrew Carnegie[9]는 무엇 때문에 찰스 슈워브에게 일당으로 따지자면 3000달러에 해당하는 연봉 100만 달러를 주었던 걸까? 그 이유가 도대체 무엇이었을까?

앤드루 카네기는 찰스 슈워브에게 100만 달러의 연봉을 지급했다. 슈워브가 천재였기 때문에? 아니다. 그 누구보다 제철에 관해서 훤히 알고 있었기 때문에? 그것도 아니다. 찰스 슈워브가 직접 나에게 말해준 바로는 회사 직원 중에는 자신보다 제철에 대해서 훤히 알고 있는 사람이 많다고 했다.

슈워브가 직접 밝힌 이유에 따르면 자신이 고액 연봉을 받게 된 이유는 뛰어난 인간관계 능력 때문이라고 한다. 그래서 나는 그에게 인간관계의 비결을 물었다. 여기 그가 직접 밝힌 비결이 있다. 이 비결이야말로 동판에 새겨 미국의 모든 가정과 학교, 상

---

8. 세계적으로 손꼽히는 거부이자 세계 여러 문제에도 관심을 보인 자선 사업가.
9. 미국의 자본가로 흔히 '철강왕'으로 불렸다. 1892년에 설립된 카네기의 철강 회사는 당시 미국에서 생산되는 철강의 4분의 1 이상을 생산했다.

점과 사무실에 걸어 두어야 한다. 아이들에게 라틴어 동사 활용이나 브라질의 연간 강우량처럼 쓸데없는 것을 암기시키면서 시간을 낭비하게 하지 말고 이 비결을 암기시켜야 한다. 이 비결을 실천할 수만 있다면 우리의 인생은 달라질 것이다.

"사람들에게 열정을 불러일으키는 능력이야말로 내가 가진 최고의 자산이며, 한 개인의 능력을 최대치로 끌어올리는 방법은 인정과 격려라고 생각합니다.

상관의 비난만큼 개인의 야망을 말살하는 것은 없습니다. 나는 그 누구도 비난하지 않습니다. 나는 열심히 일하고 싶은 동기를 유발해주는 것이 중요하다고 믿습니다. 따라서 칭찬에는 열심이지만 질책이라면 질색을 하지요. 나는 마음에 드는 점이 있으면 진심으로 인정해주고 아낌없이 칭찬해줍니다."

이것이 바로 슈워브의 방식이다. 그렇다면 보통 사람들의 방식은 어떨까? 딱 그 반대이다. 탐탁지 않은 점이 있으면 악마처럼 굴고 마음에 들 때는 아무런 반응도 하지 않는다.

"사업상 사람을 만날 일이 많은데, 전 세계 각지에서 여러 훌륭한 사람들을 만나보았지만 아무리 훌륭하고 지위가 높은 사람일지라도 칭찬이 아닌 비난을 들으면서 일할 때 노력을 더 많이 한다든지, 실적이 더 좋아졌다는 사람은 보질 못했습니다."

솔직히 말해서 슈워브가 한 말이야말로 앤드루 카네기가 이룬 경이적인 성공의 주된 이유 중 하나였다. 카네기는 사석에서나 공석에서나 늘 동료를 칭찬했다.

카네기는 심지어 자신의 묘비를 통해서도 직원들을 칭찬하고
싶어 했다. 그는 자신의 묘비명을 직접 썼는데 그 내용은 다음과
같다.

"여기 자신보다 똑똑한 사람들을 주변에 포진시킬 줄 알았던
남자 잠들다."

진심 어린 인정은 존 D. 록펠러 1세가 인간관계에서 성공을 거
둘 수 있었던 비결 가운데 하나였다. 가령, 동업자 가운데 한 명이
었던 에드워드 T. 베드퍼드가 남미에서 잘못된 구매 결정을 내려
회사에 100만 달러의 손해를 입혔을 때, 록펠러는 책임을 추궁할
수도 있었지만 베드퍼드가 최선을 다했다는 사실을 알고 사건을
마무리 지었다. 대신 록펠러는 칭찬할 거리를 찾아냈다. 그는 베
드퍼드가 투자액의 60퍼센트를 회수했다며 그를 추어올렸다.

"훌륭하네. 우리 윗대가리들이라고 늘 그렇게 잘하지는 못하는
데 말이야."

호화찬란한 쇼로 브로드웨이를 현혹했던 전설적인 **사업가**, 플
로렌즈 지그펠드^Florenz Ziegfeld는 '미국 여성을 미화하는' 절묘한 능
력으로 명성이 자자했던 인물이다. 그는 아무도 거들떠보지 않
을 별 볼 일 없는 여성들을 데려다가 무대 위에 세워 신비하고 매
혹적인 존재로 변신시켰다. 칭찬과 자신감의 가치를 잘 알고 있던
그는 정중한 관심과 배려라는 단순한 무기로 여성들로 하여금 스
스로 아름답다고 **느끼게** 해주었다. 그는 현실적이기도 해서 코러

스 걸들의 급여를 주당 30달러에서 최고 175달러까지 인상해주기도 했다. 기사도 정신 또한 소유하고 있던 그는 〈지그펠드 폴리즈〉[10]가 처음 공연되던 날 밤, 출연하는 주연배우들에게는 축전을 보냈고 쇼에 등장하는 코러스 걸들에게는 한 명도 빠짐없이 붉은 장미꽃다발을 안겨주었다.

나는 한때 유행했던 단식에 혹하여 6일 동안 금식한 적이 있다. 그다지 어렵지는 않았다. 엿새째가 되자 둘째 날 밤보다 오히려 허기가 덜했다. 가족이나 직원들을 6일 동안 굶기는 건 범죄로 여기면서 음식물 못지않게 갈망하는 진심 어린 칭찬을 6일간, 6주간, 때로 6년간 하지 않는 것을 아무렇지 않게 여기는 사람들이 너무 많다.

앨프레드 런트가 〈빈에서의 재회Reunion in Vienna〉에서 주인공 역을 맡았을 때 "내게 가장 절실하게 필요한 것은 내 자존감self-esteem을 키워 줄 자양분"이라는 대사를 한 적이 있다.

우리는 자녀나 친구, 직원들의 신체에는 영양분을 공급해주면서 자존감에 영양분을 공급하는 일에는 얼마나 무심한가? 우리는 그들에게 힘을 낼 수 있도록 육류와 채소는 먹일지언정 샛별의 노랫소리처럼 오래도록 기억 속에 남을 따뜻한 칭찬 한마디를 던지는 데에는 소홀하다.

---

10. 참신한 아이디어, 호화로운 무대장치와 의상을 내세워 큰 인기를 끈 시사풍자극으로 1907년부터 1931년까지 해마다 뉴욕에서 상연되었다.

이 글을 읽으면서 지금 이렇게 투덜거리고 있는 독자들도 있을 것이다.

"쳇! 아첨하라는 뜻인가! 입에 발린 말을 하라는 거야? 나도 그런 수법은 이미 써봤어. 통하지도 않던데. 특히 먹물 좀 먹은 사람들한테는 어림도 없다고."

물론 지각 있는 사람들에게 아첨이 통할 리가 없다. 아첨은 얄팍하고, 이기적이고, 가식적이기 때문이다. 아첨이 먹혀서도 안 되고 또 대개 먹히지도 않는다. 그러나 세상에는 칭찬에 너무 목이 마른 나머지, 굶주린 사람이 풀이든 지렁이든 닥치는 대로 먹듯 어떤 말이든 곧이곧대로 믿어버리는 사람들이 있다.

이를테면 므디바니Mdivani 형제가 결혼 시장에서 그토록 빛나는 성공을 거둘 수 있었던 이유는 무엇이었을까? 소위 '대공'이라 불렸던 이 형제는 어떤 재주로 아름답고 유명한 은막 위의 스타 두 명, 세계적으로 명성을 떨치던 프리마돈나 한 명과 싸구려 잡화상으로 백만장자가 된 월워스의 외손녀 바버라 허턴과 결혼할 수 있었던 걸까? 대체 비결이 무엇일까? 므디바니 형제는 어떻게 그런 결혼을 하게 된 것일까?

아델라 로저스 세인트 존스는 잡지 〈리버티Liberty〉에서 다음과 같이 논평했다.

"여성들에게 므디바니 형제의 매력이 통한다는 사실을 불가사의로 여기는 사람들이 많다. 세상사에 훤하고 남자에 관해서 모르는 것도 없는 데다 위대한 예술가이기도 한 폴라 네그리가 내게 그 이유를 설명해준 적이 있다. 그녀가 말하길, '므디바니 형제는 아첨이 예술의 경지에 올라 있어 타의 추종을 불허합니다. 그런데 요즘 같이 현실적이고 우스운 시대에 그런 예술적인 아첨은 거의 멸종 직전에 처했거든요. 장담컨대 그것이 바로 므디바니 형제가 여성들에게 행사하는 매력의 비결일 겁니다.'"

빅토리아 여왕조차 아첨에 곧잘 넘어가곤 했다. 수상인 벤저민 디즈레일리Benjamin Disraeli11는 여왕을 알현할 때 아첨했다고 털어놓았다. 디즈레일리의 말을 빌자면 '사탕발림'을 했다고 한다. 그러나 디즈레일리는 해가 지지 않는 나라 대영제국을 다스린 재상들 가운데 그 누구보다도 세련되고 능수능란하며 노련한 사람이었다. 그는 가히 자기 분야에서 천재라 할 만했다. 그에게 통한 방법이 우리에게도 통하란 법은 없다. 결국 아첨은 득보다 실을 초래할 것이다. 아첨은 허위이며 위조지폐나 마찬가지라서 다른 사람에게 건네면 결국 곤경에 처하고 말 것이다.

그렇다면 칭찬과 아첨의 차이는 무엇일까? 간단하다. 한쪽은 진실하고 다른 한쪽은 가식이다. 한쪽은 마음에서 우러나오는 것이고 다른 한쪽은 입에서 나오는 것이다. 한쪽은 이타적이며 다른 한쪽은 이기적이다. 한쪽은 남녀노소가 추앙하는 것이고 다른 한쪽은 남녀노소가 경멸하는 것이다.

나는 최근 멕시코시티에 있는 차풀테펙 궁전에서 멕시코의 영

---

11. 영국의 정치가이자 문인. 1876년 비콘스필드 백작에 봉해졌다.

웅 알바로 오브레곤 장군의 흉상을 보고 왔다. 흉상 아래에는 오브레곤의 철학이 깃든 명언이 새겨져 있었다.

"적을 두려워할 것이 아니라 감언이설을 일삼는 친구를 두려워해야 할 것이다."

이제 알겠는가! 나는 절대로 아첨하라고 권하는 게 아니다. 그것과는 거리가 먼 얘기다. 내가 권하려는 것은 새로운 생활방식이다. 다시 한번 말하건대, **새로운 생활방식을 권하려 한다.**

조지 5세는 버킹엄 궁에 있는 자신의 서재 벽면에 여섯 가지 금언을 걸어놓았다. 그중 하나는 다음과 같다.

"싸구려 칭찬은 하지도, 받지도 말라."

모든 아첨은 곧 싸구려 칭찬이다. 어디선가 아첨의 정의를 읽은 적이 있는데 되새겨 봄 직해서 여기에 옮겨보겠다.

"아첨이란 자기가 자신에 대하여 생각하는 바를 상대방에게 말해주는 것이다."[12]

랠프 월도 에머슨Ralph Waldo Emerson[13]은 "아무리 포장하려고 해도 말은 그 사람의 본심을 드러내게 되어 있다"라고 했다.

아첨만 잘하면 만사형통인 세상이라면 모두들 아첨에 열을 올리게 될 것이고 우리는 모두 인간관계의 전문가가 될 수 있을지도 모른다.

---

12. '아첨'이라는 것은 상대방을 띄워주는 척하면서 결국 자신을 치켜세우는 것이라는 뜻.
13. 미국의 철학자이자 시인. 부르주아를 비판하고 미국의 흑인 노예 제도에도 반대했다.

인간은 눈앞에 닥친 문제에 몰두할 때를 제외하고 일상의 95퍼센트는 자기 자신에 관한 생각을 하면서 보낸다. 만일 그 생각은 잠시 접고 타인의 장점을 생각하려고 노력한다면, 입 밖에 내는 순간 상대방에게 들키고 마는 천박하고 가식적인 아첨에 의존할 필요가 전혀 없게 될 것이다.

에머슨은 "나는 누구를 만나건 그에게서 나보다 나은 점을 발견한다. 그리고 그 나은 점을 본받으려 노력한다"고 했다.

에머슨이 본받을 사람이 그렇게 많았다는데 하물며 우리 같은 범인凡人들이야 오죽하겠는가? 우리의 업적, 우리의 욕망에 대한 생각은 그만 접자. 대신 상대방의 장점을 알아내려고 노력하자. 그리고 아첨 따위는 잊어버리자. 가식 없고 진심 어린 칭찬을 하자. "진심으로 인정해주고 아낌없이 칭찬"을 하면, 사람들이 당신이 하는 말을 소중하게 간직하고 평생에 걸쳐 몇 번이고 되뇔 것이다. 당신 자신은 그런 말을 했다는 사실을 까맣게 잊은 후에도 당신의 말을 들은 사람은 오랫동안 당신이 한 말을 되새길 것이다.

How
to WIN
Friends
and
Influence
People

이것을 할 수 있는 자는
온 세상을 자기편으로 만들 수 있지만
그렇지 못한 자는
홀로 외로운 길을 걷게 될 것이다

여름이 되면 메인 주로 낚시를 하러 간다. 나는 딸기와 크림을 아주 좋아하지만 어쩐 일인지 물고기는 벌레를 더 좋아한다. 그래서 낚시를 갈 때면 내가 좋아하는 것은 생각하지 않고 물고기가 좋아하는 것만 생각한다. 낚싯바늘에 딸기와 크림이 아닌 지렁이나 메뚜기를 미끼로 끼우고는 물고기한테 이렇게 말한다.

"맛있게 먹으렴."

사람을 낚을 때에도 이와 똑같은 상식을 활용하는 게 어떨까?

이것이 바로 로이드 조지Lloyd George1의 방식이었다. 누군가 그에게 윌슨, 오를란도Orlando2, 클레망소Clemenceau3 같은 다른 전시 체제 지도자들과 달리 계속 집권할 수 있었던 비결이 무엇이냐고 묻

---

1. 1916년 영국의 총리가 되어 제1차 세계대전을 승리로 이끌었다.
2. 이탈리아 수상.
3. 프랑스 총리.

자, 정상을 유지할 수 있었던 단 하나의 이유가 있다면 그것은 바로 물고기에게는 물고기에 적합한 미끼를 써야 한다는 것을 깨우쳤기 때문이라고 답했다.

어째서 자신이 원하는 것만 떠들어댈까? 그것은 유치한 짓이다. 어리석기 짝이 없는 짓이다. 물론 인간은 자신이 원하는 것에 관심을 두기 마련이다. 그 관심은 죽을 때까지 계속된다. 하지만 남들은 내가 원하는 것에 전혀 관심이 없다. 남들도 나와 다를 바 없기 때문이다. 즉 우리 모두 자신이 원하는 것에만 관심이 있다.

따라서 상대를 설득할 수 있는 유일한 방법은 그 사람이 원하는 것을 대화 주제로 삼고 그것을 얻는 방법을 알려주는 것이다.

누군가에게 무엇을 하도록 설득할 때에는 이 점을 명심해야 한다. 가령 아들이 담배를 피우지 않길 바란다면 부모인 당신이 원하는 것만 늘어놓으면서 설교하지 마라. 대신 담배를 피우면 농구부에 들어갈 수 없다거나 100미터 단거리 경주에서 1등을 못할 수도 있다는 사실을 알려주어야 한다.

상대가 자녀든 소든 침팬지든 이 사실은 반드시 기억하고 있어야 한다. 예를 들어보자. 랠프 월도 에머슨은 아들과 함께 소를 외양간으로 끌어 넣으려고 애를 쓰고 있었다. 하지만 에머슨 부자는 자신들이 원하는 것만 생각하는 보편적인 실수를 저질러, 아버지는 소를 밀고 아들은 소를 잡아끌었다. 하지만 소 역시 에머슨 부자와 똑같은 마음이었기 때문에 자신이 원하는 것만 생각하느라 다리를 꼿꼿하게 편 채 목초지를 안 떠나려고 버텼다. 아일랜드 출신 하녀가 두 부자가 쩔쩔매는 모습을 보았다. 이 하녀는 에머슨처럼 에세이나 책을 쓸 수는 없었지만 적어도 소나 말에 관해서는 아는 것이 더 많았다. 그래서 소의 생각을 읽어내고는 아이에게 하듯 손가락을 소의 입에 넣어 빨 수 있게 한 상태로 아무런 저항 없이 소를 외양간으로 끌고 갔다.

태어나서 지금까지 당신이 한 모든 행동은 뭔가를 원했기 때문에 이루어진 것이다. 적십자에 100달러를 기부한 것도? 그렇다, 기부라고 해서 법칙에서 벗어나지는 않는다. 당신이 적십자에 기부한 이유는 도움을 주고 싶었기 때문이다. 아름답고 이타적이며 보람 있는 일을 하고 싶었기 때문이다. "너희가 여기 내 형제 중의 지극히 작은 자 하나에 한 것이 곧 내게 한 것이니라."[4]

뿌듯함보다 그 돈을 더 원했다면 당신은 기부하지 않았을 것이다. 물론 부끄러워서 차마 거절하지 못했거나 고객이 부탁한 일이었기 때문에 기부했을 수도 있다. 이유야 어찌 됐건 당신이 기부한 것은 당신이 무엇인가를 원했기 때문이라는 사실은 분명하다.

해리 A. 오버스트리트Harry A. Overstreet 교수는 자신의 저서 《인간 행동에 영향을 주는 법Influencing Human Behavior》이라는 유용한 책에서 다음과 같이 말했다.

"행동은 근본적으로 우리가 욕망하는 것에서 유래한다. ······기업에서건 가정, 학교, 정계에서건 장차 상대를 설득할 일이 많은

---

4. 마태복음 25장 40절.

사람에게 줄 수 있는 최선의 조언은 먼저, 상대의 마음에 열렬한 욕구를 불러일으키라는 것이다. 이것을 할 수 있는 자는 온 세상을 자기편으로 만들 수 있지만 그렇지 못한 자는 홀로 외로운 길을 걷게 될 것이다."

가난에 허덕이던 나라, 스코틀랜드에서 태어나 시급 2센트를 받는 일부터 시작하여 나중에는 3억 6500만 달러를 기부한 앤드루 카네기는 사람을 설득하는 유일한 방법은 상대방이 원하는 것과 관련된 이야기를 하는 것이라는 교훈을 인생 초년에 깨우쳤다. 학교라고는 4년밖에 다니지 못했음에도 사람 다루는 법은 누구보다 일찍 배웠던 것이다.

예를 들어보겠다. 카네기의 형수는 두 아들 때문에 자나 깨나 걱정이 많았다. 두 아들은 예일 대학교에 재학 중이었는데 각자 자기 일로 바빠 집에 편지 쓰는 것을 소홀히 했고 어머니가 보내는 걱정 그득한 편지에 전혀 신경을 쓰지 않았다.

그러자 카네기는 재촉하지 않고도 편지를 보내는 즉시 답장을 받을 수 있다며 100달러 내기를 제의했다. 누군가 내기에 응하자 카네기는 조카들에게 신변잡기의 편지를 쓰고는 추신에다가 5달러씩을 보낸다는 내용을 가볍게 언급했다.

그래 놓고 돈은 동봉하지 않았다.

곧바로 도착한 답장에는 "사랑하는 앤드루 삼촌께"로 시작하여 마음 씀씀이에 감사하다는 내용이 적혀 있었다. 나머지는 독자 여러분의 상상에 맡기겠다.

내일 당장 누군가에게 무언가를 하라고 설득해야 할 일이 생길지도 모를 일이다. 입을 열기 전에 잠시 멈추고 자문해보라. "이 사람이 이 일을 **하고 싶게** 만들려면 어떻게 해야 할까?"

이렇게 자문하면 자신의 욕망에 대하여 쓸데없는 헛소리를 늘어놓으며 성급하게 일에 뛰어드는 것을 막을 수 있다.

나는 연달아 계획된 강연을 위해 매 시즌 20일 동안 뉴욕에 있는 어떤 호텔의 대연회장을 빌린 적이 있었다.

어느 시즌에 느닷없이 임대료를 전 시즌의 세 배 가까이 올려달라는 통보를 받았다. 이 통보를 받은 것은 이미 티켓이 인쇄되어 배포되고 강연회 공고까지 나간 후였다.

당연히 나는 임대료를 올려주고 싶지 않았지만 내가 원하는 바를 호텔 측에 알려봐야 무슨 소용이 있겠는가? 호텔은 호텔대로 원하는 바에만 관심이 있을 텐데. 그래서 며칠 후 나는 직접 지배인을 찾아갔다.

"사실 편지를 받고 적잖이 놀랐습니다. 그렇다고 당신을 탓하는 건 아닙니다. 내가 당신 입장이었다면 나도 그와 비슷한 편지를 써야 했겠죠. 호텔 지배인인 당신의 임무는 이윤을 극대화하는 것이니까요. 그 임무를 져버린다면 당신은 해고당할 것이고 또 그래야 마땅할 겁니다. 당신이 임대료를 올려야겠다면 이제 종이를 한 장 꺼내 당신의 입장에서 본 이익과 손해를 적어봅시다."

나는 편지지를 한 장 꺼내 가운데 선을 긋고 한쪽에는 '이익', 반대쪽에는 '손해'라고 적었다.

나는 '이익란'의 첫머리에 '연회장이 비게 됨'이라고 적었다. 그런 다음 말을 계속 이어나갔다.

"연회장이 비게 되므로 댄스파티나 컨벤션용으로 대여해줄 수 있어 이익이 될 겁니다. 이건 무시할 수 없는 이익인데, 그런 이벤트는 강연회보다 훨씬 큰 수익을 내기 때문이지요. 나 때문에 이번 시즌 연회장이 20일 동안 묶여 있게 된다면 당신이 훨씬 큰 이익을 낼 수 있는 사업을 놓치게 될 것임은 불 보듯 분명하겠지요.

자, 이번에는 손해 부분을 살펴봅시다. 우선 나한테서 받으려던 인상분으로 수익이 늘기는커녕 줄어듭니다. 나로서는 당신이 요구한 임대료를 낼 수가 없으니 사실상 수익이 없다고 봐야겠지요. 이번 강연회는 다른 장소에서 개최해야 할 것 같습니다.

그게 다가 아닙니다. 이번 강연회로 학력과 교양 수준이 높은 고객들이 대거 당신네 호텔로 모여들 것입니다. 그만한 광고 효과가 어디 있겠습니까, 안 그래요? 사실 신문에 5000달러짜리 광고를 낸다고 해도 내가 이번 강연회에 끌어들일 인파만큼 많은 사람을 호텔로 불러 모을 수는 없을 겁니다. 호텔 입장에서는 그것만 해도 굉장한 이익이 아닐까요?"

이야기하면서 나는 '손해란'에다 이 두 가지를 적은 다음 종이를 지배인에게 건네주며 말했다.

"당신에게 발생할 이익과 손해를 모두 꼼꼼히 따져보신 후 최종 결정을 알려주시기 바랍니다."

다음 날, 나는 임대료를 300퍼센트가 아니라 50퍼센트만 올려

받겠다는 내용을 알리는 편지를 받았다.

내가 원하는 바에 관한 말은 일언반구도 없이 이처럼 파격 할인을 받았다는 사실에 주목하라. 시종일관 내가 화제로 삼은 것은 상대방이 원하는 것과 어떻게 하면 상대방이 그것을 얻을 수 있을 것인가에 관한 내용이었다.

내가 이런 상황에서 사람들 대부분이 보일 만한 행동을 취했다고 가정해보자. 문을 벌컥 열고 지배인의 사무실로 쳐들어가서 "티켓도 이미 찍었고 공고도 나갔다는 걸 뻔히 알면서 임대료를 300퍼센트나 인상하겠다니 저의가 뭡니까? 300퍼센트라니! 어처구니가 없어서! 참나! 난 절대 못 내니까 그리 아십시오"라고 말했다고 가정해보자.

그랬다면 어떤 결과가 나왔을까? 싸움이 시작될 것이고 서로 열이 오를 대로 올라 씩씩거렸을 것이다. 말싸움이 어떻게 끝났을지는 말하지 않아도 알 것이다. 설사 내가 지배인을 설득하여 그가 잘못했다는 것을 확인시켜줄 수 있었다고 하더라도 그는 자존심 때문에 임대료 인상을 철회하며 양보할 수 없었을 것이다.

인간관계의 달인이 되기 위한 지금까지의 조언 중 단연 최고랄 수 있는 조언을 하나 소개하겠다.

"성공의 비결을 단 하나 꼽으라고 한다면, 그것은 상대방의 관점을 파악하여 나의 관점뿐만 아니라 상대방의 관점에서도 사물을 볼 줄 아는 능력일 것이다."

헨리 포드Henry Ford5의 말이다.

구구절절 옳은 말이라 한 번 더 반복하지 않을 수가 없다.

"성공의 비결을 단 하나 꼽으라고 한다면, 그것은 상대방의 관점을 파악하여 나의 관점뿐만 아니라 상대방의 관점에서도 사물을 볼 줄 아는 능력이다."

워낙 단순하고 뻔한 말이어서 누구나 한번에 그 참뜻을 알아채는 것이 정상이겠지만 열 명 중 아홉 명이 열 번 중 아홉 번 이 말을 무시한다.

예를 들어보라고? 내일 아침 당신의 책상 위에 놓인 편지들을 쭉 훑어보면 그 편지들 대부분이 이처럼 중요하고 상식적인 규범을 위반하고 있다는 사실을 알 수 있을 것이다. 미국 전역에 지사를 두고 있는 한 광고 회사의 라디오 담당 부서장이 보낸 편지를 보자. 이 편지는 전국에 있는 각 지역의 라디오 방송국 국장에게 발송된 것이다(각 단락에 대한 내 반응은 괄호 안에 써넣었다).

인디애나 주 모 시, 존 아무개 국장님께.
아무개 선생님께.
저희 회사는 라디오 광고 분야에서 선도적인 광고대행사의 위치를 견지하고자 합니다.

(댁의 회사가 바라는 게 뭔지 내가 알게 뭡니까? 나는 내 문제로 이미

---

5. 포드자동차 회사를 설립하였으며 최초로 대량 생산 방식으로 자동차를 생산해냈다.

골치가 아픈데. 은행에서는 담보권을 행사해서 집을 빼앗아 간다고 하지, 해충은 접시꽃을 먹어치우고 있지, 어제는 주식시장까지 폭락했다고. 오늘 아침에는 8시 15분 기차를 놓쳤고, 어젯밤 존스네 댄스파티에는 초대도 못 받았고, 의사는 나더러 고혈압에 신경염과 비듬까지 있다고 했단 말이야. 그런데 이게 무슨 일이야? 오늘 아침 걱정거리를 잔뜩 안고 사무실에 와서 편지를 뜯어봤더니 글쎄, 자기네 회사가 무엇을 원하는지에 대해서 지껄이는 뉴욕의 어떤 광고 회사 나부랭이가 나오더란 말이지. 흥! 자기 편지를 받는 사람이 어떤 기분일지, 그걸 알기나 한다면 당장 광고 회사에서 나와서 살충제나 만들걸.)

저희 회사의 전국 광고 구좌수[6]는 타의 추종을 불허합니다. 구좌수가 많은 만큼 방송 노출 시간이 많아 매년 업계 정상의 자리를 굳건히 지키고 있습니다.

(당신네 회사가 크고 잘 나간다는 말이지? 그래서 어쩌라고? 댁들이 제네럴모터스와 제네럴일렉트릭, 그리고 미 육군참모부를 합친 것보다 막강하다고 해도 난 쥐뿔만큼도 관심 없거든. 댁들 지능이 닭의 반만 됐어도, 내가 관심 있는 건 당신들이 얼마나 막강한지가 아니라 내가 얼마나 중요한 존재인가라는 걸 눈치챘을 거야. 당신네 회사가 얼마나 잘났는지만 이렇게 떠들어대면 나 자신이 왜소하고 초라하게 느껴진다고.)

---

6. 하나의 광고 위치에 들어갈 수 있는 광고 수.

저희는 광고 구좌를 라디오 방송 편성에 관한 최신 정보와 더불어 제공하기를 갈망하고 있습니다.

(당신이 갈망하는 거지! **당신이** 갈망하는 거라고. 당신은 지독한 바보야. 당신이든 미합중국 대통령이든 나는 남이 원하는 것에는 관심이 없다고. 마지막으로 말하는데 나는 내가 바라는 것에만 관심이 있단 말이야. 그런데 당신은 이 바보 같은 편지에 내가 바라는 것에 대해서는 일언반구도 없어.)

따라서 저희 회사를 귀사의 주간 방송편성정보 제공 대상 리스트의 우선순위에 올려주시겠습니까? 모든 정보는 대행사의 효과적인 광고 시간 예약에 매우 유용하게 쓰일 것입니다.

('우선순위'라. 배짱 한번 두둑하군! 자기네 회사가 막강하다며 실컷 자랑해서 나를 초라하게 만들더니 이제는 '우선순위'에 올려달라면서 "잘 부탁한다"는 말 한마디가 없네.)

본 서신에 바로 답장을 하시어 저희에게 귀사의 최신 '광고 상황'을 알려주신다면 서로 도움이 될 것입니다.

(이런 멍청이가 다 있나! 개나 소나 다 받았을 게 분명한 싸구려 광고 편지 한 통 보내놓고, 가뜩이나 대출금과 접시꽃, 혈압 때문에 골치가 아

파 죽을 지경인 나한테 뻔뻔하게도 자기네 광고 편지를 받았다는 내용의 사적인 편지를 보내라고? 그것도 "바로"? 어떻게 "바로"란 말을 쓸 수가 있지? 나도 자기들 못지않게 바쁜 사람이라는 사실을 모른단 말이야? 실제로 바쁘지 않다고 하더라도 나도 바쁜 사람으로 **보이고 싶다는** 사실을 몰라? 그나저나 나한테 이래라저래라 해도 된다고 누가 그래? "서로 도움이" 될 거라고? 이제야 알량한 내 입장도 헤아려주는군. 하지만 어떤 식으로 나한테 도움이 된다는 건지는 대충 얼버무리고 있잖아.)

라디오 광고부장 존 아무개 배상.
추신: 동봉하여 보내드리는 〈아무개 시 저널〉은 귀사에 유익할 것이며 귀 방송국에서 방송하셔도 좋습니다.

(마침내 편지 맨 끝, 그것도 추신에 내 골칫거리를 해결하는 데 도움이 될지도 모르는 뭔가를 언급하는군. 왜 진작 이 얘기를 꺼내지 않은 거지? 지금에 와서 이런 얘길 해봐야 무슨 소용이 있겠어? 댁이 나한테 보낸 것처럼 헛소리만 잔뜩 늘어놓은 편지를 보내는 광고쟁이들은 분명 뇌에 이상이 있을 거야. 댁한테 필요한 건 우리의 최신 광고 현황이 적힌 회신이 아니라 갑상샘을 고쳐줄 넉넉한 양의 요오드야.)

평생을 광고업에 종사하면서 다른 사람이 물건을 사도록 설득하는 분야의 전문가라 자처하는 사람들이 이렇게 형편없는 편지를 쓴다면 정육점 주인과 제빵사, 카펫용 압정 제조업자한테서는 무엇을 기대할 수 있겠는가?

　여기 대규모 화물터미널의 소장이 우리 강좌를 듣는 에드워드 버밀렌이라는 학생에게 보냈다는 편지를 한 통 더 소개하겠다. 이 편지가 수신인에게 어떤 영향을 미쳤을까? 읽고 난 후에 알려주도록 하겠다.

뉴욕 시 브루클린 프론트 가 28번지
A. 제레가즈선즈 주식회사
에드워드 버밀렌 귀하.

물량 대부분이 오후 늦게 도착하여 폐사의 발송화물 수신처 작업에 차질이 발생했습니다. 그 결과 화물 정체, 인부들의 연장근무, 배차 지연, 일부 경우에는 화물 운송 지연까지 초래되었습니다. 11월 10일, 폐사는 귀사가 보낸 화물 510개를 오후 4시 20분에 받았습니다. 화물 접수 지연으로 인한 불미스러운 결과를 해소하는 데 협조해주시길 부탁합니다. 상기 날짜에 도착한 화물과 같은 물량을 보내실 때에는 트럭을 폐사로 좀 더 서둘러 보내주시거나 화물 일부를 오전 중에 보내주실 수 있을까요?
상기 사항을 준수하면 귀사의 화물을 실은 트럭은 더욱 신속하게 출발할 수 있고 귀사의 화물도 수령 당일 출고될 것입니다.
소장 존 아무개 배상.

이 편지를 다 읽은 후, 제레가즈선즈 주식회사의 영업부장인 버밀렌 씨는 내게 다음과 같은 의견을 첨부하여 편지를 보냈다.

"이 편지는 애초 의도한 바와 전혀 다른 역효과를 가져왔습니다. 편지는 화물터미널이 처한 곤란한 상황에 대한 설명으로 시작하고 있는데 누가 그런 데 관심이 있겠습니까? 그런 다음 우리한테 어떤 불편을 끼치게 될지에 대한 배려는 전혀 하지 않은 채 협조를 요구하더니 마지막 단락에 가서야 우리가 협조하게 되면 화물 트럭이 더욱 신속히 출발하여 우리 화물이 수령 당일 출고될 것이라는 사실을 알려주더군요.

바꿔 말하면 우리가 가장 관심을 기울이고 있는 사항이 마지막에 가서야 언급되었다는 뜻입니다. 전체적으로 협조보다는 반감을 일으키는 편지였습니다."

이 편지를 수정하여 좀 더 보기 좋게 고칠 수 있을지, 한번 보자. 우리 문제에 관한 이야기로 시간을 허비하지 말자. 헨리 포드가 충고한 대로 "상대방의 관점을 파악하여 나의 관점뿐만 아니라 상대방의 관점에서도" 사물을 보도록 하자.

여기에 수정된 편지를 소개하겠다. 최고는 아닐지 몰라도 전보다 나아진 것은 분명하지 않은가?

뉴욕 시 브루클린 프론트 가 28번지

A. 제레가즈선즈 주식회사

에드워드 버밀렌 귀하.

버밀렌 씨께,

지난 14년 동안 보내주신 귀사의 성원에 깊이 감사를 드립니다. 폐사를 애용해 주시고 계신만큼 신속하고 효율적인 서비스로 보답하고자 최선을 다하고 있습니다. 그러나 11월 10일처럼 대량의 화물을 오후 늦게 보내시면 송구하게도 귀사의 기대를 충족하지 못하게 됩니다. 왜냐고 묻고 싶으실 것입니다. 오후 늦은 시간에는 화물이 몰립니다. 그래서 화물 정체가 빚어지게 되지요. 이는 귀사의 트럭이 피치 못하게 발이 묶인 채 부두를 떠나지 못하게 됨을 의미하고, 그 결과 귀사의 화물까지 지체되는 때가 있다는 것을 뜻합니다. 실로 유감스러운 일이지요. 그렇다면 이토록 유감스러운 일을 어떻게 예방할 수 있을까요? 가능한 한 오전 중에 부두로 화물을 보내주시면 귀사의 화물 트럭이 정체될 일이 없을 것이며 귀사의 화물이 방치될 일 또한 없을 것이고, 인부들도 제때 퇴근하여 집에서 귀사가 생산하는 맛있는 마카로니와 스파게티를 즐길 수 있을 것입니다. 본 편지를 불평으로 여기거나 저희가 귀사의 사업에 훈수를 두려한다고 여기지 말아주시길 간곡히 부탁합니다. 본 편지를 발송한 목적은 귀사를 더욱 능률적으로 모시고자 하는 저희의 바람, 오로지 그 한 가지밖에 없습니다.

귀사의 화물이 언제 도착하든 폐사는 귀사에 신속한 서비스를 제공하기 위하여 늘 온 힘을 다할 것입니다. 바쁘실 테니 일부러 답장은 주시지 않아도 됩니다.

소장 존 아무개 올림.

피곤함에 찌들고 수많은 거절에 좌절하고 저임금에 시달리는 수천 명의 외판원이 오늘도 거리를 누비고 있다. 왜 그렇게 된 걸까? 그들은 오로지 자신이 원하는 것만 생각하고 있기 때문이다. 그들은 당신이나 내가 아무것도 살 마음이 없다는 사실을 깨닫지 못한다. 살 마음이 있다면 제 발로 나가서 산다. 우리는 모두 죽을 때까지 자신의 문제를 해결하는 데에만 관심을 둘 것이다. 만일 외판원들이 자신들의 서비스나 상품이 우리가 가진 문제를 해결하는 데 어떤 식으로 도움을 줄 수 있을 것인지 보여줄 수만 있다면 무언가를 애써 팔 필요가 없다. 찾아오지 않아도 우리가 나서서 사려고 할 것이기 때문이다. 고객들은 강권에 못 이겨 산다는 느낌보다 스스로 산다는 느낌을 받고 싶어 한다.

그럼에도 수많은 외판원은 고객의 관점에서 사물을 볼 생각은 전혀 하지 않은 채 물건을 파는 데에만 죽을 듯 매달린다. 예를 들어, 나는 대뉴욕[7] 중심에 자리 잡은 개인 주택촌인 포리스트 힐스에서 오래전부터 살고 있다. 어느 날 기차역으로 달려가고 있는데 우리 동네에서 오랫동안 부동산을 사고판 이력이 있는 부동산 업자와 우연히 마주치게 되었다. 누구보다도 포리스트 힐스를 잘 아는 사람이라서 나는 그에게 스투코 외장재로 마감한 우리 집이 메탈라스[8]로 지어졌는지 속 빈 타일로 지어졌는지 얼른 물어보았다. 그는 모른다는 말은 하지 않고 대신 포리스트 힐스 전원도시

---

7. 종래의 뉴욕에 브롱크스, 브루클린, 퀸스, 리치먼드를 합친 것.
8. 회반죽 벽의 바탕으로 쓰는 얇은 쇠 그물.

협회에 전화해보면 알 수 있다고만 했다. 나도 알고 있던 사실에 지나지 않은 대답이었다. 다음 날 아침, 그에게서 편지가 한 통 와 있었다. 편지에 나한테 필요한 정보가 담겨 있었을까? 전화 한 통이면 60초 만에 알아낼 수 있었을 것이다. 그럼에도 그는 전화를 해보지 않았다. 편지에서도 역시 나더러 전화해서 알아보라면서 내 주택 보험을 자기한테 맡겨달라고 했다.

그는 나를 돕는 데는 관심이 없고 자기 이익에만 관심이 있었다.

그에게 바시 영Vash Young의 뛰어난 저서, 《아낌없이 주는 사람The Go-Giver》과 《나누고 싶은 부A Fortune to Share》를 줄 걸 그랬나 보다. 그가 그 책을 읽고 그 책에 나온 철학을 실천한다면 내 주택 보험으로 벌어들일 수익의 천 배는 벌 수 있을 텐데 말이다.

전문직 종사자들도 똑같은 실수를 저지른다. 몇 년 전 나는 필라델피아에 있는 유명한 이비인후과 의사를 찾아갔다. 그는 내 편도선을 들여다보기도 전에 용건이 무엇이냐고 묻기부터 했다. 내 편도선 크기 따위에는 관심이 없고 내 지갑 두께에만 지대한 관심이 있었던 것이다. 그러니까 그의 주요 관심사는 나에게 얼마나 도움을 줄 수 있는가가 아니라 나에게서 얼마나 챙길 수 있는가였다. 그 결과 그는 아무것도 얻지 못했다. 그의 몰인격에 질린 나는 뒤도 돌아보지 않고 병원을 나와버렸기 때문이다.

이 세상은 사리사욕을 추구하는 사람들로 차고 넘친다. 따라서 이기심을 버리고 타인을 도우려는 소수의 사람은 훨씬 유리한 위치에 설 수 있다. 경쟁자가 거의 없기 때문이다. 저명한 변호사이자 미국 실업계의 위대한 선도자인 오언 D. 영은 "상대방의 입장을 헤아릴 줄 알고 상대방의 심리를 파악할 수 있는 자는 장차 어떤 일이 닥쳐도 조금도 걱정할 필요가 없다"라고 했다.

이 책을 읽고 나서 더도 말고 덜도 말고 딱 한 가지, 항상 다른 사람의 입장을 헤아리고 그의 관점으로 사물을 보려 노력하면, 그것이 자기 인생을 구성하는 주춧돌이 되었음을 깨닫는 날이 분명히 올 것이다.

사람들 대부분이 대학 교육을 받으면서 베르길리우스의 작품을 읽고 미적분학 이론을 배우지만 정작 자신의 심리가 어떻게 작용하는지는 까맣게 모른다. 예를 들어보자. 뉴저지 주 뉴어크에 있으며 사무실 건물을 시원하게 해주고 극장의 공기를 조절해주는 회사인 캐리어 사에 입사할 예정인 젊은 대학생들을 대상으로 '효과적인 대화법'이라는 프로그램 강의를 한 적이 있다. 참가자 중 한 명이 나머지 참가자들을 설득하여 쉬는 시간에 농구를 하고 싶어 했다. 그가 한 말은 다음과 같았다.

"저는 여러분이 같이 나와서 농구를 했으면 합니다. 저는 농구가 좋은데 체육관에 갔을 때 농구를 할 만큼 인원이 충분했던 적이 별로 없었거든요. 요전 날 밤에는 두어 명이 공을 던지고 놀다가 눈가에 시퍼렇게 멍이 들기까지 했습니다. 내일 밤에는 다 같이 내려갔으면 좋겠네요. 저는 농구가 정말 하고 싶거든요."

그 학생이 나머지 학생들이 원하는 것에 대해서 한마디라도 언급했는가? 아무도 가지 않는 체육관에는 당신 또한 가고 싶지 않을 것이다. 당신은 그 학생이 무엇을 원하는지에 대해서도 관심이 없으며 눈에 멍이 들고 싶지도 않을 것이다.

그렇다면 그 학생은 체육관을 이용함으로써 당신이 원하는 것을 어떻게 얻을 수 있는지 알려줄 수 있지 않았을까? 물론이다. 체육관에서 느낄 수 있는 활기, 강렬한 식욕, 맑은 두뇌, 재미, 흥미진진한 게임, 농구를 부각했으면 가능했을 것이다.

오버스트리트 교수의 현명한 조언을 다시 떠올려보자.

"먼저, 상대의 마음에 열렬한 욕구를 불러일으켜라. 이것을 할 수 있는 자는 온 세상을 자기 편으로 만들 수 있지만 그렇지 못한 자는 홀로 외로운 길을 걷게 될 것이다."

내 연수 프로그램에 참가한 한 학생은 아들 걱정에 여념이 없었다. 아들이 저체중인 데다 먹기를 거부했기 때문이다. 아이의 부모는 다른 부모들이 흔히들 쓰는 방법을 썼다. 혼을 내고 잔소리를 늘어놓았던 것이다.

"엄마는 네가 이걸 먹었으면 좋겠어."

"아빠는 네가 튼튼하게 자랐으면 좋겠어."

그 소년이 부모의 간청에 귀를 기울였을까? 소귀에 경을 읽은 격이나 다름없었다.

상식이 있는 사람이라면 세 살짜리 아이가 서른 살짜리 아버지의 관점에 맞장구를 쳐줄 것이라는 기대는 하지 않는다. 그런데도 그 아버지는 그런 기대를 하고 있었다. 어리석은 일이 아닐 수 없다. 마침내 이 아버지는 자신이 어리석었음을 깨달았다. 그러고는 이렇게 혼잣말을 했다고 한다.

"아들 녀석이 원하는 게 무엇일까? 내가 원하는 것과 아이가 원하는 것을 어떻게 결부시킬 수 있을까?"

관점을 달리하자 문제가 쉽게 풀렸다. 그의 아들은 세발자전거를 가지고 있었는데, 그 자전거를 타고 브루클린에 있는 자기 집 앞 보도를 오르락내리락하기를 좋아했다. 몇 집 건너에는 할리우드 식대로 부르면 '악동'이랄 수 있는 아이가 살고 있었다. 그 아이는 이 소년을 밀쳐내고는 세발자전거를 빼앗아 자기가 타곤 했다.

그럴 때마다 아들은 소리를 지르면서 자기 엄마한테 달려갔고, 그러면 엄마는 밖으로 나와 그 '악동'에게서 세발자전거를 빼앗아 다시 아들을 앉혀야 했다. 이런 일이 거의 매일 되풀이되었다.

이 아이가 원하는 것은 무엇일까? 셜록 홈스가 아니더라도 알 수 있는 답이다. 아이의 자존심, 분노, 자중심에 대한 욕구, 기질 중에서 가장 강렬한 감정들을 자극해 복수하게 하는 것, 자기를 못살게 굴었던 '악동'의 코를 납작하게 해주는 것이다. 아버지는 아이에게 어머니가 먹으라는 것을 먹기만 하면 언젠가는 등치가 더 큰 아이도 때려눕힐 수 있을 거라고 설명해주고 재차 안심시켰다. 그러자 밥을 안 먹겠다고 떼를 쓰는 일이 더는 일어나지 않았다. 그 아이는 분명히 자신에게 그토록 자주 모욕감을 준 나쁜 소년을 벌할 수 있을 만큼 몸을 키우기 위해 시금치, 양배추, 자반고등어 등 무엇이건 가리지 않고 먹었을 것이다.

이 문제를 해결하고 나자 부모는 다른 문제에도 손을 댔다. 아이에게는 가끔 이불에 오줌을 싸는 부끄러운 버릇이 있었다.

아이는 할머니와 함께 잠을 잤다. 아침에 할머니가 깨어나 이불이 젖은 것을 감지하고 "아이구, 조니야, 어젯밤 또 일을 저질렀구나"라고 말하곤 했다.

그러면 아이는 "제가 안 그랬어요. 할머니가 그랬잖아요"라고 말했다.

야단도 쳐보고 매도 들어보고 창피도 줘보았지만 부모는 번번이 아이의 버릇을 고치지 못했다. 어떤 방법을 써도 침대가 마를 날이 없었다. 그래서 부모는 "어떻게 하면 우리 아이가 이불에 오줌 싸는 것을 그만두고 싶다고 **원하게** 할 수 있을까?" 하고 자문해보았다.

아이가 원하는 것이 무엇일까? 우선 아이는 할머니가 입는 잠옷이 아니라 아빠가 입는 파자마를 입고 싶어 했다. 손주가 밤마다 저지르는 실수에 질려 있던 할머니는 버릇을 고치기만 한다면 기꺼이 파자마를 사주겠다고 약속했다. 둘째, 아이는 자기 침대를 갖고 싶어 했다. 할머니는 이 역시 반대하지 않았다.

어머니는 브루클린에 있는 로에저 백화점으로 아이를 데리고 가서는 점원에게 눈짓을 보내며 "우리 꼬마 신사가 쇼핑을 좀 하고 싶다네요" 하고 말했다.

점원은 "꼬마 신사님, 무엇을 찾으시나요?"라고 응대하여 아이가 자중심을 느끼게 해주었다.

아이는 까치발을 해서 조금이라도 키가 더 커 보이려고 애를 쓰면서 "제 침대를 사고 싶어요" 하고 말했다.

엄마는 아이에게 자신이 점찍어둔 침대를 보여주면서 이번에도 점원에게 눈짓을 보냈고 그러자 점원이 아이를 설득시켜 그 침대를 사게 했다.

침대가 바로 다음 날 배달되었고 그날 저녁 아버지가 퇴근하자 아이는 문으로 달려가며 "아빠! 아빠! 2층에 와서 **제가 산 제** 침대 좀 보세요!"라고 소리쳤다.

침대를 본 아버지는 찰스 슈워브의 권고에 따라 "진심으로 인정해주고 아낌없이 칭찬"해주었다.

"이 침대에는 지도를 안 그리겠구나, 그렇지?"

하고 아빠가 물었다.

"그럼요! 이 침대에는 오줌 안 쌀 거예요."

자존심이 걸린 일이기 때문에 아이는 약속을 잘 지켰다. 침대도 **자신의** 침대인 데다 **자신이** 직접 고르기까지 했기 때문이다. 그뿐인가, 이제부터는 어른처럼 파자마도 입게 되었다. 그래서 아이는 어른처럼 행동하고 싶어졌고 실제로도 어른스러워졌다.

우리 강좌를 듣는 학생이자 전화 기술자인 K. T. 더치먼 역시 아버지였는데, 세 살짜리 딸아이에게 아침밥을 못 먹여서 애를 먹고 있었다. 다른 부모들이 흔히 하는 것처럼 혼도 내보고 애원도 해보고 살살 달래도 보았지만 모두 허사였다. 그래서 부부는 "어떻게 하면 딸아이가 아침밥을 먹고 **싶어 하게** 할까?" 하고 자문해보았다.

딸아이는 어른이 된 것 같은 기분을 느껴보려고 자기 엄마를 곧잘 흉내 내곤 했다. 그래서 부모는 어느 날 아침 딸아이를 의자에 앉히고 직접 아침을 준비하게 했다. 아빠가 어쩌다 부엌에 들어선 바로 그 순간 아이는 아침식사거리를 휘휘 저으면서 "아빠, 저 좀 봐요, 오늘 몰텍스Maltex[9]는 제가 만들었어요" 하고 말했다.

아이는 부모의 사탕발림도 없이 시리얼을 2인분이나 먹어치웠다. 아침에 흥미가 생겼기 때문이다. 아이는 자중심을 성취했고 시리얼을 마는 일에서 자기표현 수단을 발견했던 것이다.

윌리엄 윈터는 "자기표현은 인간 본성의 중요한 필수요소"라고 말한 적이 있다. 우리는 어째서 사업상의 거래에 이와 똑같은 심리를 적용하지 못하는 걸까? 번뜩이는 아이디어가 떠오르면 다른 사람들에게 그것이 자기 아이디어라고 알리는 일 대신 다른 사람들이 그 아이디어를 요리하면서 마음대로 휘젓게 하는 게 어떨까? 그러면 사람들은 그 아이디어를 제 아이디어로 여겨 소중히 여기게 되고 어쩌면 자기 아이디어로 소화하게 될지도 모른다.

명심하라. "먼저 상대의 마음에 열렬한 욕구를 불러일으켜라. 이것을 할 수 있는 자는 온 세상을 자기편으로 만들 수 있지만 그렇지 못한 자는 홀로 외로운 길을 걷게 될 것이다."

---

9. 시리얼 제조 회사의 이름으로 여기서는 시리얼을 의미한다.

이 책을 십분 활용하는 9가지 방법

1. 이 책을 십분 활용하고 싶다면 어떤 규칙이나 기술보다도 필수적이며 본질적으로 무한하게 중요한 조건이 한 가지 있다. 이 핵심적인 필요조건이 없다면 학습방법에 관한 1000가지 원칙도 무용지물이 되고 말 것이다. 이 기본적인 자질을 갖추고 있다면 어떤 책이건 활용법에 관한 처방을 읽지 않고도 경이로운 성과를 이룰 수 있다.

이처럼 마법 같은 조건이란 무엇일까? 대단한 것이 아니다. **배우고자 하는 깊고 강력한 욕구와 인간관계 능력을 기르려는 불굴의 투지다.**

그러한 마음속의 충동은 어떻게 하면 기를 수 있을까? 이러한 원칙들이 자신에게 얼마나 중요한지를 끊임없이 환기하는 것이다. 이 원칙들을 완전히 자기 것으로 만들었을 때, 사회적·경제적으로 더욱 넉넉한 보상을 받기 위해 남들과 펼치는 경쟁에서 자신이 얼마나 든든할지를 그려보는 것이다. 그리고 자신에게 되풀이해서 이렇게 말하라. "내가 누리는 인기, 행복, 소득은 나의 인간관계 역량에 달려 있다."

2. 처음에는 전체적인 내용 파악을 위해 각 장을 빠른 속도로 읽어라. 그리고 나면 십중팔구 빨리 다음 장으로 넘어가고 싶어질

것이다. 그저 재미로 이 책을 읽고 있는 게 아니라면 그러지 않길
바란다. 인간관계에서 더욱 노련해지고 싶어서 이 책을 읽고 있는
거라면 앞으로 돌아가 **각 장을 다시 꼼꼼하게 읽어라.** 나중에 시간
이 흐르고 나면, 이로써 시간도 아끼고 결과도 더 좋아졌다는 것
을 알게 될 것이다.

3. 읽는 도중 몇 번이라도 잠깐 독서를 멈추고 내용을 곱씹어보라.
책에서 제안하는 내용을 언제 어떻게 적용할 수 있을지 자문해보
라. 이런 식으로 읽다 보면, 토끼를 쫓는 개처럼 정신없이 읽어나
가기만 할 때보다 훨씬 큰 도움을 받을 수 있을 것이다.

**4. 손에 빨간 색연필이나 만년필을 쥔 채 책을 읽다가 실생활에서 써
먹을 수 있겠다 싶은 내용이 나오면 그 옆에 줄을 그어라.** 별 네 개
짜리 내용이면 문장 전체에 밑줄을 긋거나 '****(별표)'로 표시해
라. 표시하고 밑줄을 긋다 보면 책도 더 재미있어지고 복습도 훨
씬 쉽고 빠르게 할 수 있다.

5. 대형 보험회사에서 15년간 사무장을 지낸 사람을 알고 있다. 그
는 매달 회사가 발행하는 보험 계약서를 빼놓지 않고 읽는다. 그
렇다, 그는 동일한 계약서를 매달 읽고 또 읽었다. 왜냐고? 그것만
이 보험계약의 조항을 또렷하게 기억할 수 있는 유일한 방법이라
는 사실을 경험을 통해 배웠기 때문이다.

언젠가 화술에 관한 책을 쓰는 데 거의 2년을 바친 적이 있었는데, 내 책에 쓴 내용인데도 잘 기억이 나지 않아 몇 번이고 앞으로 돌아가 확인해야 했다. 인간의 망각 속도는 놀랄 만큼 빠르다.

따라서 이 책에서 실질적이고 지속적인 이익을 얻고 싶다면 한 번 대충 훑는 것으로는 어림도 없을 것이다. 꼼꼼하게 읽어본 후 매달 몇 시간은 투자해서 복습해야 한다. 책상 위 잘 보이는 곳에 두고 매일 볼 것을 권한다. 되도록 자주 훑어보라. 머지않아 당신에게 찾아올 풍요로운 개선의 가능성을 떠올리며 자신을 다독여라. 복습과 실습을 끊임없이 왕성하게 실천하는 것만이 이 책에 나온 원리를 습관적이고 무의식적으로 활용할 수 있는 유일한 방법이라는 사실을 명심하라. 단언컨대 다른 방법은 없다.

6. 버나드 쇼는 이렇게 말했다. "누군가에게 무언가를 가르쳐주면 그 사람은 절대로 배우지 못한다." 쇼의 말이 옳다. **배움은 능동적인 과정이다. 우리는 행동을 통해 배운다.** 따라서 이 책에서 학습하게 될 원리들을 정복하고 싶다면 행동에 옮겨야 한다. 기회가 있을 때마다 틈틈이 이 원리들을 실생활에 적용해보라. 그러지 않으면 빠르게 잊게 될 것이다. 지식은 써먹어야 뇌리에 뚜렷하게 박힌다.

직접 해보면 알겠지만 이 책에서 제안하는 사항들을 내내 적용하기란 어렵다. 나는 이 책을 쓴 장본인인데도, 내가 주장한 것들을 모두 적용하기 어려운 경우가 적잖다. 가령 기분이 상했을 때는 상대방의 관점을 이해하려고 노력하기보다는 쉽사리 비난하고 질책하게 된다. 칭찬할 거리를 찾는 것보다는 허물을 들추어내는 일이 쉬울 때가 훨씬 많다. 상대방이 원하는 것보다는 자신이 원하는 것에 관하여 이야기하는 것이 더욱 자연스러운 일이다. 따라서 이 책을 읽는 동안에는 단순히 정보를 얻으려는 것이 아니라 새로운 습관을 익히려고 노력 중이라는 사실을 명심하기 바란다. 사실 이는 새로운 삶의 방식을 시도하려는 것과 마찬가지다. 그러니 당연히 세월과 끈기와 일상적인 실천이 필요하지 않겠는가.

따라서 이 책을 자주 들춰보도록 하라. 이 책을 인간관계에 관한 기초 교본쯤으로 여기고 자녀를 상대하거나 아내에게 당신의 의견을 관철하고 싶을 때, 짜증 난 고객을 만족시켜야 할 때와 같이 특정한 문제에 직면할 때마다, 자연히 발생하는 충동적인 반응을 하려고 하면 멈칫하기 바란다. 그런 반응은 대개 옳지 않기 때문이다. 대신 이 책을 펼치고 당신이 밑줄 그어놓은 단락들을 다시 한번 훑어보라. 그런 다음 새로운 방식을 시도해보고 그것이 당신에게 부리는 마법을 지켜보라.

7. 부인이나 아들, 동료에게 당신이 특정 원칙을 어기는 모습을 보일 때마다 10센트나 1달러씩 주겠다고 하라. 이러한 원칙들을 숙련하는 과정을 활기 넘치는 게임으로 만들어라.

8. 월가의 주요 은행에서 은행장을 맡은 사람이 우리 강좌에 나와 발표 시간에 자신이 사용하고 있다는 효율적인 자기계발 방법을

설명해주었다. 이 남자는 정규교육은 거의 받지 못했지만, 현재 미국에서 가장 영향력이 큰 재계의 거물 가운데 한 사람이 되었다. 그가 털어놓은 바로는, 자신이 성공할 수 있었던 이유는 거의 전적으로 자신이 손수 개발한 방식을 늘 실천한 덕분이라고 한다. 그가 실천했다는 방식은 다음과 같다. 내가 기억하는 선에서 최대한 자세하게 그의 말을 옮겨보겠다.

"오랫동안 저는 그날그날 지켜야 할 일정을 적은 수첩을 가지고 다녔습니다. 매주 토요일 저녁 시간 중 일정 부분은 제가 자기반성과 검토 및 평가라는 계몽적인 과정에 투자한다는 사실을 가족들도 알고 있기 때문에 그 시간에는 절대로 어떠한 계획도 잡지 않습니다. 저녁을 먹고 나면 저는 혼자만의 공간에서 약속이 적힌 수첩을 펼치고는 그 주에 가졌던 모든 면담, 논의, 회의에 대해서 곰곰이 생각해봅니다. 그리고 이렇게 자문합니다.

'그때 나는 어떤 실수를 저질렀는가?'

'제대로 한 일은 무엇이며 어떻게 하면 내 태도를 개선할 수 있는가?'

'그러한 경험에서 내가 배울 수 있는 교훈은 무엇인가?'

이런 식으로 주마다 평가를 하고 나면 기분이 나빠지기가 일쑤였습니다. 내가 이렇게나 자주 실수를 저질렀구나 하고 깨닫고는 깜짝 놀라기도 합니다. 물론 세월이 흘러가면서 실수를 저지르는 횟수는 줄어들었습니다. 이제는 이런 반성의 시간을 마친 후 가끔 저도 모르게 저를 토닥여주고 싶어질 때가 있습니다. 이러한 자기분석, 자기교육 방식을 매년 계속 해오고 있는데, 저에게는 이제껏 시도해온 그 어떤 방식보다 효과적이었습니다.

의사결정 능력 향상에도 도움을 주었고 인간관계에도 크나큰 도움을 받았습니다. 그 어떤 방법보다 추천하고 싶은 방법입니다."

이와 비슷한 방식을 사용하여 이 책에서 거론된 원칙들의 실천 여부를 점검하고 확인하는 것은 어떨까? 그러면 두 가지 성과를 얻게 될 것이다.

첫째, 흥미로우면서 무한히 유익한 교육과정에 흠뻑 빠져 있는 자신을 발견하게 될 것이다.

둘째, 사람을 만나고 대하는 능력이 부지불식간에 날로 발전하여 콩나물처럼 쑥쑥 자라 있을 것이다.

9. 이 책 끝에는 메모장이 있다. 이 메모장에 성공적인 실천 사례를 적어보라. 이름, 날짜, 결과 등을 포함하여 최대한 구체적으로 기록할 것을 권한다. 그런 식으로 기록하다 보면 더욱더 노력하고 싶어질 것이다. 몇 년 후 그러한 기록들을 우연히 발견하면 얼마나 뿌듯하겠는가!

이 책을 최대한 활용하려면 아래 9가지 사항을 명심하라.

1. 인간관계의 원칙을 숙달하려는 열망을 가질 것.
2. 각 장을 두 번씩 읽은 후에야 다음 장으로 넘어갈 것.
3. 읽으면서 각각의 제안 사항을 어떻게 적용할 수 있을지 시시때때로 자문해볼 것.
4. 중요하다고 생각되는 부분에는 밑줄을 그을 것.
5. 이 책을 매달 복습할 것.
6. 기회가 날 때마다 여러 원칙들을 적용해볼 것. 이 책을 기본 안내서로 활용하여 일상생활에서 직면하는 문제를 해결할 것.
7. 여러 원칙 중 하나라도 어기는 모습을 포착할 경우 친구나 주변 사람에게 10센트나 1달러를 주는 식으로 배움을 생생한 게임으로 만들 것.
8. 본인이 매주 이룩한 진전을 보고 힘을 낼 것. 매주 어떤 실수를 했는지, 앞으로를 위해 어떤 부분을 개선하고 어떤 교훈을 얻었는지 자문해볼 것.
9. 이러한 원칙을 언제 어떻게 적용했는지 알 수 있도록 이 책 뒤에 일기를 기록할 것.

이 책을 탄생시킨
효과적인 말하기와 인간관계의 야간수업에 참여하고 싶으신가요?*

본 저서는 주로 데일 카네기의 효과적인 말하기와 인간관계 과정에 참석했던 수천 명의 남녀가 들려준 경험담을 토대로 성장과 발전을 이룩할 수 있었습니다.

무료 청강의 문은 활짝 열려 있습니다. 친구와 함께 오십시오. 오셔서 50만 명의 열정적인 수료생들이 두려움을 극복하고, 리더십을 기르고, 소득을 늘리고, 새로운 친구를 얻고, 크고 작은 그룹 앞에서 편안하게 말할 수 있도록 도와준 검증된 방법을 두 눈으로 확인하십시오. 이러한 교육이 여러분에게 어떤 도움을 줄 수 있을지 확실하게 알 수 있을 것입니다.

데일 카네기 과정은 미국과 캐나다, 그 밖에 15개국에 있는 1200개 도시에서 개설 중입니다. 다음 수업이 진행될 장소 가운데 여러분의 집과 가장 가까운 곳은 어디인지, 시간은 언제인지 알고 싶으시다면 아래 주소로 편지를 보내주시기 바랍니다.

뉴욕 주 뉴욕 시 36 46번가 서쪽으로 15번지
데 일 카 네 기 출 판 사 주 식 회 사

---

* 원서에 함께 실렸던 데일 카네기의 '화술 및 인간관계론 강의'에 대한 광고 페이지_ 편집자

타인의 호감을 사는 6가지 방법

How
to WIN
Friends
and
Influence
People

| 1장 |

어디서든 환영받는 사람이 되는 방법

친구 사귀는 방법을 터득하려고 이 책을 읽고 있는가? 그렇다면 이 세상 그 누구보다 친구를 사귀는 데 뛰어난 역량을 보인 사람의 비법을 연구해보는 건 어떨까? 그런 사람이 어디 있느냐고? 내일 당장 길거리에서 그 사람과 마주칠지 모른다. 거리가 가까워지면 그 사람은 당신을 보고 반색할 것이다. 당신이 가던 길을 멈추고 아는 체라도 해주면 그는 당신을 얼마나 좋아하는지를 보여주려고 날아갈 듯 뛰어오를 것이다. 이와 같은 호감의 표현 뒤에는 아무런 저의가 없다는 것, 즉 아무런 속셈이 없다는 것을 당신은 알고 있다. 부동산을 팔려는 것도, 결혼해달라는 것도 아니라는 것을 말이다.

개는 일을 해서 돈을 벌 필요가 없는 유일한 동물이라는 사실을 잠깐이라도 생각해본 적이 있는가? 암탉은 알을 낳아야 하고 젖소는 젖을 내주어야 하고 카나리아는 노래해야 한다. 하지만 개는 인간에게 애정을 주는 것만으로 살아갈 수 있다.

내가 다섯 살이었을 때, 아버지가 50센트를 주고 털이 노란 강아지를 한 마리 사오셨다. 그 강아지는 내 유년시절을 환히 밝혀준 빛이자 기쁨이었다. 매일 오후 4시 30분이면 강아지는 앞마당에 앉아 초롱초롱한 눈으로 길 쪽을 뚫어지게 쳐다보다가, 내 목소리가 들리거나 관목 사이로 도시락통을 흔들거리는 내 모습이 보일라치면 총알처럼 튀어나와 헐떡거리며 언덕배기까지 올라왔다. 그러고는 기쁨에 넘쳐 깡충깡충 뛰고 완전히 무아지경이 되어 짖으며 나를 맞아주었다.

티피는 5년 동안 내 곁을 지켜준 친구였다. 그러던 어느 날 밤, 평생 못 잊을 비극적인 사건이 일어났다. 티피가 내 눈앞에서 벼락에 맞아 죽은 것이다. 티피의 죽음은 내 소년 시절에 일어난 일 중 가장 비극적인 사건이었다.

티피, 너는 심리학에 관한 책은 한 권도 읽지 않았지. 왜냐하면 그럴 필요가 없었으니까. 기를 쓰고 상대방에게 관심을 받으려고 하면 2년 안에는 친구를 사귈 수 있겠지. 그렇지만 그렇게 하기보다 내가 먼저 상대방에게 진심 어린 관심을 보이면 2달 만에 훨씬 많은 친구를 사귈 수 있다는 것을 너는 타고난 본능으로 알고 있었지. 다시 한번 말하지만 **기를 쓰고 상대방에게 관심을 받으려고 하면 2년 안에는 친구를 사귈 수 있겠지만 너는 그렇게 하지 않고 네가 먼저 상대방에게 진심 어린 관심을 보임으로써 훨씬 많은 친구를, 그것도 2달 만에 사귈 수 있었지.**

남들이 자기한테 관심을 두게 하려고 별의별 짓을 다 하는 어리석은 실수를 저지르며 인생을 허비하는 사람들을 나도 알고 당신도 알고 있다.

물론 그래 봐야 아무 소용 없다. 사람들은 당신에게 관심이 없다. 사람들은 나한테도 관심이 없다. 사람들이 밤이고 낮이고 관심을 두는 대상은 오로지 자기 자신뿐이다.

뉴욕 전화 회사에서는 전화 통화 중 가장 자주 등장하는 단어를 알아내고자 세부적인 조사를 시행했다. 조사 결과는 짐작대로 1인칭 대명사인 '나'였다. '나'라는 단어는 500통의 전화 통화에서 무려 3900번이나 사용되었다. '나.' '나.' '나.' '나.' '나.'

자신이 찍힌 단체사진을 볼 때 당신은 누구부터 찾아보는가?

사람들이 당신에게 관심이 있으리라 생각한다면 다음 질문에 답해 보라. 만약 당신이 오늘 밤 죽는다면 당신의 장례식에 올 사람은 몇 명이나 될 것 같은가?

당신이 먼저 관심을 보인 것도 아닌데
사람들이 굳이 당신에게 관심을 보일 이유가 있을까?
지금 당장 연필을 들고 위 질문의 답을 작성해보라.

남에게 잘 보이려고 하고 남이 나한테 관심을 두게 하려고만 하면 우리는 진실하고 참된 친구를 결코 사귈 수 없을 것이다. 지란지교芝蘭之交는 그런 식으로는 이루어지지 않기 때문이다.

나폴레옹이 그런 식으로 친구를 사귀려고 했다가 조세핀을 마지막으로 만난 자리에서 이런 말을 하는 신세가 되었다.

"조세핀, 나는 이 세상 누구보다도 운이 좋았소. 그럼에도 지금 이 순간, 이 세상에서 내가 의지할 수 있는 사람은 당신뿐이구려."

하지만 역사학자들은 나폴레옹에게 조세핀이 과연 의지할 만한 사람이었는지에 대하여 회의적이다.

빈 출신의 저명한 심리학자인 알프레트 아들러는 《심리학이란 무엇인가What Life Should Mean to You》라는 제목의 책을 썼다. 아들러는 그 책에서 "동족인 인간에게 무관심한 부류는 인생을 사는 데 가끔 큰 장애를 가지고 있으며 또한 타인에게도 가장 큰 상처를 입힌다. 인류의 모든 실패는 바로 그런 부류에게서 비롯된다"라고 밝혔다.

두툼한 심리학 관련 학술 서적을 다섯 수레쯤 읽고도 남녀노소 모두에게 의미심장한 글귀 하나 건지지 못할 수도 있다. 똑같은 소리 두 번 하기는 정말 싫지만 아들러의 글은 정곡을 찌르는 명문이라 다시 한번 강조하고자 한다.

동족인 인간에게 무관심한 부류는 인생을 사는 데 가장 큰 장애를 가지고 있으며 또한 타인에게도 가장 큰 상처를 입힌다. 인류의 모든 실패는 바로 그런 부류에게서 비롯된다.

한번은 뉴욕 대학교에서 단편소설 창작 수업을 들은 적이 있었는데 〈콜리어스Collier's〉지의 편집자가 우리 수업에서 강연했다. 그 편집자는 매일매일 자기 책상에 속속 도착하는 수많은 이야기 중에서 아무거나 한 편을 골라 몇 단락만 읽어보면 저자가 인간을 좋아하는지 아닌지 감을 잡을 수 있다고 했다.

"저자가 인간을 좋아하지 않으면 인간인 독자들도 저자의 작품을 좋아해주지 않습니다."

이 냉철한 편집자는 소설 창작에 관한 강의 중 두 번이나 하던 말을 멈추고, 설교를 늘어놓아 미안하다면서 "잔소리처럼 들리겠지만 작가로 성공하고 싶다면 인간에게 관심을 둬야 한다는 것을 명심하라"라고 당부했다.

활자를 통해 만나는 소설도 이럴진대 하물며 얼굴을 맞대는 인간관계에서는 더하면 더했지 덜할 리가 없다.

나는 하워드 서스턴Howard Thurston이 브로드웨이에서 마지막 공연을 하던 날 밤, 그의 분장실에 찾아간 적이 있다. 서스턴은 모두가 인정한 마술사 협회장이자 마술의 제왕이었다. 그는 40년간 전 세계 순회공연을 다녔으며 몇 번이고 '환상'을 만들어내어 관객을 어리둥절하게 만들었고 또 입을 다물지 못할 정도로 깜짝 놀라게 했다. 6000만 명이 넘는 사람들이 그의 쇼를 보려고 입장권을 구매했고, 서스턴은 200만 달러에 가까운 수익을 올렸다.

나는 서스턴에게 성공의 비결을 알려달라고 했다. 학교 교육과 무관하다는 것은 분명했다. 왜냐하면 그는 아주 어렸을 때 집을 나와 떠돌이 생활을 하면서 화물차를 타고 건초 더미에서 쪽잠을 자고 집집이 돌아다니며 먹을 것을 구걸하고 철로를 따라 보이는 간판을 보면서 글자를 익혔기 때문이다.

그렇다면 그에게 마술에 대한 남다른 지식이 있었던 걸까? 아니다. 그는 마술에 대한 책이 이미 수천 권 나왔기 때문에 마술을 자기 못지않게 알고 있는 사람도 적지 않다고 했다. 그러나 그에게는 남들에게 없는 것이 두 가지 있다. 하나는 무대에서 자신의 개성을 펼쳐 보이는 능력이었다. 그는 무대 체질이었고 인간의 본성을 간파하고 있었다. 몸짓, 억양, 눈썹의 움직임 등 무대 위에서 보여주는 모든 것이 사전에 치밀하게 연습된 것이었고, 아주 짧은 순간의 동작까지도 타이밍이 계산된 것이었다. 그게 다가 아니었다. 서스턴은 인간에게 남다른 관심이 있었다. 그는 많은 마술사가 관중석을 보면서 "이런, 만만한 촌뜨기들이 우르르 몰려왔군. 오늘도 식은 죽 먹기가 되겠어" 하고 혼잣말을 한다고 했다. 그러나 서스턴의 방식은 전혀 달랐다. 그는 무대에 오를 때마다 "이렇게 나를 보러 와주다니 얼마나 고마운가. 내가 호의호식할 수 있는 건 다 이 사람들 덕분이야. 최고의 마술을 보여주자" 하고 스스로 다짐한다고 했다.

그는 "나는 관중을 사랑한다, 나는 관중을 정말로 사랑한다"라고 다짐하지 않고 무대에 선 적은 단 한 번도 없다고 단언했다. 말도 안 된다고? 바보 같다고? 물론 어떻게 생각하건 그건 당신의 자유이다. 나는 역대 최고의 마술사 가운데 한 사람이 알려준 비결을 가감 없이 당신에게 전달할 뿐이다.

마담 슈만하잉크Schumann-Heink도 이와 다를 바 없는 이야기를 한 적이 있다. 그녀는 굶주림과 실연에도, 또 한때 자식들까지 데리고 자살을 시도했을 정도로 비극적인 삶을 살았음에도 그 모든 난관을 극복하고 노래 하나로 정상에 올라 드디어 관객을 열광케 한 유일한 바그너 오페라 가수가 되었다. 그런 그녀 또한 성공의 비결 가운데 하나가 바로 다른 사람들에게 깊은 관심을 보였기 때문이라고 털어놓았다.

시어도어 루스벨트 대통령이 놀랄 만한 인기를 누릴 수 있었던 비결도 바로 이것이었다. 심지어 하인들마저 그를 사랑했다. 루스벨트의 흑인 수행원이었던 제임스 E. 에이머스는 《수행원의 영웅, 시어도어 루스벨트Theodore Roosevelt, Hero to His Valet》라는 제목의 책을 썼다. 이 책에서 에이머스는 루스벨트의 일면을 잘 보여주는 다음과 같은 일화를 소개했다.

한번은 집사람이 대통령께 메추라기에 관하여 여쭤보았다. 집사람은 한 번도 그 새를 본 적이 없었기 때문에 대통령께서는 집사람에게 아주 자세하게 설명해주었다. 얼마 후, 우리 집으로 전화가 걸려왔다(에이머스 부부는 오이스터 베이에 위치한 루스벨트 대통령 관저 내의 조그만 집에 살고 있었다). 집사람이 전화를 받았는데 전화를 건 사람은 다름 아닌 루스벨트 대통령이었다. 대통령은 집사람에게 우리 집 창밖에 메추라기가 있으니 창밖을 내다보면 보일 거라는 말을 해주려고 전화를 걸었다고 했다. 이처럼 사소한 일들이 바로 지극히 그분다운 일이다. 그분은 우리 집을 지나갈 때마다 우리가 보이지 않더라도 늘 "안녕, 애니?" 또는 "안녕, 제임스!" 하고 인사하곤 했다. 지나가면서도 다정한 인사를 잊지 않았던 것이다.

고용인들이 이런 사람을 어떻게 좋아하지 않을 수 있었겠는가? 고용인이 아니라 그 누구라도, 어떻게 루스벨트 대통령 같은 사람을 좋아하지 않을 수 있었겠는가?

루스벨트 전 대통령이 어느 날 백악관에 들렀는데, 그때는 마침 태프트 대통령 부부가 외출하고 없을 때였다. 루스벨트 대통령은 백악관 시절 알고 지냈던 모든 하인, 심지어 식모까지 이름을 부르면서 인사했는데, 이는 그가 평범한 사람들도 진심으로 아낀다는 걸 보여주었다.

한편 아치 버트는 글을 통해 그 시절을 다음과 같이 회고했다.

"루스벨트 대통령은 주방 하녀인 앨리스를 보자 지금도 옥수수빵을 만드느냐고 물었다. 앨리스는 하인들을 위해 가끔 만들기는 하는데, 윗분들은 아무도 안 드신다고 했다.

그러자 루스벨트 대통령은 '그 사람들 입맛이 형편없군. 다음번에 태프트 대통령을 만나면 한마디 해야겠어'라고 우렁찬 목소리로 말씀하셨다.

앨리스가 접시에 그 빵을 한 조각 담아 드리자 빵을 드시면서 집무실로 가셨는데, 도중에 만난 정원사들이며 일꾼들에게 빠짐없이 인사를 건네셨다.

그분은 예전처럼 한 명 한 명 모두 이름을 불러주셨다. 40년 동안 백악관의 수석 의전관을 지낸 아이크 후버는 눈물을 글썽이며 '거의 2년 만에 처음으로 맞이하는 행복한 날입니다. 저희는 억만금을 준다고 해도 아무도 이날과 바꾸지 않을 겁니다'라고 말했다."

찰스 W. 엘리엇을 역사상 가장 성공적인 대학 총장으로 만들어준 것도 바로 타인의 문제에 보인 깊은 관심이었다. 그가 남북전쟁 종전 4년 후부터 제1차 세계대전이 발발하기 5년 전까지 하버드 대학교의 운명을 관장한 인물이라는 점을 기억할 것이다. 엘리엇 총장의 학교 운영 방식을 보여주는 예를 한 가지 소개하겠다. 어느 날 신입생 L. R. G. 크랜든이 학자금 대출 기금에서 50달러를 빌리려고 총장실을 찾아갔다. 대출 승인은 떨어졌다. 그 후의 일은 크랜든의 입을 빌려 들어보자.

"진심 어린 감사의 인사를 드리고 총장실을 나서려는데 총장님께서 '잠깐 이야기 좀 나눌 수 있을까요?' 하고 말씀하셨습니다. 그러더니 놀랍게도 총장님께서 이렇게 말씀하시는 것이었습니다.

'듣자하니 학생은 단칸방에서 밥도 해결한다더군요. 제대로 된 음식을 충분히 먹을 수만 있다면 그것도 전혀 나쁠 것은 없다고 생각합니다. 나도 대학 때 그랬으니까요. 송아지고기 수육을 요리해본 적이 있나요? 충분히 숙성해서 푹 익힌다면 송아지고기 수육은 버릴 것이 없으므로 최고의 음식이 됩니다. 나도 그렇게 만들어 먹고는 했답니다.'

그러고 나더니 송아지고기를 고르는 방법, 국물이 걸쭉해질 때까지 졸이면서 뭉근하게 요리하는 방법, 그리고 그 고기를 잘게 자른 다음 다른 고기를 담은 팬으로 누르고 식혀서 먹는 방법까지 알려주셨습니다."

나는 진심 어린 관심을 기울임으로써 아무리 바쁜 사람들이라도 그들에게서 관심과 시간, 협력을 얻어낼 수 있다는 것을 경험으로 체득했다. 이제부터 그 경험을 들려주겠다.

몇 년 전, 브루클린 예술과학협회에서 소설 창작 강좌를 연 적이 있었는데 우리는 캐슬린 노리스, 패니 허스트, 아이다 타벨, 앨버트 페이슨 터훈, 루퍼트 휴스와 같이 유명하고, 따라서 시간이 없기 마련인 작가들을 브루클린으로 초빙하여 그들의 경험을 듣고 싶었다. 그래서 우리는 우리가 그들의 작품을 숭배하고 있으므로 그들에게 조언을 듣고 성공의 비결을 배우는 데 깊은 관심이 있다는 내용의 편지를 보냈다.

편지마다 약 150명의 학생이 서명했다. 우리는 위에서 언급한 작가들이 너무 바빠서 강연을 준비할 시간이 없다고 해도 이해한다는 내용도 적었다. 그래서 작가 본인과 각자의 소설 작법에 관한 질문 목록을 동봉하여 답을 보내달라고 부탁했다. 작가들은 그 질문 목록을 마음에 들어 했다. 어느 누가 싫어하겠는가? 그렇게 해서 그들은 각자의 집을 떠나 먼 여행도 마다치 않고 브루클린까지 와서 우리를 도와주었다.

똑같은 방법으로 나는 시어도어 루스벨트 내각의 재무장관이었던 레슬리 M. 쇼, 태프트 내각의 법무장관이었던 조지 W. 위커샴, 윌리엄 제닝스 브라이언, 프랭클린 D. 루스벨트, 그 밖의 여러 명사를 설득하여 내가 개설한 대중연설 강좌에서 학생들에게 강연하게 했다.

정육점 주인이든 빵집 주인이든 왕좌에 오른 왕이든, 우리는 모두 우리를 우러러보는 사람들을 좋아하게 되어 있다. 독일의 황제 빌헬름 2세를 예로 들어보자. 제1차 세계대전이 끝날 즈음 세상에서 가장 폭넓은 계층으로부터 가장 맹렬히 경멸을 받은 사람은 아마도 빌헬름 2세였을 것이다. 그가 제 목숨을 부지하겠다고 네덜란드로 도망갔을 때는 심지어 모국인 독일조차 그에게 등을 돌렸다. 그를 향한 증오가 어찌나 강렬했던지, 수많은 사람이 그의 사지를 찢거나 말뚝에 매달아 화형에 처하고 싶어 안달이었을 정도였다. 이처럼 증오가 산불처럼 번지던 와중에 어느 소년이 황제에게 온정과 존경이 가득 담긴 담백하면서도 진심 어린 편지를 보냈다. 소년은 남들이 어떻게 생각하든 자신은 황제로서 빌헬름을 변함없이 사랑하겠노라고 썼다. 황제는 이 편지에 깊이 감명을 받아 소년을 초대했다. 소년은 어머니와 함께 왔고 황제는 그 여인과 결혼했다. 이 소년은 인간관계에 관한 책을 읽을 필요가 없다. 본능으로 알고 있기 때문이다.

친구를 사귀고 싶다면 자신을 희생하는 한이 있더라도 다른 사람을 위해 무언가를 해주자. 시간과 에너지, 이타심과 배려가 필요한 그런 일들을 말이다. 윈저 공이 영국의 황태자였을 때 남아메리카를 순방하기로 되어 있었다. 순방길에 나서기 전 그는 그 나라 말로 담화를 발표할 수 있도록 수개월 동안 스페인어 공부에 매진했고 남아메리카 국민은 그의 그런 모습을 매우 좋아했다.

수년 전부터 나는 친구들의 생일을 반드시 알아두고 있다. 어떻게 알아냈느냐고? 비록 점성술은 전혀 신봉하지 않았지만 상대방에게 출생일이 성격 및 기질과 관련이 있다고 생각하는지부터 물었다. 그런 다음 상대방에게 생년월일을 가르쳐달라고 했다. 예를 들어 상대방이 11월 24일이라고 알려주면 나는 "11월 24일, 11월 24일" 하고 머릿속으로 계속 되뇌었다. 그 친구가 뒤를 돌자마자 나는 이름과 생일을 적은 다음 그 데이터를 나중에 생일 수첩에 옮겨 적곤 했다. 해가 바뀔 때마다 나는 그렇게 적은 날짜들을 탁상 달력에 표시하여 찾아보지 않고도 눈에 띄도록 했다. 누군가 귀빠진 날이 되면 그 사람은 내 편지나 전보를 받았다. 그 효과는 기대 이상이었다. 내가 유일하게 생일을 기억해준 사람인 경우가 얼마나 많았는지 모른다.

친구를 사귀고 싶다면 생기발랄한 태도로 사람들을 맞이하자. 누군가 당신에게 전화를 걸었을 때도 똑같은 심리를 적용하라. 그 사람이 전화를 걸어주어서 기쁘다는 마음을 담아 "여보세요" 하고 받아보라. 뉴욕 전화 회사는 교환원들이 "번호를 말씀해주십시오"라는 말을 할 때 '안녕하십니까, 고객님께 도움을 드릴 수 있어 기쁩니다'라는 뉘앙스가 풍기게끔 전화를 받게 교육하려고 학교를 운영하고 있다. 내일 전화를 받게 되거든 이 사실을 반드시 기억하자.

이러한 원칙이 비즈니스에도 해당할까? 정말로? 예를 대라면 얼마든지 댈 수 있지만 시간의 제약이 있으니 두 가지 사례만 살펴보기로 하자.

뉴욕 시의 대형 은행 중 한 군데에 근무하는 찰스 R. 월터스는 모 기업에 관한 기밀보고서를 작성하는 업무를 맡게 되었다. 그가 알고 있는 사람 중에 지금 당장 그에게 필요한 정보를 보유하고 있는 사람은 딱 한 명, 바로 사장이었다. 월터스가 안내를 받아 사장실에 들어섰을 때, 한 젊은 여성이 문틈으로 고개를 내밀고 오늘은 우표가 없다고 사장에게 말하고 있었다.

"열두 살짜리 아들 녀석을 위해 우표를 수집하는 중이라오."

사장이 월터스에게 어찌 된 일인지 설명해주었다.

월터스는 자신의 용건을 밝히고 질문하기 시작했다. 사장은 내내 모호하고 대략적인 답변만 건넸다. 사장은 지금 말할 기분이 아니었고 그의 말문을 열 방법도 없어 보였다. 질의응답 시간은 아무 성과도 없이 금방 끝이 났다.

우리 강좌에서 이 일화를 설명하면서 월터스는 "솔직히 당황스러웠다"라고 고백했다.

"그때 비서가 했던 말이 불현듯 떠올랐습니다. 우표, 열두 살짜리 아들……, 우리 은행 외환 업무 부서에서 우표를 수집한다는 사실도 떠오르더군요. 세계 각지에서 날아든 편지에 붙어 있던 우표를 모은다고 했습니다. 다음 날 오후, 사장을 찾아가 아드님께 드릴 우표가 있다는 말을 전했습니다. 열렬한 환영을 받았느냐고요? 물론입니다. 설사 그가 국회의원 선거에 출마했더라도 그처럼 열렬히 악수하지는 못했을 겁니다. 만면에 미소를 띤 채 저에게 호의를 보이더군요. '우리 조지가 아주 좋아할 걸세'라는 말을 연거푸 하면서 우표를 애지중지 다루었습니다. '이것 보게! 보물이 따로 없어.' 우리가 우표 얘기도 하고 사장의 아들 사진도 보는 동안 30분이 훌쩍 지나가 버렸습니다. 사장은 그 후 한 시간도 넘는 시간을 들여 제게 필요한 정보를 빠짐없이 주었습니다. 제가 부탁하지도 않았는데 말이에요. 사장은 본인이 알고 있던 것을 모조리 알려주더니 다른 직원을 불러서 물어봐 주기까지 했습니다. 친구들에게 전화를 돌리기도 했고요. 저에게 온갖 자료, 수치, 보고서, 서신 내용 등을 잔뜩 알려주었습니다. 신문기자들이 쓰는 말로 소위 특종을 따낸 셈이죠."

여기 또 다른 예가 있다.

필라델피아 주에 사는 C. M. 내플은 수년간 대형 체인점에 석탄을 팔려고 무던히 애를 써왔다. 그러나 그 체인점 본사는 연료를 외곽의 판매업자에게서만 구매하면서 여 보란 듯 빈 연료통을 질질 끌며 내플의 사무실 문 앞을 지나갔다. 어느 날 밤 내플은 우리 강좌를 듣는 수강생 중 한 명 앞에서 한바탕 열변을 늘어놓았다. 체인점에 대한 끓어오르는 분노를 토해내면서 사회의 암적 존재라고 낙인을 찍기까지 했다.

그러면서도 자신이 연료를 팔지 못하는 이유를 여전히 모르고 있었다.

나는 내플에게 전략을 바꿔보라고 제안했다. 후일담을 간략하게 적어보면 다음과 같다. 우리는 수강생들을 두 편으로 갈라 '체인점 확산이 국가에 득보다 실을 더 많이 초래하고 있는지, 그렇지 않은지'에 대한 토론을 벌였다.

내플은 나의 제안에 따라 체인점이 득보다 실을 더 많이 초래한다는 의견에 반대하는 입장에서 체인점을 옹호하는 데 동의했고, 내친김에 자신이 경멸해 마지않던 체인점 본사의 중역한테 가서는 "오늘은 석탄을 팔러 온 것이 아니라 부탁을 하나 드리려고 왔습니다" 하고 말했다. 그러고는 자신이 수강생들과 벌이기로 한 토론에 관하여 이야기하면서 "나한테 필요한 정보를 줄 수 있는 사람이 누가 있을까 생각해보니 당신밖에 없었습니다. 저를 도와주십시오. 이번 토론에서 반드시 이기고 싶습니다. 어떤 도움이든 주시면 진심으로 감사드리겠습니다" 하고 부탁했다.

그 뒷이야기는 내플 씨의 말을 그대로 옮겨보겠다.

저는 이 중역에게 더도 말고 덜도 말고 딱 1분의 시간만 달라고 했습니다. 그가 저를 만나주겠다고 한 건 그나마 그 조건 때문이었습니다. 제가 제 사정을 설명하고 나니까 그는 의자를 가리키며 앉으라고 하더니 한 시간 하고도 47분 동안 얘기를 해주었습니다. 체인점에 관한 책을 낸 적이 있는 다른 중역에게 전화를 걸고, 전국 체인점협회에 체인점이라는 주제에 관한 토론 내용이 기록된 자료 사본을 저에게 제공하라고 편지를 써주었습니다. 그는 체인점이 인류에 진정한 서비스를 제공하고 있다고 여기고 있었습니다. 수백 개의 지역사회를 위해 자신이 하는 일에 자부심을 느끼고 있더군요. 말할 때 눈을 보니까 초롱초롱 빛나고 있었습니다. 고백하건대 그가 저의 시야를 넓혀주었고 그 덕분에 저는 이제껏 꿈조차 꾸지 못했던 것들을 볼 수 있게 되었습니다. 그가 제 정신 자세를 완전히 바꿔놓은 것입니다. 그는 체인점 본사를 떠나려는 저를 문까지 배웅해주면서 제 어깨에 손을 얹더니 토론 잘하길 바란다고 말하고는 나중에 다시 한번 들러서 토론 결과를 알려달라고 했습니다. 그가 저한테 마지막으로 한 말은 "봄이 되면 다시 와주십시오. 당신한테 석탄을 주문하고 싶으니까요"였습니다.

저한테는 기적과도 같은 말이었습니다. 제가 권하지도 않았는데 그가 직접 저한테 석탄을 사겠다고 했으니까요. 지난 십 년간 그로 하여금 저와 제가 파는 석탄에 관심을 두게 하려고 갖은 애를 썼을 때는 아무런 진전이 없었는데 제가 그와 그의 문제에 진심으로 관심을 보이자 겨우 두 시간 만에 엄청난 진전이 이루어진 것입니다.

내플 씨가 발견한 것은 새로운 진리가 아니다. 아주 오래전, 예수가 태어나기 한참 전에 로마의 유명한 시인인 푸블릴리우스 시루스는 이런 말을 남겼다. "우리는 남들이 우리에게 관심을 둘 때에만 남에게 관심을 둔다."

따라서 사람들의 호감을 사기 위해 가장 먼저 기억해야 할 원칙은,

다른 사람들에게 진심 어린 관심을 두어라.

좀 더 붙임성 있는 성격과 좀 더 효과적인 인간관계 기술을 기르고 싶다면, 헨리 링크 박사의 책《종교에의 귀의The Return to Religion》를 읽어보기 바란다. 제목만 보고 겁먹을 필요는 없다. 이 책은 독실한 척하는 종교 서적이 아니다. 성격 장애 환자들 3000명을 직접 면담하고 조언해본 저명한 심리학자가 쓴 책이다. 링크 박사는 그의 책에 좀 더 친근한 제목을 붙인다면 '성격을 계발하는 방법'쯤 될 것이라고 말해주었다. 이 책을 읽고 책에서 제안하는 사항들을 실천한다면 당신의 인간관계 기술은 괄목상대하게 될 것이다.

도서관에서도, 서점에서도 이 책을 구할 수 없다면, 뉴욕 주 뉴욕 시 20, 5번가 630번지에 소재하는 포켓북스 출판사에 25달러를 보내주고 우편주문을 할 수 있다.

How
to
WIN
Friends
and
Influence
People

좋은 첫인상을 남기는 간단한 방법

최근 뉴욕에서 디너파티에 참석한 일이 있다. 파티 손님 중 유산을 상속받았다는 여자가 있었는데 모두에게 좋은 인상을 주고 싶은 마음이 간절했는지 거액의 돈을 들여 모피코트, 다이아몬드, 진주로 온몸을 치장하고 나타났다. 하지만 심술과 이기심이 배어 있는 얼굴에는 전혀 투자하지 않았다. 다들 알고 있는 사실, 즉 표정이 입고 있는 옷보다 백배 천배 중요하다는 사실을 그녀만 모르고 있었던 것이다(그나저나, 이 말은 아내가 모피코트를 사고 싶어 할 때를 대비해 외워두면 유용할 듯하다).

찰스 슈워브는 내게 자신의 미소가 100만 달러의 연봉을 가능하게 했다고 말했다. 그는 표정이 중요하다는 사실을 알고 있었던 것이다. 그가 이룩한 보기 드문 성공은 온전히 그의 성격, 매력, 상대에게 호감을 이끌어내는 능력에서 비롯되었다고 해도 과언이 아니며 그의 됨됨이 중 가장 유쾌한 요소는 바로 상대를 사로잡는 그의 미소였다.

언젠가 모리스 슈발리에^{Maurice Chevalier}[1]와 오후 시간을 보낸 적이 있었는데 솔직히 말해서 실망스러웠다. 침울한 표정에 뚱한 모습이 내가 기대했던 모습과 전혀 달랐기 때문이다. 그러나 그가 미소를 짓자 순간 태양이 구름을 뚫고 얼굴을 비춘 것만 같았다. 그 미소가 아니었다면 모리스 슈발리에는 지금도 파리에서 아버지와 형들의 뒤를 이어 가구를 만들고 있었을 것이다.

백 마디 말보다 한 번의 행동이 중요하듯, 한 번의 미소는 "나는 당신을 좋아합니다. 당신은 나를 행복하게 만들어줍니다. 만나서 반갑습니다" 하고 말하는 것과 같다.

애완견이 그토록 인기를 끄는 이유가 바로 여기에 있다. 개는 사람을 보면 무척 반색하면서 껑충껑충 뛴다. 그런 개를 보면 우리 기분 또한 좋아지는 것은 당연한 순서이다.

가식적인 미소는 어떨까? 그런 미소에 속을 사람은 없다. 가식적인 미소는 기계적이라는 것을 알기에 우리는 그런 미소를 보면 불쾌하게 여긴다. 내가 말하려는 것은 진짜 미소, 마음에서 우러나오는 가슴 따뜻한 미소, 진실한 미소, 시장에 내놓으면 좋은 값에 팔릴 미소이다.

뉴욕에 있는 한 대형 백화점의 인사부장은 나에게 무뚝뚝한 표정의 철학박사를 채용하느니 초등학교도 못 마쳤을지언정 상냥한

---

1. 프랑스의 샹송 가수이자 영화배우.

미소를 지을 줄 아는 사람을 채용하겠다고 말했다.

미국에서 가장 큰 고무 회사 가운데 한 회사의 대표이사가 내게 말하길, 그가 가만히 지켜본 바로는 어떤 일이든 그 안에서 재미를 발견하지 못하는 사람은 성공하는 일이 드물더라고 했다. 이 실업계의 리더는 근면 성실만이 우리의 욕망을 실현해주는 유일한 마법의 열쇠라는 옛말을 그다지 신봉하지 않는다. 그는 다음과 같이 덧붙였다. "저는 일을 하면서도 큰 재미를 찾아냈기 때문에 성공한 사람들을 알고 있습니다. 그런데 시간이 지나 그 재미가 일이 되니까 사람이 변하더군요. 그런 사람들은 일이 지루해지면 흥미를 잃어 결국 실패하고 말았습니다."

사람들이 당신을 만나 즐겁게 시간을 보내기를 바란다면 당신 또한 사람들을 만나 즐겁게 시간을 보내야 한다.

나는 수없이 많은 사업가에게 특정인을 보고 일주일 동안 매일 매 순간 미소를 지어본 다음 강좌에 와서 그 결과를 알려달라고 했다. 어떻게 되었을까? 여기 뉴욕 증권거래소에서 일하는 윌리엄 B. 스타인하르트가 보낸 편지를 소개한다. 그의 사례는 유별난 것이 아니다. 사실 흔하디흔한 다른 수백 가지 사례 중 하나에 불과하다.

스타인하르트의 편지를 보자.

"저는 결혼한 지 18년이 넘었습니다. 그런데 그 오랜 세월 내내 아침에 일어나서 출근 준비를 마치고 집을 나설 때까지 아내를 웃는 얼굴로 대한 적도, 아내에게 살가운 말 몇 마디를 건넨 적도 없더군요. 저 또한 출근길에서 보았던 무뚝뚝한 사람들과 같았던 것이죠.

선생님께서 미소 짓기를 체험해보고 그것을 발표하라고 하셨을 때, 한 일주일은 노력해보리라 마음먹었습니다. 그래서 다음 날 아침 머리를 빗으면서 거울에 비친 무뚝뚝한 제 면상에 대고는 '빌, 오늘은 뚱한 네 얼굴에서 심술보를 좀 떼어내고 미소를 지어 보는 거야. 지금 당장' 하고 말했습니다. 아침을 먹으려고 자리에 앉으면서 아내에게 '여보, 잘 잤어요?'라고 인사를 건네며 미소를 지었습니다. 선생님께서는 아내가 놀랄지도 모른다고 귀띔해주셨죠. 결과적으로 선생님께서 아내의 반응을 과소평가한 셈이 되었습니다. 아내는 어리둥절해하더니 충격에 휩싸였습니다. 그래서 아내한테 앞으로는 매일매일 이런 모습을 보게 될 거라고 말해두고는 매일 아침 실행에 옮겼습니다.

미소 짓기를 시작한 이후 제 태도가 이렇게 바뀌고 나니까 두 달 만에 지난 한 해 동안의 행복을 합친 것보다 더 큰 행복이 찾아왔습니다.

사무실로 출근할 때는 아파트의 엘리베이터 안내원에게 미소를 지으며 인사를 건네고 수위에게도 미소를 보냅니다. 지하철 매표원에게도 잔돈을 받으면서 미소를 지어 보입니다. 증권거래소에 있을 때는 생전 제가 웃는 모습을 구경하지 못한 사람들에게도 미소를 보냅니다.

어느새 제가 미소를 보낸 사람들도 저에게 미소를 보내게 되었습니다. 불만이나 고충을 들고 찾아오는 사람들에게도 명랑하게 대하고 이야기를 들어줄 때 미소를 지었더니 문제 해결이 훨씬 수월해지더군요. 미소를 지으니까 매일 돈도 더 많이 벌 수 있었습니다.

저는 지금 다른 중개인과 사무실을 함께 쓰고 있습니다. 그의 직원 중에 호감 가는 젊은이가 한 명 있는데 요즘 제가 이룬 성과에 너무 신이 나서 그 젊은 친구에게 제 새로운 인간관계 철학에 관해서 말해주었습니다. 그랬더니 그 친구가 털어놓기를 처음에 제 사무실을 함께 쓰려고 왔을 때는 저를 고약한 사람으로 생각했는데 최근에는 다시 보게 되었다고 했습니다. 미소를 지을 때면 제가 정말 인간적으로 보인다나요.

그뿐만 아니라 저는 제 사전에서 비난이라는 단어도 지워버렸습니다. 비난 대신 칭찬과 격려를 해줍니다. 내 입장만 주야장천 떠들어대는 짓도 그만두었습니다. 이제는 상대방의 관점을 살피려고 노력합니다. 이런 일련의 변화들은 말 그대로 제 인생에 혁명을 일으켰습니다. 저는 이제 전혀 다른 사람이 되어 전보다 더 행복하고 부유한 사람이 되었습니다. 돈뿐만 아니라 우정과 행복에서도 전보다 부유해진 것입니다. 이런 것들이 결국 인생에서 가장 중요한 것이 아니겠습니까."

이 편지를 쓴 사람이 100명 중 99명이 실패할 정도로 어렵다는 일, 즉 뉴욕 증권거래소에서 자기 돈으로 주식을 사고파는 일로 먹고사는, 세상사에 닳고 닳은 주식 중개인이라는 사실을 명심하기 바란다.

웃고 싶은 기분이 아니라고? 그럴 땐 어떻게 하느냐고? 두 가지 방법이 있다. 첫째, 억지로라도 웃어라. 혼자 있을 때 휘파람을 불거나 노래를 흥얼거려보자. 행복한 사람인 것처럼 행동하다 보면 어느새 행복한 사람이 되어 있을 것이다. 심리학자이자 철학자로 이제는 고인이 된 하버드의 윌리엄 제임스 교수의 제안을 들어보자.

"행동이 감정을 따르는 것 같지만 사실 행동과 감정은 함께 간다. 따라서 더욱 직접적인 통제가 가능한 행동을 조절함으로써 그렇지 못한 감정을 간접적으로 조절할 수 있다.

그러므로 기분이 썩 좋은 상태가 아니더라도 스스로 기분을 좋게 하는 방법은 가슴을 펴고 이미 기분이 좋은 상태인 것처럼 행동하고 말하는 것이다……"

세상 사람들 모두가 행복을 추구하고 있다. 그런데 행복을 얻을 수 있는 확실한 방법이 한 가지 있다. 바로 자신의 생각을 조절하는 것이다. 행복은 외부 조건에 좌우되는 것이 아니라 내면의 상태에 달려 있기 때문이다.

행복과 불행을 가르는 것은 재산이나 지위, 집이나 직업이 아니라 당신의 사고방식이다. 이를테면 동일한 장소에서 동일한 일을 하는 두 사람이 있다고 치자. 둘 다 수입과 지위가 똑같아도 한쪽은 비참하고 다른 한쪽은 행복할 수 있다. 왜일까? 마음가짐이 다르기 때문이다. 나는 뙤약볕에서 일당 7센트를 받고 땀을 뻘뻘 흘리며 일을 하는 중국 노동자들 가운데서도 파크 애비뉴에서 본 사람들 못지않게 행복한 얼굴을 얼마든지 보았다.

셰익스피어도 "세상에 좋고 나쁜 것이란 없다. 다만 생각이 그렇게 만드는 것뿐"이라고 하지 않았는가.

에이브러햄 링컨은 언젠가 "사람들 대부분은 마음먹기에 따라 얼마든지 행복해질 수 있다"라고 말한 적이 있다. 그의 말이 옳다. 나는 최근 뉴욕의 롱아일랜드 기차역 계단을 오르면서 그 말이 진리임을 보여주는 예를 똑똑히 보았다. 장애가 있는 소년들 30~40명이 내 바로 앞에서 지팡이나 목발을 짚고서 힘겹게 계단을 오르고 있었다. 그중 한 소년은 누군가 업고 가야 할 상황이었다. 나는 그들의 웃음소리와 쾌활한 모습을 보고 놀랐다. 그래서 소년들의 인솔자 가운데 한 사람에게 말을 걸었다. 그 인솔자는 "아, 네, 평생 장애인으로 살아야 한다는 사실을 알게 되면 아이들은 당연히 충격을 받죠. 하지만 일단 그 충격을 극복하고 나면 자신의 운명을 받아들이고 보통 아이들보다 더 행복하게 지내게 됩니다"라고 말해주었다.

나는 모자라도 벗어 그 소년들에게 경의를 표해야 할 것만 같았다. 평생 간직하고 싶은 교훈을 그들이 깨우쳐주었기 때문이다.

더글러스 페어뱅크스와 이혼을 준비하던 당시 메리 픽포드를 만나 오후 시간을 함께 보낸 적이 있다. 세상 사람들은 그녀가 심

란하고 괴로운 심정이리라 생각했겠지만 직접 만나보니 그녀는 이
제껏 내가 만나본 그 누구보다도 침착하고 씩씩했다. 오히려 행복
한 기색이 역력했다. 비결이 뭐냐고? 35쪽 분량의 얇은 책에서 그
비결을 밝혔으니, 관심이 있다면 도서관에 가서 메리 픽포드의
《주님을 믿어보자Why Not Try God?》를 대여하기 바란다.

세인트루이스 카디널스의 삼루수였다가 현재는 미국에서 가장
성공적인 보험 영업사원이 된 프랭클린 베트거는 웃는 낯에 침 뱉
는 사람이 없다는 사실을 오래전 깨달았노라고 했다. 그래서 그는
누군가의 사무실에 들어서기 전에 늘 잠깐 멈춰 서서 감사한 일
들을 되도록 많이 떠올리고는 정직하고 선량하게 함박웃음을 웃
은 다음 웃음이 막 사라질 때쯤 들어선다.

그는 이처럼 어려울 것 없는 기법이 보험 외판에서 거둔 이례적
인 성공의 원동력이 되었다고 믿고 있다.

수필가이자 출판인이었던 엘버트 허버드가 남긴 지혜로운 조언
한마디를 새겨듣자. 새겨듣기만 하고 실생활에 적용하지 않으면
아무 소용이 없다는 점을 명심하기 바란다.

문밖에 나설 때마다 턱을 안으로 당기고 고개를 꼿꼿이 쳐든 다
음 숨을 깊이 들이마셔라. 햇살을 음미하고 친구들을 미소로 맞이
하고 악수를 할 때마다 열과 성을 다하라. 오해받을까 두려워 말고
적에 대한 생각으로 시간을 허비하는 일이 없도록 해라. 하고 싶은

일이 있으면 마음속 깊이 새겨두고 한눈팔지 말고 목표를 향해 곧장 전진하라. 자신이 하고 싶은 훌륭하고 놀라운 일들을 염두에 두고 하루하루 지내다 보면, 산호충이 흐르는 조류에 몸을 맡겨 자신에게 필요한 자양분을 취하듯 자신도 모르는 사이에 목표 달성에 필요한 기회를 포착하게 될 것이다. 마음속에 자신이 되고 싶은 유능하고 성실하고 쓸모 있는 사람을 그려라. 그러면 마음속에 품고 있는 바로 그 생각이 매시간 당신이 그린 인물로 변모시켜줄 것이다……. 생각은 가장 중요한 것이다. 올바른 마음가짐을 잃지 마라. 용감하고 정직하고 명랑한 태도를 유지해라. 제대로 사고하는 것은 곧 창조와 같다. 만사는 욕망을 통해 달성되며 진실한 기도는 모두 응답을 받는다. 우리는 우리가 마음먹은 대로 된다. 턱을 안으로 당기고 고개를 높이 쳐들어라. 우리는 아직 허물을 벗지 못한 신이다.

고대 중국인들은 세상사에 아주 밝았다. 중국 속담 중에 우리 모두 머릿속에 새겨두어야 할 말이 있다.

"웃지 않는 사람은 가게를 열어서는 안 된다."

가게 얘기가 나왔으니 말인데, 프랭크 어빙 플레처는 오펜하임, 콜린스 사를 위한 광고를 통해 우리 가슴에 온기를 불어넣었다.

크리스마스에 보내는 미소 한 번의 가치

미소는 공짜지만 그 효과는 어마어마합니다.

미소는 주는 사람을 가난하게 만들지 않고도 받는 사람을 부자로 만들어줍니다.

미소는 순식간에 지나가지만 그 기억은 때때로 영원히 남아 있기도 합니다.

미소 없이 살아갈 수 있을 정도로 부유한 사람도 없고 미소가 주는 혜택을 받고 마음이 부유해지지 못할 정도로 가난한 사람도 없습니다.

미소는 가정에 행복을 가져다주고 일터에서는 호의를 촉진하며 친구들끼리 주고받는 암호 같은 것입니다.

미소는 지친 이에게는 휴식이고, 실의에 빠진 사람에게는 한 줄기 빛이고, 슬픔에 젖은 사람에게는 태양이며 자연이 주는 최고의 문제 해결사입니다.

그러나 미소는 사거나 구걸하거나 빌리거나 훔칠 수가 없습니다. 미소는 누군가 주기 전까지는 조금도 쓸모가 없기 때문입니다.

크리스마스 쇼핑 시즌 막바지에 저희 매장 직원 중 누군가가 너무 피곤한 나머지 여러분께 미소를 지어 보이지 못한다면, 여러분께서 대신 미소를 지어주시는 건 어떨까요? 미소를 다 써버려서 더는 줄 수 없는 사람보다 더욱 절실하게 미소가 필요한 사람은 없을 테니까요.

따라서 사람들에게 호감을 사기 위해 지켜야 할 두 번째 원칙은,

되도록 많이 웃어라.

3장

이것을 못하면 곤경에 처할 것이다

1898년 뉴욕 록랜드 카운티에서 비극적인 사건이 일어났다. 한 아이가 죽어서 이웃들은 문제의 그날, 장례식에 참석할 준비를 하고 있었다. 짐 팔리는 말을 마차에 매기 위해 마굿간으로 갔다. 땅은 눈으로 덮여 있었고 날은 살을 에는 듯 추웠다. 날씨 탓에 며칠 동안 운동을 하지 못했던 말은, 물통 쪽으로 끌려 나오면서 흥분한 나머지 갑자기 휙 돌아서 뒷발을 하늘 높이 들어 올렸는데, 그때 그만 짐 팔리는 말 뒷발에 차여 죽고 말았다. 이렇게 해서 스토니 포인트라는 아주 작은 마을은 그 주에 장례식을 한 번이 아니라 두 번 치르게 되었다.

짐 팔리는 미망인과 세 아들, 그리고 몇백 달러의 보험금을 남겼다.

장남 짐은 겨우 열 살이었지만 벽돌공장에 취직하여 수레로 모래를 날라 그 모래를 거푸집에 들이붓고 벽돌을 만들어 세운 다음 햇볕에 말렸다. 소년 짐은 교육을 받을 기회가 전혀 없었다. 그러나 천성적으로 싹싹한 그는 만나는 사람마다 그에게 호감을 느끼게 하는 데 재주가 있어서 정계에 입문할 수 있었다. 세월이 갈수록 사람들의 이름을 외우는 그의 신기한 능력은 점점 발전했다.

그는 고등학교 문턱에도 가보지 못했지만 46세가 되기 전에 4개의 대학이 그에게 학위를 수여했고, 민주당 전국위원회 의장과 우정공사 총재가 되었다.

나는 언젠가 짐 팔리Jim Farley를 인터뷰한 자리에서 그에게 성공 비결을 물었다. 그는 "근면 성실"이라고 했다. 나는 "진지하게 말씀해달라"고 했다.

그러자 그는 내가 생각하는 그의 성공 비결이 무엇이냐고 되물었다. 나는 이렇게 대답했다.

"의장님께서 만 명의 이름을 모두 외우고 있기 때문이죠."

"자네가 틀렸네. 만 명이 아니라 5만 명이네."

내 말을 새겨듣길 바란다. 이름을 외우는 바로 그 능력 덕분에 팔리는 프랭클린 D. 루스벨트를 백악관에 입성시킬 수 있었다.

석고 콘크리트 외판원으로 여기저기 누비고 다니던 시절과 스토니 포인트에서 읍사무소 서기로 근무하던 시절, 짐 팔리는 이름을 암기하는 방법을 고안해냈다.

처음에는 아주 간단했다. 누군가를 처음 만날 때마다 그 사람의 성과 이름, 가족 수, 직업, 정치적 견해 등을 알아냈다. 이러한 사항들을 마음속에 그림처럼 새겨 두었다가 다음번에 그 사람을 만나면, 1년이 지났어도 악수를 하면서 가족의 안부를 묻고 뒷마당에 심은 접시꽃에 대해서도 물었다. 그에게 추종자가 생겨난 것은 당연한 일이었다.

루스벨트의 대통령 선거 유세가 시작되기 수개월 전부터 짐 팔리는 서부와 북서부 주들 전역의 주민에게 하루에 수백 통의 편지를 보냈다. 그런 다음 기차에 올라타 19일 동안 20개 주를 돌면서 2000킬로미터를 마차, 기차, 자동차, 쪽배로 이동했다. 그는 마을에 들러 아침이나 점심, 저녁을 먹거나 차를 마시면서 사람들을 만나고 그들과 허심탄회한 대화를 나누곤 했다. 일정이 끝나면 그는 다시 부리나케 다음 여정에 올랐다.

그는 동부로 돌아오자마자 방문했던 각 마을에서 한 사람씩 골라 편지를 보냈다. 그러고는 자신과 이야기를 나누었던 방문객 전원의 목록을 보내달라고 요청했다. 최종 목록에는 수천수만 명의 이름이 올라가 있었다. 그럼에도 그 사람들 모두 제임스 팔리의 친필 서한을 받는 소소한 영광을 누렸다. 이 편지들은 "친애하는 빌"이나 "친애하는 제인"으로 시작되었지만 어김없이 '짐'이라는 서명으로 끝을 맺었다.

짐 팔리는 평범한 인간은 이 세상에 존재하는 온갖 이름보다 자신의 이름에 훨씬 관심이 많다는 사실을 일찌감치 깨달았다. 이름을 외웠다가 그 이름을 스스럼없이 불러주면 당신은 티 나지 않으면서 효과는 매우 큰 칭찬을 한 셈이다. 그러나 이름을 잊어버리거나 철자를 잘못 쓰면 어마어마한 곤경에 처하게 된다. 예를 들어보자. 언젠가 나는 파리에서 대중연설 강좌를 준비하면서 파리에 거주하는 미국인 전원에게 홍보 편지를 보낸 적이 있다. 그런데 영어를 잘 모르는 것이 분명한 프랑스인 타이피스트가 이름을 써넣다가 실수를 저지르고 말았다. 그러자 파리 주재 미국 은행의 한 지점장이 자신의 이름 철자가 틀렸다며 신랄한 비난의 내용을 담은 편지를 내게 보내왔다.

앤드루 카네기가 성공할 수 있었던 이유는 무엇일까?

그는 철강왕이라 불렸지만 정작 그 자신은 제철에 관해 아는 것이 별로 없었다. 대신 그는 그보다 철강을 훨씬 많이 아는 사람들 수백 명을 수하에 두었다.

그는 사람 다루는 법에 관해서라면 그 누구보다 잘 알고 있었고 그 덕분에 백만장자가 될 수 있었다. 그는 어릴 때부터 천부적인 조직 운영 능력과 천재적인 리더십을 발휘했다. 열 살에 벌써 사람들이 자기 이름에 보이는 놀라울 정도의 애착을 발견하고는 이를 협력을 이끌어내는 방편으로 이용했다. 실례를 살펴보자. 어린 시절 스코틀랜드에 살았던 그는 어미 토끼 한 마리를 손에 넣게 되었다. 토끼가 새끼를 낳아 순식간에 토끼장이 가득 차게 되었는데 새끼에게 먹일 먹이가 하나도 없었다. 그러나 그에게는 번뜩이는 아이디어가 있었다. 동네 아이 중에서 토끼에게 먹이로 줄 클로버 잎과 민들레 잎을 가장 많이 따온 아이들의 이름을 새끼 토끼들에게 붙여주겠다고 말한 것이었다.

이 작전은 훌륭하게 먹혔고 카네기는 이 때의 경험을 결코 잊지 않았다.

세월이 흘렀지만 카네기는 사업할 때도 이와 똑같은 사람의 심리를 이용하여 막대한 돈을 벌어들였다. 그가 철강 레일을 펜실베이니아 철도 회사에 팔고 싶어 했던 때가 바로 그 예에 해당한다. 당시 펜실베이니아 철도 회사의 사장은 J. 에드거 톰슨이었다. 그래서 앤드루 카네기는 피츠버그에 거대한 제철소를 건립하고는 그 공장의 이름을 '에드거톰슨제철소'라고 지었다.

수수께끼를 하나 내겠다. 정답을 한번 맞혀보기 바란다. 펜실베이니아 철도 회사가 강철 레일이 필요해졌을 때, J. 에드거 톰슨은 과연 어디서 강철 레일을 구매했을까? 시어스? 로벅? 천만의 말씀이다. 다시 한번 생각해보라. 카네기와 조지 풀먼이 침대 열차 사업에서 패권을 차지하려고 서로 다투던 중, 우리의 철강왕은 다시 한번 토끼에 얽힌 교훈을 떠올렸다.

앤드루 카네기가 경영하던 센트럴 운수 회사는 풀먼 소유의 회사와 경쟁 관계였다. 두 회사가 서로 유니온퍼시픽 철도 회사의 침대 열차 사업 건을 따내겠다고 다투는 과정에서 입찰 가격이 대폭 낮아져 이익을 전혀 낼 수 없는 지경에 이르렀다. 카네기와 풀먼은 유니온퍼시픽 철도 회사의 이사회를 만나러 뉴욕에 갔다. 어느 날 저녁 세인트니콜라스 호텔에서 풀먼을 만난 카네기가 "안녕하십니까, 풀먼 씨! 우리 둘 다 어리석은 짓을 하는 것은 아닐까요?" 하고 말했다.

그러자 풀먼이 "무슨 말씀이십니까?" 하고 물었다.

그러자 카네기는 내심 바라고 있던 일, 즉 각자의 투자분을 합치자는 방안을 내놓았다. 그는 서로 맞서는 대신 협력할 때 쌍방이 얻을 수 있는 이익을 그럴듯하게 설명해주었다. 풀먼은 귀 기울여 듣기는 했지만 100퍼센트 확신할 수가 없었다. 마침내 풀먼이 말했다.

"새 회사의 이름은 뭐라고 지으실 건가요?"

그러자 카네기가 즉시 대답했다.

"물론 풀먼팰리스객차 회사지요."

풀먼의 얼굴이 환해졌다. 이내 그는 "제 방으로 오시지요. 좀 더 얘기를 나눠봅시다" 하고 말했다. 그 대화는 새로운 산업 역사를 만들어냈다.

이처럼 친구 및 사업 동료의 이름을 기억하고 기리는 앤드루 카네기의 전략은 그가 성공적인 리더십을 이룩할 수 있었던 한 가지 비결이었다. 그는 자신의 공장에 다니는 근로자들을 이름으로 부를 수 있다는 사실에 자부심을 느꼈고 자신이 직접 경영하는 동안에는 제철소에서 한 번도 파업이 일어나지 않았다는 점을 자랑스럽게 여겼다.

한편 파데레프스키Paderewski1는 풀먼 객차의 요리사를 늘 "카퍼 선생"이라 부름으로써 그의 자중심을 충족시켜주었다. 파데레프

---

1. 폴란드의 피아니스트, 작곡가, 총리.

스키는 15회에 걸쳐 미국 전역을 돌며 열광적인 청중 앞에서 연주했는데 매번 전용 객차로 이동했고 늘 같은 요리사가 연주회를 마친 그를 위해 밤참을 준비해 놓았다. 꽤 오랜 시간이 흘렀음에도 파데레프스키는 결코 그 요리사를 미국식으로 "조지"라고 부르지 않았다. 유럽식 예법에 따라 언제나 그를 "카퍼 선생"이라 불렀고 카퍼 선생은 이 호칭을 매우 좋아했다.

사람들은 자신의 이름을 아주 자랑스럽게 여기기 때문에 어떤 대가를 치르고라도 그 이름을 영원히 남기기 위해 갖은 애를 쓴다. 심지어 당대 최고의 흥행사로서 다혈질에 고집불통이었던 P. T. 바넘조차 자신의 성을 이어줄 아들이 없어 실망한 나머지 외손자인 C. H. 실리에게 '바넘' 실리로 이름을 바꾸면 2만 5000달러를 주겠다고 제안했을 정도였다.

200년 전 부자들은 작가들에게 금전적 지원을 하고 책을 헌정받았다.

도서관과 박물관이 가장 값비싼 소장품을 보유하게 된 것도 자신들의 이름이 후세의 기억에서 영영 사라질지도 모른다는 생각을 견디지 못한 사람들 덕이다. 뉴욕 공립도서관은 애스터와 레녹스의 수집품들을 보유하고 있다. 메트로폴리탄 박물관은 기증품을 통해 벤저민 올트먼과 J. P. 모건의 이름을 기리고 있다. 거의 모든 교회가 아름다운 색 유리창에 헌금을 낸 사람들의 이름을 기리고 있다.

대부분의 사람들이 이름을 외우지 못하는 까닭은 집중력을 발

휘하고 반복 학습하여 이름을 마음속에 각인시키는 데 필요한 시
간과 에너지를 투자하지 않기 때문이다. 그래놓고 너무 바쁘다는
변명만 늘어놓는다.

이름도 못 외울 정도로 바쁘다는 사람 중에서 프랭클린 D. 루
스벨트 대통령보다 더 바쁜 사람은 아마 없을 것이다. 그러나 그
런 루스벨트 대통령은 우연히 만난 정비공들의 이름까지 기억해
두었다가 다시 불러주기 위해 바쁜 시간을 쪼갰다.

예를 들어보자. 크라이슬러 사는 루스벨트 대통령을 위해 특수
차를 제작했다. W. F. 체임벌린과 정비공 한 명이 그 차를 백악관
으로 배달했다. 지금 내 앞에는 체임벌린 씨가 자신의 경험을 적
어 보낸 편지가 한 통 놓여 있다.

"저는 루스벨트 대통령께 특수 장치가 잔뜩 달린 자동차의 조
작법을 가르쳐 드렸지만 대통령께서는 제게 사람을 다루는 고차
원적인 기술을 가르쳐 주셨습니다.

제가 백악관에 방문했을 때 대통령께서는 매우 유쾌하고 활기차
보였습니다. 대통령께서 먼저 제 이름을 부르며 편하게 대해주셨는
데, 특히 인상 깊었던 점은 대통령께서 제가 자동차에 관하여 가르
쳐 드린 것들에 대단히 **큰 관심**을 보이셨다는 점입니다. 그 자동차
는 모든 것을 손으로 조작하도록 설계되어 있습니다. 그 차를 구경
하려고 사람들이 모여드니까 대통령께서는 '정말 신기하군. 버튼
하나만 누르면 차가 움직이니까 손쉽게 운전할 수가 있겠어. 정말
대단해. 어떻게 작동되는 건지 모르겠군. 시간만 있으면 분해해서

작동 원리를 보고 싶을 정도야' 하고 말씀하셨습니다.

루스벨트 대통령의 친구들과 동료가 자동차를 보고 감탄을 연발하자 대통령께서는 그분들이 있는 자리에서 저를 치하해주셨습니다.

'체임벌린 씨, 이 차를 개발하느라 당신이 들인 시간과 노고에 감사드립니다. 솜씨가 정말 대단하시군요.'

대통령께서는 냉각장치, 특수 백미러와 시계, 특수 실내등, 시트 커버, 운전석의 위치, 모노그램을 새겨 트렁크에 넣어놓은 특별한 여행 가방을 보고 칭찬을 아끼지 않으셨습니다. 다시 말해 대통령께서는 제가 특별히 신경 쓴 세세한 부분들을 하나도 놓치지 않으셨던 것입니다. 대통령께서는 이러한 여러 가지 부품들을 보통 때처럼 루스벨트 여사, 퍼킨스 노동부 장관 그리고 비서에게도 보여주셨습니다. 나이 지긋한 백악관 수위까지 불러서는 '조지, 이 여행 가방은 특별히 신경 써주게' 하고 말씀하셨습니다.

운전 교육이 끝나자 대통령께서는 저를 보시며 '체임벌린 씨, 내가 연방준비제도이사회를 30분이나 기다리게 했습니다. 이제 그만 업무로 복귀해야 할 것 같군요' 하고 말씀하셨습니다.

저는 백악관에 갈 때 정비공을 한 명 데리고 갔습니다. 그 친구도 도착 후 루스벨트 대통령을 만나 뵈었지요. 그 친구는 대통령 앞에서 말 한마디 하지 못했고, 대통령께서는 그 친구 이름을 딱 한 번 들었을 뿐이었습니다. 워낙 수줍음이 많은 성격이라서 남 앞에 나서는 법이 없는 친구였습니다. 그런데도 대통령께서는 나가시면서 그 정비공을 찾더니 악수를 청하시고는 친히 이름까지 불러주면서, 워싱턴까지 와주어 고맙다고 인사를 하셨습니다. 의례적인 인사가 아닌 진심에서 우러나오는 인사였습니다. 저는 진심이라는 것을 느낄 수 있었습니다.

뉴욕으로 돌아오고 나서 며칠 후, 저는 루스벨트 대통령의 친필 사인이 담긴 사진과 다시 한번 제 도움에 감사한다는 내용이 적힌 쪽지 한 장을 받았습니다. 대통령이 도대체 어떻게 이런 데까지 신경 쓸 시간을 낼 수 있었던 것인지 저는 신기하기만 했습니다."

프랭클린 D. 루스벨트 대통령은 간단하고 진부하지만 호의를 얻을 수 있는 가장 중요한 방법은 이름을 외워 그 사람을 으쓱하게 해주는 것이라는 사실을 알고 있었던 것이다. 그럼에도 우리 중 그것을 실천하는 사람은 몇이나 되는가?

낯선 사람을 소개받고 몇 분간 대화를 나누고 나서도 헤어질 때 그 사람의 이름조차 기억하지 못하는 경우가 태반이다.

정치가가 우선 배워야 할 교훈 한 가지는 바로 이것이다.

"유권자의 이름을 기억하는 것이 곧 정치적 수완이다. 이름을 잊으면 자신 또한 잊힌다."

이름을 기억하는 능력은 정치에서뿐만 아니라 사업과 사교 활동에서도 중요하다.

프랑스의 황제이며 나폴레옹의 조카였던 나폴레옹 3세는 돌보아야 할 국사가 많았음에도 만나는 사람들의 이름을 모두 기억할 수 있다고 호언장담했다.

특별한 수법이라도 있었던 걸까? 뜻밖에 간단하다. 이름을 제대로 못 들었으면 "미안합니다. 이름을 잘못 들었습니다" 하고 말하는 것이었다. 특이한 이름일 때에는 "철자가 어떻게 되지요?" 하고 묻곤 했다.

대화 도중 일부러 이름을 몇 번이고 반복해 부르면서 마음속으로는 그 사람의 특징, 표정, 전반적인 인상을 이름과 연관 지으려 노력했다.

나폴레옹 3세는 중요한 인물에게 더욱 심혈을 기울었다. 주위에 아무도 없을 때 그 이름을 쪽지에 적어 놓고 쪽지를 뚫어질 듯 쳐다보면서 마음에 각인시킨 후, 쪽지를 찢어버렸다. 이런 식으로 그는 귀뿐만 아니라 눈을 통해서도 이름을 머릿속에 새겨 넣었던 것이다.

이런 모든 일에는 시간이 걸리지만 에머슨은 "예의범절은 사소한 희생만 있으면 지킬 수 있다"라고 말했다.

따라서 사람들에게 호감을 사기 위해 지켜야 할 세 번째 원칙은,

이름은 그 이름을 가진 사람에게 언어를 불문하고
세상에서 가장 달콤하고 의미심장한 음절이라는 사실을 명심하라.

How
to WIN
Friends
and
Influence
People

대화의 달인이 되는 손쉬운 방법

최근 브리지[1] 파티에 참석한 일이 있다. 나는 브리지를 할 줄 모르는데 마침 나와 마찬가지로 브리지를 할 줄 모르는 여자가 또 한 명 있었다. 그녀는 로웰 토머스가 라디오 방송을 시작하기 전에 내가 그의 매니저였고, 당시 방송 중이던 해설을 곁들인 라디오 여행 프로그램 준비를 돕느라 유럽 이곳저곳을 함께 여행했다는 사실을 발견하고는 이렇게 말했다.

"어머나, 카네기 씨. 그동안 방문한 놀라운 장소들과 거기서 본 광경을 하나도 빼놓지 말고 들려주세요."

소파에 앉아 대화를 나누는 동안 들은 이야기에 따르면 그녀는 남편과 함께 아프리카로 여행을 떠났다가 최근에 돌아왔다.

나는 "아프리카라고요!" 하고 탄성을 질렀다.

---

1. 카드게임의 한 종류.

"굉장히 흥미진진했겠군요! 늘 아프리카에 가보고 싶었지만 아프리카에 가본 경험이라곤 알제에 만 하루 머물렀던 게 다랍니다. 커다란 맹수들이 출몰한다는 지역에도 가보셨나요? 가보셨다고요? 정말 운이 좋으시네요. 부럽습니다. 저에게 아프리카 이야기를 좀 더 해주시겠어요?"

부인의 아프리카 얘기는 족히 45분 동안 계속되었다. 그녀는 내가 어디서 무엇을 보고 왔는지는 두 번 다시 묻지 않았다. 내 여행담에 관한 이야기를 듣고 싶은 마음은 없었던 것이다. 부인에게 필요했던 것은 관심 있게 자신의 이야기를 들어줄 사람이었다. 그런 사람이 있어야 자신을 과시하고 자신이 다녀온 곳에 관한 이야기를 늘어놓을 수 있기 때문이다.

이 부인이 이상한 걸까? 천만의 말씀. 그런 사람은 수두룩하다.

예를 하나 더 들어보겠다. 나는 최근 뉴욕의 출판업자인 J. W. 그린버그가 개최한 만찬회에서 저명한 식물학자를 만났다. 식물학자와는 대화를 나눠본 일이 없어서인지 나는 곧 그에게 매료되었다. 나는 그가 해시시^{hashish2}와 루서 버뱅크^{Luther Burbank3}, 실내정원에 관한 이야기를 하는 동안 흠뻑 빠진 나머지 정말로 의자에서 몸을 잔뜩 내민 채 그의 이야기를 들었다. 그는 내게 소박한 감자에 관한 놀라운 사실도 알려주었다. 마침 나도 실내에 작은 정원을 가꾸고 있던 참이었는데 그 식물학자는 친절하게도 내가 궁금하게 여기고

---

2. 대마초의 일종.
3. 미국의 식물육종학자.

있던 문제들을 어떻게 하면 해결할 수 있는지도 알려주었다.

말했다시피 우리는 만찬회에 초대받은 손님들이었다. 만찬회에는 다른 손님들도 분명 많았을 텐데 나는 예의에 어긋나게도 다른 손님들은 모두 무시한 채 그 식물학자와만 몇 시간이나 대화를 나눴다.

자정이 되어 모두에게 인사를 하고 그곳을 나왔다. 그때 식물학자가 만찬회를 주최한 주인을 보며 나에 대해 몇 가지 칭찬을 했다. 그는 내가 "가장 재미있는 사람"이었다는 말과 함께 나에 대해 이런저런 말 몇 마디를 더 늘어놓더니, 끝에 가서 내가 "가장 재미있는 이야기꾼"이었다고 했다.

가장 재미있는 이야기꾼이었다고? 무슨 소리지? 나는 거의 아무 말도 하지 않았는데. 설사 하고 싶은 말이 있었다고 해도 주제를 바꾸지 않는 한 나로서는 할 말이 없었다. 왜냐하면 식물학에 관해서라면 펭귄의 신체 구조만큼이나 아는 것이 없었기 때문이다. 그러나 내가 한 것이 있기는 했다. 바로 그의 이야기를 귀 기울여 열심히 들어준 것이다. 그의 이야기가 정말로 흥미진진했기 때문에 나도 귀 기울여 들었던 것인데, 나의 그런 태도가 그의 마음에 와 닿았던 모양이다. 그로서는 자연히 기분이 좋을 수밖에 없었을 것이다. 그렇게 귀 기울여 들어주는 것이야말로 우리가 누군가에게 해줄 수 있는 최고의 찬사이기 때문이다. 잭 우드퍼드의 《사랑에 빠진 이방인Strangers in Love》에는 "완전한 몰입을 통해 표나지 않게 비위를 맞춰주는 것을 싫어하는 인간은 없다"라는 문장이 나온다. 나는 그에게 완전한 몰입 이상을 주었다. 그것은 바로 '진심 어린 인정과 아낌없는 칭찬'이었다.

나는 그 식물학자에게 나도 재미있었고 배운 것도 많았다고 말해주었다. 사실이었다. 할 수만 있다면 그와 함께 들판을 누비고 싶다는 말도 했다. 실제로 그런 마음이었다. 다시 볼 수 있으면 좋겠다는 말도 했다. 이 또한 정말이었다.

그렇게 해서 나는 잠자코 듣기만 하면서 그가 말을 많이 할 수 있는 분위기만 조성하고도 그가 나를 훌륭한 이야기꾼으로 생각하게 한 셈이었다.

사업상의 면담을 성공적으로 이끄는 비결은 무엇일까? 가슴 또한 따뜻한 학자였던 찰스 W. 엘리엇에 따르면 "성공적인 교섭의 비법 같은 것은 없다. ……현재의 대화 상대에게만 집중하는 것이 매우 중요하다. 그것만큼 상대를 기분 좋게 해주는 것도 없기 때문이다."

불 보듯 뻔한 일이 아닌가? 이런 것쯤은 하버드에서 4년씩 공부하지 않아도 알 수 있는 사실이다. 그럼에도 정작 손님의 말을 귀 기울여 들을 줄 아는 눈치가 없어서 손님의 말을 끊고 반박이나 하여 결국 손님을 매장에서 내쫓고 마는 점원을 고용하는 백화점 주인도 있다. 값비싼 공간을 임대하여 알뜰살뜰 제품을 구매하고 진열장을 눈에 확 띄게 꾸미고 광고비로 수천 달러를 썼으면서도 말이다.

J. C. 우턴의 경험을 예로 들어보겠다. 그가 우리 강좌에 나와 들려준 이야기는 다음과 같다. 그는 뉴저지 주 뉴어크의 해안가 도시에 있는 한 백화점에서 양복을 한 벌 샀다. 그러나 양복의 품질이 실망스러웠다. 상의의 염료가 번져 셔츠 깃이 오염되었던 것이다.

양복을 다시 백화점으로 가지고 가서 자신에게 양복을 팔았던 점원을 찾아 상황을 설명했다. 상황을 "설명했다"라고 했지만 사실 그 말은 과장이다. 정확히 말하면 설명하려고 **시도했지만** 할 수 없었다. 점원이 그의 말을 잘랐기 때문이다.

그 점원은 "그 양복을 수천 벌은 팔았는데 이런 불만을 들은 건 처음이네요" 하고 쏘아붙이기만 할 뿐이었다.

내용도 내용이지만 말투는 더욱 가관이었다. 적대적인 태도는 마치 "당신은 거짓말을 하고 있어. 우리를 속일 셈인 거지? 내가 본때를 보여주겠어" 하고 말하는 것 같았다.

한창 공방이 오가던 중 다른 점원까지 가세하더니 "어두운색 옷은 원래 처음에 물이 좀 빠집니다. 그건 어쩔 수가 없어요. 그 가격의 양복이니 오죽하겠습니까. 염료가 문제에요" 하고 거들었다.

우턴 씨는 이야기 도중 "이쯤 되니까 정말 열 받더군요" 하고 말했다.

"첫 번째 점원은 저의 정직성에 의문을 표했습니다. 두 번째 점원은 싸구려 옷을 샀다며 저를 무시했지요. 저는 부아가 치밀어 올랐습니다. 양복 따위 가져가고 잘 먹고 잘 살라고 말하려던 참에 마침 책임자가 나타났습니다. 그는 전문가였습니다. 제 태도를 180도 바꿔놓았으니까요. 머리끝까지 화가 난 저를 만족스러운 고객으로 바꿔놓았습니다. 어떻게 그럴 수 있었느냐고요? 비결은 세 가지였습니다.

첫째, 그는 처음부터 끝까지 잠자코 제 이야기를 들어주었습니다.

둘째, 제가 이야기를 마치자마자 그 점원들이 또다시 자기들 입장을 내세우려고 하니까 그가 나서서 **제 입장을** 대변해주었습니다. 셔츠 깃이 양복 때문에 얼룩진 것이 분명하다고 지적했을 뿐만 아니라 고객에게 100퍼센트 만족을 안겨주지 못하는 제품을 팔아서는 안 된다고 주장했습니다.

셋째, 그는 자신도 불량의 원인을 잘 모른다고 시인한 다음 '저희가 어떻게 해드리면 될까요? 무엇이든 손님 뜻대로 해드리겠습니다' 하고 말해주었습니다.

몇 분 전만 해도 저는 빌어먹을 양복 따위 가져가라고 말할 참이었는데 이제 '조언이 듣고 싶을 뿐입니다. 이염이 일시적인 것인지, 이염을 막을 방법이 있는지 알고 싶군요' 하고 말하게 된 것입니다.

그 책임자는 일주일만 양복을 더 입어보는 것이 어떻겠냐고 제안했습니다.

그러면서 '그때도 만족을 못하신다면 만족스러운 제품으로 바꿔 드리겠습니다. 불편을 끼쳐 대단히 죄송합니다' 하고 말해주었습니다.

저는 꽤 흡족한 기분이 되어 백화점을 나왔습니다. 그 주 주말이 되니까 양복은 괜찮아졌고 그 백화점에 대한 제 신뢰도 완전히 회복되었습니다."

그 책임자가 책임자인 이유를 알 만하지 않은가? 그 점원들로 말할 것 같으면 평생 점원 노릇이나 하게 될 것이라고 말하고 싶다. 아니, 어쩌면 포장 부서로 강등되어 고객 곁에 얼씬도 못하게 될지도 모르겠다.

상습적인 비방꾼, 심지어 가장 지독한 불평가일지라도 그렇다. 독이 오를 대로 오른 킹코브라가 독주머니를 빵빵하게 부풀렸다가 일순간 맹독을 뿜어내듯 잔뜩 화가 나 독설을 쏟아낸다고 해도 그 동안 아무 말 없이 끈기를 가지고 맞장구도 쳐주면서 이야기를 들어주면 그 자리에서는 유순해지고 독기도 누그러진다. 예를 들어보자. 뉴욕 전화 회사에서는 몇 년 전 여성 전화교환원에게 욕설을 퍼부은 전력이 있는 고객 중에서 가장 고약한 고객을 상대해야 한다는 사실을 알게 되었다. 그는 이번에도 욕설을 퍼부었다. 고래고래 소리를 지르고 바락바락 악을 써댔다. 그러더니 전화 서비스를 해지하겠다고 으름장을 놓았다. 그는 부당하게 청구된 요금이 있다고 주장하면서 그 부분은 절대 내지 않겠다고 했다. 또한 그는 신문에 투고까지 했다. 공공서비스 감독원에 수차례 항의를 제기했고 전화 회사를 상대로 몇 건의 소송도 걸어놓은 상태였다.

마침내 이 평지풍파를 잠재우기 위해 사내에서 가장 노련한 '해결사'가 파견되었다. 이 해결사는 듣기만 하면서 불만에 가득 찬 고객이 마음껏 악다구니하도록 내버려두었다. 전화 회사의 해결사는 묵묵히 이야기를 듣다가 가끔 "그러시군요" 하고 호응하면서 그의 고충에 공감해주었다.

"그 남자는 두서없는 말을 세 시간 가까이 늘어놓았습니다."

이 말을 시작으로 그 '해결사'는 우리 강좌에서 자신의 경험담을 모두에게 들려주었다.

"재차 방문한 저는 그 남자 애기를 마저 들었습니다. 그와는 4번 상담했는데, 4번째 상담이 끝날 때쯤 저는 그가 발기한 단체의 창립 회원이 되어 있었습니다. 그는 그 단체를 '전화가입자보호협회'라고 명명했습니다. 아직 그 단체의 회원으로 남아 있기는 하지만, 현재 아무개 씨를 제외하면 제가 그 단체의 유일한 회원이라고 알고 있습니다.

저는 상담하는 동안 그의 이야기를 경청하면서 그가 하는 모든 주장에 동조해주었습니다. 전화 회사 직원 중에서 저 같은 대화 상대를 만나본 적이 없던 그는 우호적인 태도를 보이게 되었습니다. 처음 상담에서도, 두 번째, 세 번째 상담에서도 저는 방문 목적에 대해서 일언반구도 꺼내지 않았습니다. 그런데 상담이 종결되는 마지막 방문 때, 그는 요금을 완납하더니 기나긴 전화 회사와의 분쟁 역사상 처음으로 공공서비스 감독원에 제기한 소송을 자발적으로 취하했습니다."

보나 마나 아무개 씨는 자신을 무자비한 착취에 맞서 대중의 권
리를 수호하는 십자군 전사로 여겼을 것이다. 하지만 사실 그가
정말 원했던 것은 자중감이었다. 그는 처음에 발길질과 불평으로
이러한 자중감을 충족시켰다. 그러나 전화 회사 직원으로부터 자
중감을 얻은 순간 그가 품고 있던 가상의 불만은 눈 녹듯 사라져
버렸던 것이다.

여러 해 전 어느 날 아침, 잔뜩 화가 난 어느 고객이 후에 세계
최대의 모직 회사가 된 데트머의 설립자인 줄리언 F. 데트머의 사
무실에 난입했다.

데트머 씨가 나한테 들려준 자초지종은 다음과 같다.

"이 남자는 우리 회사에 소액의 채무를 지고 있었습니다. 고객
은 채무가 없다고 우겼지만 저희는 그렇지 않다는 것을 알고 있었
습니다. 그래서 저희 신용거래담당부서에서는 그가 채무를 갚아
야 한다는 주장을 굽히지 않았습니다. 저희 신용거래담당부서에
서 보낸 수십 장의 독촉장을 받고 화가 난 그는 여행 가방에 짐을
싸들고 시카고로 와서는 자신은 그 청구서를 지급하지 않을 것임
은 물론 앞으로 데트머 모직 회사의 제품에는 땡전 한 푼 쓰지 않
겠다는 사실을 저에게 통보하려고 부리나케 제 사무실로 달려온
것이었습니다.

저는 인내를 가지고 그가 하는 말을 끝까지 들었습니다. 중간에
말을 자르고 싶었던 적이 한두 번이 아니었지만 자충수를 두는

꼴이 되리라는 사실을 알았기에 가만히 있었습니다. 그래서 그가 마음껏 얘기하도록 내버려두었습니다. 마침내 화가 가라앉아 그가 상대의 말을 받아들일 상태가 되었을 때, 저는 차분하게 말을 꺼냈습니다.

'먼저 직접 시카고까지 와서 이렇게 저에게 알려주셔서 감사드립니다. 저한테 정말 큰 호의를 베풀어주셨습니다. 저희 신용거래 담당부서에서 선생님을 그토록 귀찮게 했다면 다른 고객도 귀찮게 했을지 모르는 일인데, 그건 안 될 일이니까요. 단언컨대 정말 두 귀가 쫑긋 서는 내용이었습니다.'

그로서는 제가 그런 말을 하리라고는 꿈에도 생각지 못했을 것입니다. 그래서인지 다소 실망한 눈치였습니다. 저에게 본때를 보여주려고 시카고까지 왔는데 제가 발끈하기는커녕 감사 인사를 했으니 말입니다. 저는 그에게 장부에서 채무를 지워버리고 없었던 일로 해주겠다고 약속했습니다. 왜냐하면 그에게는 관리해야 할 외상 장부도 하나밖에 없는 데다 아주 꼼꼼한 사람으로 보인 반면 우리 직원들한테는 관리해야 할 장부가 무수히 많았기 때문이었습니다. 따라서 그보다는 우리 측이 실수할 확률이 더 높은 셈이지요.

저는 그에게 선생님 심정을 충분히 이해하며 제가 그의 입장이었어도 똑같이 행동했을 것이라고 말했습니다. 그가 우리 회사와는 더는 거래하지 않겠다고 했으므로 저는 다른 모직 회사를 추천해주었습니다.

예전에도 그가 시카고에 올 때면 함께 점심을 하곤 했기 때문에
저는 그날도 함께 점심을 먹으러 가자고 권했습니다. 그는 마지못
해 수락했지만 점심을 마치고 함께 사무실로 돌아오자 전보다 훨
씬 많은 물량을 주문했습니다. 화기애애한 분위기에서 집으로 돌
아간 그는 우리처럼 공정하고 싶다면서 청구서를 다시 검토해보
았습니다. 보관을 잘못해서 청구서 하나가 빠졌다는 사실을 발견
한 그는 정중한 사과 편지와 함께 우리에게 수표를 보냈습니다.

나중에 그의 부인이 아들을 낳자 그는 아들에게 데트머라는 미
들네임을 붙여주었습니다. 우리는 22년 후 그가 죽을 때까지 친
구이자 고객으로 가깝게 지냈습니다."

수년 전 네덜란드에서 이민 온 한 가난한 소년은 주급 50센트를
받고 방과 후 제과점의 유리창을 닦아야 했다. 그의 가족이 너무
가난했기 때문에 소년은 유리창 닦기로도 모자라 매일 빈 바구
니를 들고 거리로 나가 석탄 마차가 땔감을 운반하다가 배수로에
떨어뜨린 석탄 부스러기를 줍곤 했다. 그 소년이 바로 정규교육은
6년도 채 못 받았지만 미국 저널리즘 사상 가장 성공적인 잡지 편
집인이 된 에드워드 보크^{Edward Bok}였다. 그는 어떻게 해서 입신양
명할 수 있었던 것일까? 그 사연은 너무 길어서 여기에 다 소개할
순 없지만 그의 첫걸음 정도는 간략하게 소개할 수 있다. 그는 이
번 장에서 권하는 원칙들을 준수함으로써 성공의 첫걸음을 내디
딜 수 있었다.

그는 열세 살에 학교를 그만두고 주급으로 6달러 25센트를 받

는 웨스턴유니온 전신 회사의 사환이 되었지만, 단 한순간도 교육을 받겠다는 꿈을 포기하지 않았다. 차비를 아끼고 점심을 거른 끝에 돈이 충분히 모이자 그는 미국 위인전집을 샀다. 그런 다음에는 전대미문의 일을 시작했다. 유명인사들의 생애를 읽은 다음 그들에게 직접 편지를 보내 유년 시절에 관한 추가 정보를 알려달라고 한 것이다. 그는 뛰어난 경청가였다. 그 덕분에 유명인사들로 하여금 그들 자신에 관한 이야기를 스스럼없이 털어놓게 만들 수 있었다. 그는 당시 대선에 출마했던 제임스 A. 가필드 장군에게도 편지를 보내, 소년 시절에 운하에서 선원으로 일했다는 사실이 정말이냐고 물었다. 가필드 장군은 그에게 답장을 보내주었다. 또 그는 그랜트 장군에게도 어떤 전투에 관하여 묻는 편지를 보냈다. 그러자 그랜트 장군은 직접 지도를 그려 보내주었을 뿐만 아니라 이 열네 살짜리 소년을 저녁 식사에까지 초대하여 저녁 내내 자신의 이야기를 들려주었다.

그는 랠프 월도 에머슨에게도 편지를 써서 에머슨이 자신에 관하여 털어놓게 했다. 얼마 안 가 이 웨스턴유니온 전신 회사의 사환 보크는 에머슨, 필립스 브룩스, 올리버 웬들 홈스, 롱펠로, 에이브러햄 링컨 부인, 루이자 메이 올컷, 셔먼 장군, 제퍼슨 데이비스와 같이 미국에서 가장 유명한 사람들 다수와 편지를 주고받게 되었다.

그는 이러한 위인들과 편지만 주고받은 것이 아니라 휴가 때면 그들의 집을 방문하기도 했으며 늘 환영받았다. 이러한 경험으로 그는 그 무엇과도 바꿀 수 없는 자신감을 얻게 되었다. 그가 만난 유명인사들은 남녀를 불문하고 그의 인생에 지대한 영향력을 행사한 비전과 야망을 심어주었다. 다시 한번 말하지만, 이 모든 것은 우리가 앞으로 다루게 될 원칙들을 적용했기 때문에 가능한 일이었다.

유명인사 인터뷰라면 세계에서 제일가는 달인이라고 해도 과언이 아닌 아이작 F. 마코슨은 상대방의 말을 귀 기울여 듣지 않아서 우호적인 인상을 남기는 데 실패한 사람들이 많았노라고 단언했다.

"사람들은 자신이 다음에 무슨 말을 할 것인지에만 골몰하느라 상대방의 말을 흘려듣습니다……. 매우 중요한 위치에 있는 사람들은 말을 잘하는 사람보다 남의 말에 귀 기울일 줄 아는 사람들을 선호하지만 경청 능력은 그 어떤 덕목보다도 보기 드물더라고 밝힌 적이 있습니다."

저명인사들뿐만 아니라 보통 사람들도 뛰어난 경청가를 열망한다. 〈리더스 다이제스트^{Reader's Digest}〉에는 "사람들이 의사를 부르는 이유는 대개 자기 말을 들어줄 사람이 절실히 필요하기 때문이다"라는 금언이 수록되기도 했다.

남북전쟁이라는 암흑기 동안 링컨은 일리노이 주 스프링필드에 사는 오랜 벗에게 편지를 써서 워싱턴으로 와달라고 청했다. 편지에서 링컨은 힘든 일이 있는데 의논 상대가 있었으면 좋겠다고 털어놓았다.

링컨의 오랜 이웃이었던 그 친구는 백악관에 찾아와주었고 링컨은 노예해방령 선포의 타당성에 관하여 몇 시간이고 그 친구와 토론을 벌였다. 링컨은 노예해방에 찬성하는 주장과 반대하는 주장을 모두 검토해본 다음 관련 서신과 신문 기사도 빼놓지 않고 읽었다. 그중에는 노예를 해방해주지 않는다며 그를 맹비난한 내용도 있었고 노예를 해방해줄지도 모른다는 우려를 표하며 맹비난한 내용도 있었다. 기나긴 논의 끝에 링컨은 자신의 옛 친구와 악수를 하고 잘 가라는 인사를 한 다음 친구의 의사를 물어보지도 않고 일리노이 주로 돌려보냈다. 그 긴 시간 내내 말을 한 사람은 링컨뿐이었다. 그렇게 장시간 혼잣말을 함으로써 링컨은 머릿속을 정리할 수 있었던 것이다. 그 옛 친구는 "대화를 나누고 나니까 그 친구가 홀가분해하는 것 같았다"라고 했다. 링컨은 조언을 원했던 것이 아니라 자신이 지고 있는 마음의 짐을 내려놓을 수 있는 친근하고 마음 맞는 경청자가 필요했던 것이다. 곤경에 처했을 때 우리 모두 필요로 하는 것이 바로 그런 존재이다. 머리끝까지 화가 난 고객이나 불만에 가득 찬 고용인, 또는 마음 상한 친구가 원하는 것도 바로 그런 존재이다.

기피, 뒷말, 경멸의 대상이 되고 싶다면 여기 그 지름길이 있다. 그 누구의 말도 귀 기울여 듣지 않으면 된다. 쉴 새 없이 자기 얘기만 떠들어라. 상대가 말을 하는 도중에 머릿속에 뭔가 떠오른 것이 있으면 상대가 말을 마칠 때까지 기다리지 말고 중간에 끼어들어 말을 잘라버려라.

주변에 그런 사람이 있는가? 불행하게도 내 주변에는 있다. 더욱 놀라운 것은 그런 사람들 가운데 사교계 명사 인명록에 이름이 오른 자들도 있다는 사실이다.

그런 사람들은 지루함 그 자체이다. 자아도취에 빠져 있고 자중감에 흠뻑 취한 수다쟁이에 불과하다.

자기 얘기만 하는 사람들은 자기 생각밖에 할 줄 모른다. 컬럼비아 대학교의 총장 니컬러스 머리 버틀러는 "자기 생각밖에 할 줄 모르는 사람들은 구제 불능인 무지렁이다. 그런 사람들은 아무리 가르쳐도 배우지 못한다"라고 했다.

따라서 대화의 달인이 되고 싶다면 먼저 경청가가 되라. 상대를 재미있게 해주는 것도 중요하지만 상대의 말을 재미있게 들어주는 것 또한 중요하다. 상대가 흥미 있게 대화를 이어갈 만한 질문을 하라. 상대를 부추겨 자신과 자신의 업적에 관한 이야기보따리를 풀어놓게 하라.

당신이 지금 대화를 나누고 있는 상대는 당신이나 당신의 문제보다는 자신과 자신의 욕구, 자신의 문제에 훨씬 지대한 관심이 있다는 사실을 명심해라. 누군가 치통을 앓고 있다면 그 사람에게는 수백만 명이 굶어 죽는 중국의 기아 문제보다 자신의 치통이 우선이다. 자기 목에 난 종기 하나가 아프리카에서 일어난 40번의 지진보다 훨씬 중대한 관심사이다. 다음부터는 대화를 시작할 때 그 점을 염두에 두길 바란다.

따라서 사람들에게 호감을 사기 위해 지켜야 할 네 번째 원칙은,
뛰어난 경청가가 되고
상대가 자신에 관한 이야기를 할 수 있는 분위기를 조성하라.

| 5장 |

흥미를 유발하는 방법

시어도어 루스벨트 대통령을 만나러 오이스터 만[1]을 다녀온 사람이라면 누구나 그의 박학다식에 놀라게 된다. 가말리엘 브래드퍼드Gamaliel Bradford[2]가 쓴 글에 따르면 "손님이 카우보이든 의용 기병대원이든 뉴욕의 정치가이든 외교관이든, 루스벨트 대통령은 대화를 이끌어갈 수 있었다"라고 한다. 어떻게 그럴 수가 있었을까? 답은 간단하다. 루스벨트 대통령은 손님이 오기로 되어 있으면, 전날 밤을 새워서라도 그 손님이 특별히 관심을 둘 만한 주제에 관한 책을 되도록 많이 읽었다.

역대 지도자들도 그랬듯이 루스벨트 대통령은 **사람의 마음을 얻는 방법은 그 사람이 가장 좋아하는 것에 관해 이야기를 나누는 것임**을 알고 있었다.

---

1. 대통령의 여름 관저가 있던 곳.
2. 미국의 전기작가, 비평가, 극작가.

온화한 성품으로 유명했던 전前 예일대 영문학 교수, 윌리엄 라이언 펠프스는 이러한 교훈을 일찍이 깨우쳤다.

그의 수필 〈인간의 본성Human Nature〉에는 다음과 같은 내용이 나와 있다.

"여덟 살 때 후사토닉 강 근처 스트랫퍼드에 사는 리비 린즐리 이모님 댁에서 주말을 보낸 적이 있다. 어느 날 저녁 한 중년 남자가 방문했다. 이모님과 정중한 논쟁을 벌인 뒤, 그 남자는 온전히 나에게만 주의를 기울였다. 당시의 나는 보트에 관심이 많았는데, 그는 보트를 주제로 이야기를 시작했고 내게는 마냥 재미있게만 들렸다. 그가 돌아간 후, 나는 열정적으로 그에 대해 말했다. 그가 얼마나 멋진 사람인지! 보트에는 또 얼마나 관심이 많은지! 그러자 이모님께서는 그가 뉴욕의 변호사이며 보트를 좋아하지도 않을뿐더러 보트에는 전혀 관심이 없다는 사실을 알려주셨다.

'그러면 왜 그렇게 보트 얘기만 계속한 건데요?'

'그분이 신사이기 때문이란다. 네가 보트에 관심이 있다는 것을 알고 네가 재미있어할 만한 이야기만 하신 거야. 너에게 맞춰주려고 말이지.'"

윌리엄 라이언 펠프스는 이렇게 덧붙였다.

"나는 이모님이 하신 말씀을 평생토록 마음속에 간직했다."

이 장을 집필하고 있는 지금 내 앞에는 보이스카우트 활동을 하는 에드워드 L. 챌리프가 보낸 편지가 놓여 있다.

챌리프가 쓴 편지를 읽어보자.

"어느 날 저에게 커다란 부탁거리가 생겼습니다. 유럽에서 대규모 스카우트 야영대회가 열릴 예정이었는데 저는 미국에서 가장 큰 기업의 대표에게 저희 대원 중 한 소년의 여행 경비를 부탁하고 싶었습니다.

운 좋게도 그 대표를 만나러 가기 직전, 그가 100만 달러짜리 수표를 발행했으며 결제가 완료된 후 그 수표를 액자에 넣었다는 소식을 들었습니다.

그래서 그의 사무실에 들어선 순간 저는 우선 그 수표부터 보여달라고 했습니다. 100만 달러짜리 수표니까요! 저는 그에게 여태까지 그런 거액의 수표를 쓴 사람은 한 번도 보지 못했다고 말해주고는 보이스카우트 단원들에게 내가 정말로 100만 달러짜리 수표를 보았노라고 자랑하고 싶다고 했습니다. 그는 기꺼이 그 수표를 제게 보여주었습니다. 저는 감탄을 연발하며 그렇게 큰 액수의 수표를 발행하게 된 경위를 들려달라고 했습니다."

챌리프 씨가 보이스카우트라든지 유럽에서 열릴 야영대회라든지 그 밖에 **자신이** 원하는 것의 얘기를 먼저 꺼내지 않았다는 사실을 알아챘는가? 그는 상대방의 흥미를 유발하는 주제를 먼저 꺼냈다. 그 결과를 알아보자.

"이야기를 나누던 중 그 분이 제게 물었습니다. '그나저나 무슨 일로 저를 보자고 하셨지요?' 그래서 제가 용건을 말씀드렸습니다. 놀랍게도 그는 제가 부탁한 비용뿐만 아니라 그 이상을 선뜻

내주었습니다. 단원 한 명만 유럽으로 보내주십사 부탁했는데 저뿐만 아니라 단원을 다섯 명이나 더 보내라고 하시면서 1000달러짜리 신용장을 써주시고는 유럽에 7주 동안이나 머무르라고 하셨습니다. 그뿐만 아니라 그 회사의 지사장에게 보여주면 요긴할 것이라며 소개장도 써주셨습니다. 그는 친히 파리까지 와서 우리를 데리고 시내도 구경시켜주었습니다. 그때 이래로 단원 중 형편이 어려운 아이들에게는 일자리를 주고 있으며 지금도 저희 단원들을 물심양면 챙겨주고 계십니다.

만일 제가 그분의 관심사를 알아내어 그 얘기로 먼저 분위기를 띄우지 않았더라면 용건을 꺼내기가 훨씬 어려웠을 것입니다.”

이처럼 값어치 있는 작전이 과연 비즈니스에도 유용할까? 한번 알아보도록 하자. 뉴욕에 있는 최고급 제빵 회사 중 하나인 두버노이앤드선즈의 헨리 G. 두버노이의 경우를 살펴보자.

두버노이는 뉴욕에 있는 어떤 호텔에 빵을 납품하려고 애를 쓰고 있었다. 그는 4년 동안 한 주도 거르지 않고 매주 그 호텔의 지배인을 찾아갔다. 그는 지배인이 참석하는 사교 모임에도 참석했다. 거래를 트려고 방을 하나 잡아 그 호텔에서 살기까지 해보았지만 실패했다.

두버노이가 들려준 이야기는 다음과 같다.

“그러다가 인간관계를 연구한 끝에 저는 작전을 바꾸기로 마음먹었습니다. 우선 그 지배인의 관심사가 무엇인지, 무엇에 열광하는지를 알아내기로 결심했습니다.

저는 그가 미국 호텔접객원협회라는 호텔 중역 단체의 회원이라는 사실을 알아냈습니다. 그는 회원이었을 뿐만 아니라 열심히 활동한 끝에 협회장이 되었고, 나중에는 국제 접객원협회의 회장까지 겸하게 되었습니다. 그래서 총회가 열리면 장소를 불문하고 산맥이든 사막이든 바다든 개의치 않고 비행기를 타고라도 날아가 반드시 참석했습니다.

그래서 다음 날 그 지배인을 만났을 때는 접객원협회에 관한 얘기부터 꺼냈습니다. 그랬더니 봇물 터지듯 그의 말문이 터지는 게 아니겠습니까! 저에게 접객원협회에 관한 얘기를 반 시간이나 해주었는데 흥분한 나머지 목소리가 떨리고 있었습니다. 저는 이 협회라는 것이 그에게 단순한 취미가 아니라 인생의 낙이라는 것을 단번에 알 수 있었습니다. 사무실을 나서기 전 그는 저에게 자신이 회장으로 있는 협회의 회원권을 '팔았습니다.'

한편 저는 빵 얘기는 입도 뻥긋하지 않았습니다. 그런데도 며칠 후, 그 호텔의 식음료 관리자가 저에게 전화를 걸어 견본과 가격표를 가지고 와달라고 했습니다.

식음료 관리자는 저를 보더니 '도대체 지배인님을 어떻게 구워삶으셨는지 모르겠지만 그분은 확실히 당신한테 넘어갔더군요!' 하고 말하는 것이었습니다.

생각해보십시오! 거래를 트려고 4년 동안이나 그 사람에게 공들였단 말입니다. 노고를 마다치 않고 **그의** 관심사를 알아내지 않았더라면, **그가** 어떤 얘기를 즐겨 하는지 알아내지 않았더라면 저는 아직도 헛물을 켜고 있겠지요."

따라서 사람들에게 호감을 사기 위해 지켜야 할 다섯 번째 원
칙은,

상대방의 관심사를 화제 삼아 이야기를 시작하라.

| 6장 |

즉각 호감을 사는 방법

뉴욕 33번가와 8번가 모퉁이에 있는 우체국에서 등기 편지를 부치려고 줄을 서서 기다리던 때의 일이다. 기다리면서 직원을 지켜보니 봉투 무게를 재고 우표를 건네주고 잔돈을 거슬러주고 영수증을 발행해주는 업무, 즉 매년 반복되는 단조로운 자신의 일과에 싫증이 난 것 같았다. 그래서 나는 '저 직원이 나에게 호감을 품게 해봐야겠다. 그러려면 내가 아니라 저 사람에 관해서 무언가 기분 좋을 만한 말을 해야겠지' 하고 속으로 생각했다.

나는 그런 말에는 어떤 것이 있을까 하고 자문해보았다.

'내가 저 사람의 어떤 점을 진심으로 존경할 수 있을까?'

이런 질문에는 답을 하기 어려울 때가 가끔 있다. 특히나 내가 전혀 모르는 낯선 사람일 경우에는 더욱 그렇다. 하지만 이번에는 다행히 쉽게 답할 수 있었다. 내가 한없이 존경하는 점이 즉시 눈에 들어왔던 것이다.

그가 내 봉투의 무게를 다는 동안 나는 활기차게 말했다.

"저도 그렇게 머리숱이 많으면 얼마나 좋을까요."

뜻밖의 말에 놀라 올려다본 그의 얼굴은 환한 미소로 빛나고 있었다.

"예전보다 많이 줄었는걸요."

그가 겸손하게 말했다. 나는 그에게 한참 때보다 조금 줄어들었을지 몰라도 여전히 풍성해 보인다고 거듭 말해주었다. 그는 크게 기뻐했다. 우리는 계속 이어서 덕담을 주고받았다. 그가 내게 마지막으로 건넨 말은 "많이들 제 머리숱을 부러워했답니다"였다.

그는 그날 날아갈 듯 기쁜 마음으로 점심을 먹으러 갔을 것이고, 그날 밤 집에 가서 부인에게도 내가 한 말을 얘기해주었을 것이 분명하다. 거울을 보며 이렇게 중얼거리기도 했을 것이다.

"정말 탐스러운 머리야."

나는 언젠가 이 일화를 사람들 앞에서 들려준 적이 있었는데 어떤 남자가 나중에 나에게 이렇게 질문했다.

"그 남자한테 무엇을 얻으려고 그러신 거죠?"

내가 그 남자에게 무언가를 얻으려고 했다는 것인가!!! 내가 목적을 가지고 그에게 말을 걸었다는 것인가!!!

우리가 그토록 비열하고 이기적인 존재라면, 그래서 상대방한테 아무런 대가 없이 솔직한 칭찬 한 마디 건네는 사소한 기쁨도 누리지 못한다면, 우리의 영혼이 시큼한 꽃 사과 하나 정도 크기밖에 안 된다면 우리에게 떨어져야 마땅한 운명, 즉 실패에 직면할 수밖에 없을 것이다.

이제 생각나서 하는 말인데, 내가 그 우체국 직원한테 바란 것이 있기는 했다. 돈으로 살 수 있는 것은 아니었다. 그리고 나는 그것을 얻었다. 내가 바란 것은 바로 그에게 아무런 대가도 받지 않고 뭔가 해주었다는 뿌듯한 느낌이었다. 그 느낌은 그 순간이 지나간 후에도 내 기억 속에 남아 메아리처럼 울려 퍼질 것이다.

인간의 행위에는 지극히 중요한 한 가지 법칙이 있다. 그 법칙을 따른다면 어지간해서는 곤경에 처하는 일이 없다. 사실 그 법칙을 따르기만 한다면 친구도 셀 수 없을 만큼 많이 생기고 끝없는 행복도 찾아오게 되어 있다. 그러나 그 법칙을 어기는 순간, 우리는 심연에 빠진다. 그 법칙이란 바로 **상대방에게 자중감을 느끼게 해주는 것이다.** 앞에서도 언급했다시피, 존 듀이 교수는 자중감에 대한 욕구는 인간의 가장 심오한 본성이라고 했고, 윌리엄 제임스 교수는 "인간의 본성 중 내면 가장 깊숙한 곳에 자리 잡고 있는 원칙은 인정받고자 하는 열망"이라고 했다. 앞에서도 지적했듯, 인간과 동물을 구분 짓는 욕망이자, 문명을 이룩하게 해준 욕망이 바로 자중감이다.

철학자들은 수천 년 동안 인간관계의 법칙을 사유해왔으며, 이러한 사유로부터 단 하나의 중요한 행동 수칙이 탄생하게 되었다. 전혀 새로울 것 없는 행동 수칙이다. 인류 역사만큼이나 오래된 것이기도 하다. 3000년 전 페르시아에서 조로아스터교가 신자들에게 이 수칙을 가르친 바 있다. 공자는 24세기 전에 중국에서 이를 설파했다. 도교의 창시자인 노자도 한수漢水 유역에서 제자들에게 가르쳤다. 석가모니는 기원전 500년에 갠지스 강 유역에서 설파했다. 힌두교 경전은 석가모니보다 천 년 앞서 이 수칙을 가르쳤다. 예수는 19세기 전 고대 유대의 돌무지 언덕에서 가르쳤다. 예수는 머리를 쥐어짜지 않고도 이를 한마디로 요약했다. 어쩌면 이 세상에서 가장 중요한 법칙일 수도 있는 그 행동 수칙은 바로 이것이다.

"남에게 대접을 받고자 하는 대로 너희도 남을 대접하라."[1]

인간은 주변인으로부터 인정을 받고 싶어 한다. 자신의 진정한 가치를 인정받고 싶은 것이다. 이 작은 세상에서 나는 중요한 존재라고 느끼고 싶어 한다. 노골적이고 가식적인 아첨을 듣고 싶은 것이 아니라 진심에서 우러나온 칭찬을 간절히 바란다. 찰스 슈워브가 말한 대로 우리는 친구들과 동료가 "진심으로 인정해주고 아낌없이 칭찬해주기를" 바란다. 우리는 모두 예외 없이 그것을 바란다.

그러니 우리 모두 이 황금률에 따라 우리가 대접받고자 하는 대로 남을 대접하자.

언제, 어디서, 어떻게? 그 답은 언제, 어디서나가 되겠다.

예를 들어 내가 라디오 시티의 안내원에게 헨리 사우베인[2]의 번

---

1. 누가복음 6장 31절.
2. 작곡가이자 라디오 프로듀서.

호를 알려달라고 했을 때의 일이다. 단정한 제복을 입은 그 안내원은 자신이 알고 있는 바를 제공하는 데 자부심을 느끼고 있었다. 그는 분명하고 또렷한 음성으로 "헨리 사우베인. (잠시 침묵) 18층. (잠시 침묵) 1816호입니다" 하고 알려주었다.

나는 황급히 엘리베이터 쪽으로 가다가 잠깐 멈춘 후 되돌아가 이렇게 말했다.

"제가 문의한 사항에 똑 부러지게 대답해주셔서 감사합니다. 정말 명쾌한 대답이었어요. 마치 예술가 같더군요. 정말 보기 드문 분이십니다."

기쁜 기색이 역력한 그는 사이사이 잠깐씩 침묵한 이유와 끊어서 발음한 이유를 내게 알려주었다. 내가 던진 몇 마디 말에 그의 기분이 좋아진 것이다. 엘리베이터를 타고 18층까지 올라가면서 나는 그날 오후, 인류가 느끼는 행복의 총량을 조금이나마 늘린 것 같아 뿌듯했다.

프랑스 주재 대사나 엘크스클럽의 클램베이크 위원회 위원장이 되어야만 이처럼 상대의 진가를 인정해주는 원칙을 써먹을 수 있는 것은 아니다. 이 원칙은 일상생활에서도 만병통치약 같은 효력을 발휘할 수 있다.

예를 들어 우리가 감자튀김을 주문했는데 웨이트리스가 으깬 감자를 가지고 왔을 때, "귀찮게 해서 죄송하지만 제가 주문한 것은 감자튀김인데요" 하고 말해보자. 그 웨이트리스는 분명 "천만에요, 금방 갖다 드릴게요"라고 대답하면서 우리가 주문한 음식으로 바꿔줄 것이다. 우리가 그 웨이트리스를 존중해주었기 때문이다.

"귀찮게 해서 죄송하지만"이라든가 "부탁해도 될까요?"라든가 "감사합니다"와 같이 대수롭지 않지만 상대에게 예의를 표하는 말은 단조롭고 고된 일상생활의 톱니바퀴에 윤활유 역할을 해주며 가정교육을 잘 받았다는 증거가 되어주기도 한다.

또 하나의 예를 보자. 홀 케인의 소설 《크리스천The Christian》, 《맨 섬의 재판관The Deemster》, 《맨 섬 사람The Manxman》 중 어느 한 권이라도 읽어본 적이 있는가? 이 소설의 독자는 수백만도 넘는다. 홀 케인은 대장장이의 아들로 태어났다. 평생 정규교육이라고는 8년밖에 못 받았지만 죽을 때는 당대 문인 중 가장 부유한 문인이 되었다.

그 사연은 이렇다. 홀 케인은 소네트와 발라드를 매우 좋아해서 단테 가브리엘 로세티Dante Gabriel Rossetti3의 시를 전부 섭렵했다. 그는 로세티의 예술적 업적을 찬양하는 글을 썼고 그 사본을 로세티에게 보냈다. 로세티는 매우 기뻐했다. 아마도 이렇게 혼잣말을 했을 것이다.

'내 작품에 대해서 이렇게 고견을 품은 젊은이라면 분명 총명한 젊은이일 거야.'

그래서 로세티는 이 대장장이의 아들을 런던으로 초대하여 그

---

3. 영국의 화가이자 시인.

의 비서로 삼았다. 그것이 홀의 인생에 전환점이 되었다. 로세티의 비서가 된 덕에 당대 최고의 문인들을 만날 수 있었기 때문이다. 훌륭한 문인들의 조언과 격려에 힘입은 케인은 작가의 길에 들어서 후세에 이름을 남길 수 있게 되었다.

맨 섬에 있는 케인의 집인 그리바 캐슬은 전 세계에서 몰려든 관광객들의 성지가 되었고 그는 200만 5000달러의 유산을 남겼다. 그가 한 유명한 시인을 찬양하는 글을 쓰지 않았더라면 무명의 가난뱅이로 생을 마쳤을지도 모를 일이다.

마음에서 우러나온 참된 칭찬은 이토록 가공할 위력을 지니고 있다.

로세티는 자신을 중요한 존재로 여겼다. 그것은 결코 이상한 일이 아니다. 거의 모든 사람이 자기 자신을 매우 중요한 존재로 여기고 있기 때문이다.

전 세계의 모든 국가 또한 개인과 마찬가지다.

혹시 미국인이 일본인보다 우월하다고 생각하는가? 사실 일본인들은 우리 미국인보다 자신들이 훨씬 우월하다고 여기고 있다. 가령 보수적인 일본인은 백인이 일본 여자와 춤추고 있는 광경만 봐도 불같이 화를 낸다.

미국인이 인도의 힌두교 신자보다 우월하다고 생각하는가? 생각은 자유이지만 100만 힌두교 신자들은 미국인인 당신보다 자신들이 한없이 우월하다고 여기기 때문에 우리 이교도의 그림자가 닿아 오염된 음식에는 손도 대지 않으려 할 것이다. 그 자체로 자신들이 더러워진다고 생각하기 때문이다.

미국인이 에스키모보다 우월하다고 느끼는가? 이번에도 역시 생각은 자유이지만 에스키모가 우리 미국인을 어떻게 생각하는지 알고 싶지 않은가? 에스키모 중에도 일하기 싫어하는 부랑자나 쓸모없는 건달이 일부 있는데, 그들은 '백인'이라고 불린다. 이 말은 그들에게 가장 모욕적인 말이라고 한다.

나라마다 다들 자기네 나라가 다른 나라에 비해 우월하다고 생각하고 있다. 여기서 애국심도, 전쟁도 생겨난다.

사실 우리가 만나는 사람들은 거의 모두 저마다 자신이 상대보다 어떤 면에서 우월하다고 느낀다. 따라서 상대의 마음을 사로잡는 확실한 방법은 당신이 그들의 중요성을 진심으로 인정하고 있다는 사실을 은연중에 깨닫게 하는 것이다.

에머슨의 명언을 기억하자.

"나는 누구를 만나든 그에게서 나보다 나은 점을 발견한다. 그리고 그 나은 점을 본받으려 노력한다."

유감스럽게도 성취감을 느낄 이유가 전혀 없는 사람들이 남에게 불쾌감과 혐오감을 주는 발언과 요란하고 우쭐대는 행동으로 자신의 열등감을 해소하려는 경우가 허다하다. 셰익스피어는 이렇게 말했다.

"인간이여, 오만한 인간이여 / 덧없는 권위의 옷을 입고서 / …… 하늘 앞에서 알량한 재주를 부리는구나 / 절망적이도다."

이제부터 내 강좌를 듣고 이러한 원칙들을 실생활에 적용하여 놀라운 성과를 거둔 사업가 3명의 사례를 들려주려 한다. 우선 코네티컷에 사는 한 변호사의 사례부터 살펴보자. 이 변호사는 자신의 친척들 때문에 실명을 거론하지 말라고 부탁했다. 이제부터 그를 R이라 부르겠다.

강좌에 등록한 직후, R은 친척들을 방문하기 위해 아내와 함께 차를 몰고 롱아일랜드로 갔다. 아내는 고령의 숙모와 담소 중인 남편을 두고, 숙모보다 덜 연로한 친척들을 방문하기 위해 홀로 황급히 떠났다. 그는 칭찬의 원리를 어떻게 적용했는지 강좌에서 발표해야 할 날이 머지않았으므로, 우선 이 노부인을 칭찬하는 것부터 시작해야겠다고 생각했다. 그래서 그는 자신이 진심으로 존경할 수 있을 만한 것이 없을까 하고 집 안을 둘러보았다.

"이 집은 1890년경에 지어졌다죠?"

그가 물었다.

"그렇지. 이 집을 지은 게 그해였지."

"이 집을 보면 제가 태어난 집이 생각납니다. 아름답고 튼튼하고 널찍해서요. 이렇게 지은 집은 이젠 더는 찾아볼 수가 없더라고요."

"누가 아니래. 요즘 젊은이들은 아름다운 집에는 관심이 없어. 좁아터진 아파트와 냉장고만 있으면 그만이잖아. 차 타고 놀러 나가서 집에 붙어 있질 않으니까 말이야. 이 집은 내가 꿈에 그리던 집이지."

숙모의 목소리는 추억에 젖어 살짝 떨리고 있었다.

"이 집은 사랑으로 지어진 집이라네. 남편과 나는 집을 짓기 훨씬 전부터 머릿속으로 수없이 그려보았지. 그래서 건축가를 고용하지 않고 우리 손으로 직접 지었다네."

숙모는 R씨에게 집을 보여주었고 R씨는 숙모님이 여기저기 여행하면서 사들여 평생 소중하게 간직해온 아름다운 기념물들, 즉 페이즐리 무늬가 있는 숄, 오래된 영국제 찻잔 세트, 웨지우드[4] 그릇, 프랑스풍 침대와 의자, 이탈리아 그림, 한때 프랑스의 어떤 성에 걸렸다던 비단 커튼 등을 보고 진심 어린 찬사를 보냈다.

R은 "집을 다 구경시켜준 숙모님께서 저를 차고로 안내했습니다. 차고에는 새것이나 다름없는 패커드 한 대가 벽돌로 받쳐져 있었습니다" 하고 말했다.

"남편이 세상을 떠나기 직전에 나한테 저 차를 사주었지. 남편이 죽은 뒤에는 한 번도 타지 않았어. ……자네는 안목이 있는 것 같으니 자네한테 이 차를 주겠네."

숙모가 부드러운 목소리로 말했다.

"뭐라고요, 숙모님. 어찌해야 할지 모르겠네요. 물론 호의는 감사하지만 저는 받을 수 없습니다. 저는 숙모님과 피 한 방울 섞이지 않았는걸요. 저한테는 새 차가 있기도 하고 숙모님 친척 중에서 저 패커드를 가지고 싶어 하는 분도 있을 테니까요."

---

4. 영국의 대표적인 도자기 브랜드.

"흥, 친척은 무슨!"

숙모의 언성이 높아졌다.

"물론 저 차를 가지려고 내가 죽을 날만 기다리는 친척들이야 있지. 하지만 그 애들은 저 차를 갖지 못할 거야."

"친척들한테 물려주고 싶지 않으시면 중고차 거래상한테 파실 수 있을 겁니다."

R씨가 숙모에게 말했다.

"차를 팔라고? 내가 이 차를 팔 것 같은가? 생판 모르는 남이 저 차를 몰고 거리를 오가는 모습을 내가 두 눈 뜨고 볼 수 있을 것 같으냐고! 내 남편이 나한테 사준 저 차를 말이야? 꿈에도 이 차를 팔 생각은 없네. 이 차는 자네한테 주겠네. 자네는 아름다운 물건의 가치를 볼 줄 아는 사람이니까 말이야."

R씨는 극구 사양했지만 숙모님의 감정을 상하게 하면서까지 계속 우길 수가 없었다.

커다란 집에 덩그러니 홀로 남겨진 채 페이즐리 무늬 숄과 프랑스풍 고가구를 보며 추억에 잠겨 살던 이 노부인은 타인의 관심에 굶주려 있었다. 그녀에게도 젊고 아름다웠던 전성기가 있었다. 그녀에게도 한때는 사랑이 넘치는 아늑한 집을 짓고, 유럽 각지를 돌며 이런저런 물건들을 수집하여 그 집을 아름답게 꾸미던 시절이 있었다. 이제 나이가 들어 세상과 동떨어진 외로운 삶을 살게 된 그녀는 인간적인 따뜻함, 약간의 인정에 목말라 있었는데 아무도 그 갈증을 채워주지 않았다. 사막에서 오아시스를 만난 것처럼 마침내 그 갈증이 해소되자, 그녀는 가장 아끼던 패커드를 선물하지 않고는 도저히 감사한 마음을 표할 길이 없었던 것이다.

예를 하나 더 들어보자. 뉴욕 주 라이에 있는 루이스앤드밸런타인 종묘 및 조경 회사의 관리자인 도널드 M. 맥마흔은 다음과 같은 사건을 들려주었다.

"'친구를 얻고 사람들에게 영향을 끼치는 법' 강좌에 다닌 지 얼마 안 되었을 때, 저는 유명한 법조인의 저택에서 조경공사를 하고 있었습니다. 집주인이 나와 철쭉과 진달래를 심고 싶은 장소에 대해 몇 가지 지시를 했습니다.

저는 집주인에게 말했습니다.

'판사님, 아주 좋은 취미를 가지고 계시네요. 그렇잖아도 멋진 개들을 보고 입을 다물지 못하고 있었습니다. 매년 매디슨 스퀘어 가든에서 열리는 도그쇼에서 1등은 따 놓은 당상일 테죠.'

이처럼 상대의 취미에 사소한 관심을 보였을 뿐인데 그 효과는 실로 어마어마했습니다.

'그렇소. 개들 때문에 사는 게 즐겁다오. 우리 귀염둥이들이 사는 집 좀 보시겠소?'

그는 거의 한 시간 동안이나 자신이 기르고 있는 개와 그 개들이 받아온 일등상을 보여주었습니다. 심지어 개의 혈통서까지 가지고 나와서 그렇게 멋지고 똑똑한 이유는 순전히 혈통 때문이라고 설명해주기까지 했습니다.

마지막으로 그가 저를 돌아보며 물었습니다.

'혹시 어린 아들 녀석이 있지 않소?'

저는 '그렇습니다' 하고 대답했습니다.

'아이가 강아지를 좋아하지는 않소?'

판사가 물었습니다.

'그럼요, 좋아하지요. 얼마나 좋아하는지 모릅니다.'

'그럼 내가 한 마리 드리리다.'

판사는 저에게 강아지 키우는 방법을 이것저것 알려주기 시작했습니다. 그러던 중 갑자기 설명을 멈추더니 이렇게 말했습니다.

'말로만 하면 잊어버릴 테니 종이에 적어주리다.'

판사는 집 안으로 들어가 혈통서와 사료 먹이는 방법을 타이핑해 와서는 저에게 몇백 달러나 하는 강아지를 한 마리 주면서 금쪽같은 시간도 15분이나 내주었습니다. 순전히 제가 그의 취미와 키우는 개에 대해 진심 어린 칭찬을 건넨 덕분이었습니다."

코닥으로 유명한 조지 이스트먼은 영화 촬영을 가능케 한 투명 필름을 발명하여 수억 달러의 재산을 모았고, 전 세계에서 가장 유명한 사업가 반열에도 들었다. 이처럼 빛나는 업적이 있음에도 그 또한 우리처럼 사소한 칭찬을 열망했다.

그 예를 살펴보자. 수년 전 이스트먼이 로체스터에 이스트먼 음악학교와 자신의 어머니를 기리기 위한 극장인 킬본 홀을 짓고 있을 당시의 일이다. 당시 뉴욕 슈피리어 의자 회사의 사장인 제임스 애덤슨은 이 두 건물에 들어갈 극장 좌석의 납품 계약을 따내고 싶어 했다. 애덤슨은 건축가에게 전화를 걸어 로체스터에서 이스트먼과 만날 약속을 잡았다.

애덤슨이 도착했을 때 건축가가 말했다.

"당신이 이번 주문을 따내고 싶어 한다는 것은 잘 알고 있지만, 조지 이스트먼 씨의 시간을 5분 이상 잡아먹는다면 수주 가능성은 제로라고 자신 있게 말씀드릴 수 있습니다. 그분은 아주 엄격하게 원칙을 고수하시는 분이고 눈코 뜰 새 없이 바쁜 분입니다. 그러니 용건만 신속하게 말씀드리고 나오세요."

애덤슨은 그렇게 하리라 마음먹었다.

그가 안내를 받아 이스트먼의 방에 들어갔을 때, 이스트먼은 책상 위에 산더미처럼 쌓인 서류에 얼굴을 파묻고 있었다. 애덤슨이 들어오자 이스트먼은 서류에서 고개를 들고 안경을 벗더니 건축사와 애덤슨이 있는 쪽으로 걸어오며 이렇게 말했다.

"안녕하시오, 제군들. 그래 무슨 일로 오셨소?"

건축가가 애덤슨의 소개를 마치자 애덤슨이 말했다.

"이스트먼 씨, 밖에서 기다리는 동안 사무실을 구경했는데 감탄이 절로 나오더군요. 이런 사무실에서라면 일하는 것이 즐겁겠다고 생각했을 정도입니다. 저도 실내장식업에 몸담고 있지만 평생 이렇게 아름다운 사무실은 처음 보는군요."

조지 이스트먼이 대답했다.

"당신 덕에 거의 잊고 지내던 것을 떠올리게 되는군요. 정말 아름다운 사무실이 아닌가요? 처음 지었을 때는 나도 매우 좋아했지요. 하지만 워낙 일이 많다 보니 어떤 때는 몇 주 동안 사무실을 쳐다보지도 않을 때가 있습니다."

애덤슨은 한쪽 구석으로 걸어가더니 나무판을 문질러보았다.

"이건 영국산 오크Oak5재가 아닌가요? 이탈리아산 오크와는 조금 다르죠."

"영국산 수입 오크재가 맞소. 목재 전문가인 친구가 나를 위해 골라주었다오."

잠시 후 이스트먼은 애덤슨에게 사무실을 구경시켜주면서 균형이라든가 도색, 손으로 조각한 부분을 포함하여 자신이 설계 및 시공에 직접 참여한 부분에 대하여 이런저런 의견을 들려주었다.

목조부에 감탄하면서 사무실 곳곳을 둘러보던 중, 그들은 창문 앞에서 잠시 멈춰 섰다. 조지 이스트먼은 겸손하고 차분한 목소리로 자신이 이웃을 돕기 위해 후원하고 있는 기관 몇몇을 알려주었는데, 로체스터 대학교, 종합병원, 동종요법 병원, 요양원, 아동병원이 이에 속했다. 애덤슨 씨는 불우한 이웃의 고통을 덜어주기 위해 자신의 부를 나누려는 이스트먼의 바람직한 인생관에 따뜻한 찬사를 보냈다. 그러자 이스트먼은 유리 진열장의 문을 열더니 자신이 난생처음으로 가졌던 카메라를 꺼내 보였다. 그 카메라는 한 영국인에게서 사들인 발명품이라고 했다.

---

5. 떡갈나무나 졸참나무 따위의 목재로 아주 단단하여 가구나 선박을 만드는 데 쓰인다.

애덤슨은 이스트먼에게 창업 초창기에 부딪혔던 난관들에 대해 이것저것 자세히 물어보았다. 이스트먼은 찢어지게 가난했던 어린 시절 이야기를 생생하게 들려주었는데, 남편을 잃고 홀로 되신 어머니가 하숙집을 운영하는 동안 그 자신은 하루에 50센트를 받으며 보험회사에 다녔다고 했다. 무시무시한 빈곤이 밤낮으로 그를 괴롭히자 그는 돈을 많이 벌어서 어머니가 하숙집에서 죽도록 일하지 않게 해야겠다고 결심했다. 애덤슨 씨는 이런저런 질문을 던져서 그의 말문을 열었으며 그가 건판乾板[6]을 가지고 했던 실험 얘기를 할 때는 경청했다. 이스트먼은 낮에는 내내 보험회사 사무실에서 일했고 가끔 밤을 새워가며 실험을 했는데, 화학약품이 작용하는 동안 쪽잠을 잤으며 어떤 때는 연속 72시간을 옷도 갈아입지 못하고 일했다는 이야기를 들려주었다.

제임스 애덤슨은 10시 15분에 이스트먼의 사무실에 들어가면서 5분 이상 시간을 끌어서는 안 된다는 경고를 받았다. 그러나 한 시간이 지나고 두 시간이 지났는데도 둘의 이야기는 끝날 줄 몰랐다.

마침내 조지 이스트먼은 애덤슨을 돌아보며 말했다.

"지난번 일본에 갔을 때 의자를 몇 개 사와 집 베란다에 놓았습니다. 그런데 햇빛 때문에 페인트가 벗겨져서 일전에 시내에서 페인트를 산 뒤, 내가 직접 의자에 페인트를 칠했습니다. 내 솜씨가

---

6. 사진에 쓰는 감광판의 하나.

어떤지 좀 봐주시겠습니까? 그럼 우리 집에 가서 점심을 같이한
다음에 보여드리지요."

점심 후, 이스트먼 씨는 애덤슨에게 자신이 일본에서 사온 의자
를 보여주었다. 그 의자들은 하나에 1.5달러도 안 될 것 같은 의자
였지만 억만장자인 조지 이스트먼은 자신이 직접 페인트칠을 했
다는 사실 때문에 그 의자들을 자랑스럽게 여기고 있었다.

좌석 주문 금액은 9만 달러에 달했다. 수주의 주인공은 누가 되
었을까? 제임스 애덤슨이었을까, 다른 경쟁 업체였을까?

이 일이 있고 나서부터 이스트먼 씨가 죽을 때까지 두 사람은
가까운 친구로 지냈다.

상대를 인정해주기만 하면 되는 이 마법의 시금석을 과연 어디
부터 써먹어야 할까? 가정에서부터 시작해보는 건 어떨까? 서로
에 대한 인정이 절실히 필요한데도 가정만큼 간과되고 있는 곳도
없다. 당신의 아내에게도 분명 장점이 있을 것이다. 한때라도 장점
이 있다고 생각했으니까 결혼했을 것 아니겠는가. 마지막으로 아
내에게 예쁘다거나 멋지다는 말을 했던 때는 언제인가? 까마득하
다고?

몇 년 전 뉴브런즈윅에 있는 미러미시 강 상류에서 물고기를 낚
아 올리던 때였다. 캐나다의 깊은 산 속에 있는 외딴 야영지에 사
람이라고는 나밖에 없었고 구할 수 있는 읽을거리는 지역신문밖
에 없었다. 나는 그 신문에 있는 내용을 광고며 도러시 딕스의 기

사까지 한 글자도 빼놓지 않고 모두 읽었다. 딕스의 기사가 매우 마음에 들었던 나는 그 기사를 오려서 간직했다. 그녀는 늘 신부에게만 설교를 늘어놓는 세태에 질렸다면서 누군가 나서서 신랑을 데려다가 쓸 만한 충고를 해주어야 한다고 단언했다.

아첨의 기술을 갈고 닦기 전에는 절대로 결혼하지 마라. 결혼 전에 여자를 띄우는 것은 선택이지만 결혼 후에는 필수가 되며 신변의 안전을 좌우할 수도 있다. 결혼에는 정직이 파고들 자리가 없다. 그보다 결혼은 외교의 장이 되어야 한다.

하루하루 호강을 누리고 싶다면 절대로 아내의 살림 솜씨에 트집을 잡거나 어머니와 비교해서는 안 된다. 그와는 반대로 입에 침이 마르도록 아내의 살림 솜씨를 칭찬하고 비너스와 미네르바와 메리 앤[7]의 장점을 모두 갖춘 세상에 하나밖에 없는 현모양처와 결혼했다는 사실을 공공연하게 자랑하고 다녀라. 스테이크가 고무처럼 질기고 빵이 벽돌처럼 딱딱해도 불평하지 마라. 식사가 평소 완벽하던 그녀의 수준에 못 미친다고만 말하면 아내는 당신이 그녀에게 품고 있는 이상에 부응하기 위하여 가스레인지에 자신을 번제물로 바칠 것이다.

하루아침에 태도를 바꾸지는 마라. 부인이 의심하기 때문이다.

---

7. '길리건의 섬'이라는 시트콤에 등장한 인물로 당시 남자들에게 현모양처의 본보기로 인식되었다.

대신 오늘 밤이나 내일 밤, 아내에게 꽃이나 초콜릿 상자를 선사하기 바란다. "하긴 해야겠는데" 하고 말만 하지 말고 **실천하라!** 또한 선물을 줄 때는 미소와 애정이 담긴 따뜻한 말 한마디를 곁들여라. 이를 실천하는 부부들의 수가 점점 늘어난다면 여섯 쌍 중 한 쌍이 리노[Reno8]에서 파경을 맞이하는 작금의 현실이 바뀔 것이다.

여자로 하여금 당신과 사랑에 빠지게 하는 방법을 알고 싶은가? 그렇다면, 여기 그 비결을 소개하겠다. 매우 유용할 것이다. 내 아이디어는 아니다. 도러시 딕스에게서 빌렸음을 밝힌다. 언젠가 도러시 딕스는 여성 23명의 마음과 은행 예금을 빼앗은 유명한 중혼자를 인터뷰한 적이 있다고 한다(그나저나 그녀가 인터뷰한 장소가 다름 아닌 감옥이었다는 사실을 짚고 넘어가야 할 듯하다). 그 여성들로 하여금 자신을 사랑하게 한 비결이 무엇이냐고 묻자, 남자는 속임수 같은 것은 쓰지 않았다면서 여자들이 자신에 관하여 이야기하도록 내버려두기만 하면 되었다고 했다.

이러한 수법은 남성들에게도 통한다. 대영제국을 다스렸던 사람 중 가장 빈틈없는 인물이었던 디즈레일리는 "상대방에 대한 주제로 대화를 나눈다면 그는 몇 시간이고 당신의 이야기를 들어줄 것"이라고 했다.

---

8. 미국 네바다 주의 한 도시이며 1930년대 전후, 이혼 절차가 아주 간편한 주법 때문에 많은 이혼 희망자들이 모여들었다. 현재에도 도박과 이혼의 도시로 불리고 있다.

따라서 사람들에게 호감을 사기 위해 지켜야 할 여섯 번째 원칙은,

상대방이 자중심을 느끼게 하되 진심으로 대하라.

이 책은 이제 웬만큼 읽었을 것이다. 이제 책을 덮고 파이프 담배의 재를 털어낸 다음, 칭찬의 원리를 지금 당장 가장 가까운 곳에 있는 사람에게 적용해보고 그 놀라운 효과를 직접 체험해보기 바란다.

타인의 호감을 사는 6가지 방법

원칙1. 다른 사람들에게 진심 어린 관심을 두어라.

원칙2. 되도록 많이 웃어라.

원칙3. 이름은 그 이름을 가진 사람에게 언어를 불문하고 세상에서 가장 달콤하고 의미심장한 음절이라는 사실을 명심하라.

원칙4. 뛰어난 경청가가 되고 상대가 자신에 관한 이야기를 할 수 있는 분위기를 조성하라.

원칙5. 상대방의 관심사를 화제 삼아 이야기를 시작하라.

원칙6. 상대방이 자중심을 느끼게 하되 진심으로 대하라.

3부

사람들에게 나의 의견을 관철하는
12가지 방법

How to Win Friends and Influence People

| 1장 |

논쟁에서 승리란 없다

제1차 세계대전 종전 직후 어느 날 밤, 나는 런던에서 더없이 소중한 교훈을 하나 깨우쳤다. 당시 나는 로스 스미스^{Ross Smith} 경의 매니저였다. 로스 경은 전시에 팔레스타인에서 맹활약을 펼친 호주 출신 조종사로 평화가 선언된 직후 세계의 절반을 30일 안에 비행함으로써 전 세계를 깜짝 놀라게 한 인물이었다. 이는 일찍이 아무도 시도해보지 않은 큰 위업이어서 엄청난 반향을 일으켰다. 호주 정부는 스미스 경에게 상급으로 5만 달러를 지급했고 영국 국왕은 그에게 작위를 수여했다. 한동안 그는 영국에서 제일가는 장안의 화제였다. 어느 날 밤, 나는 로스 경을 축하하고자 열린 연회에 참석했다. 저녁 식사 자리에서 내 옆에 앉은 남자가 〈햄릿〉의 유명한 대사, "우리가 아무리 마구잡이로 끝을 내려고 해도 우리의 마지막을 마무리해주는 신성한 존재가 있다"를 알아야지만 이해할 수 있는 우스갯소리를 했다.

이 재담가는 저 대사가 성경에 나온 말이라고 했지만 실은 아니었다. 나는 그가 잘못 알고 있다는 사실을 알고 있었다. 의심의 여지는 없었다. 그래서 나의 자중심도 충족시키고 유식한 척도 할 겸 청한 사람도, 반기는 사람도 없는데 그의 실수를 지적하는 역할을 떠맡았다. 그는 계속 억지를 부렸다.

"뭐라고요? 셰익스피어라고요? 그럴 리가 없소! 절대로! 그 말은 분명 성경에 나온 말이오. 내가 봤다니까."

그 이야기꾼은 내 오른쪽에 앉아 있었고 내 왼쪽에는 오랜 친구인 프랭크 개먼드가 앉아 있었다. 개먼드는 오랜 세월 셰익스피어를 연구한 사람이었기 때문에 우리는 그에게 판결을 부탁하기로 했다. 개먼드는 가만히 듣더니 테이블 밑으로 나를 쿡쿡 치면서 이렇게 속삭였다.

"데일, 자네가 틀렸네. 저 신사분 말이 옳아. 그건 성경에 나오는 말이야."

그날 밤 함께 집으로 돌아가는 길에 나는 개먼드에게 따졌다.

"프랭크, 그 대사가 셰익스피어의 작품에 나온 말이라는 건 자네도 알잖나."

"물론이지. 〈햄릿〉 5막 2장이라는 것도 알고. 하지만 우리는 축하연에 초대받은 손님들이잖나, 이 친구야. 다른 사람의 잘못을 지적해서 무슨 소용이 있겠나? 그런다고 자네를 좋아하겠느냐 말이야. 그냥 체면을 세워주는 게 낫지 않겠어? 그 양반이 자네 의견을 물은 것도 아니잖나. 자네 의견은 원하지도 않았단 말일세.

그런데 뭐하러 그 사람과 입씨름을 벌이려 하는가? 모난 돌이 정 맞는다네.”

“모난 돌이 정 맞는다네.” 이 말을 해준 친구는 이 세상을 떠났지만 그가 내게 일깨워준 교훈은 영원히 나와 함께할 것이다.

그 말은 상습적인 논쟁꾼이었던 나에게 매우 절실하게 필요한 가르침이었다. 젊은 시절 나는 은하계에 속한 온갖 것들을 두고 형과 논쟁을 벌였다. 대학에서 논리학과 논증법을 공부한 나는 토론 경연대회에 참가하기도 했다. 의심이 많기로 유명한 미주리에서 태어났으니[1] 무슨 말이 필요하겠는가. 나는 눈으로 직접 확인을 해야만 믿는다. 나중에 나는 뉴욕에서 토론과 논쟁법을 가르쳤으며, 말하기 부끄럽지만 이 주제에 관하여 책을 쓸 계획을 세우기도 했었다. 그 이후 나는 수많은 논쟁에 귀를 기울이고 참여했으며 그 결과 또한 지켜보았다. 그리하여 나는 논쟁에서 이기는 방법은 단 한 가지밖에 없다는 결론을 얻었다. 그것은 바로 논쟁을 피하는 것이다.

방울뱀이나 지진을 피하듯 논쟁을 피하라.

십중팔구 논쟁이 끝나면 참가자들은 각자 자신이 옳다는 확신만 더욱 굳히게 된다.

논쟁에서 이기는 것은 불가능하다. 왜냐하면 논쟁에 지면 지는

---

1. 예전에 미국 미주리 주 출신 연방 하원의원인 커널 밴디버라는 사람이 의회에서 증거를 보아야 믿겠다는 의미로 “I'm From Missouri; you'll have to show me”라고 발언한 뒤 유행하면서 관용구로 굳어진 것으로 알려지고 있다.

것이고, 이겨도 지는 것이기 때문이다. 왜냐고? 상대방의 논리적 허점을 낱낱이 파헤쳐 그가 적수가 못 된다는 사실을 입증하여 상대를 **꺾었다고** 가정해보자. 그래서 어떻단 말인가? 당신의 기분은 좋을 것이다. 하지만 상대방의 기분은 어떨까? 당신은 상대방에게 열등감을 느끼게 했고 상대방의 자존심을 구겨버렸다. 상대방은 당신의 승리에 이를 갈 것이다. 게다가……

"자기 의사에 반하여 설복당한 사람은
자기 의견을 고수한다."

펜상호생명보험사는 보험 판매원들이 따라야 할 명확한 방침을 하나 정해 놓았는데 그것은 바로 "고객과 논쟁하지 마라!"이다.

진정한 판매 기술은 논쟁이 아니다. 오히려 논쟁과는 거리가 아주 멀다. 그런 식으로는 인간의 마음이 바뀌지 않기 때문이다.

예를 들어보자. 몇 년 전 우리 강좌에 패트릭 J. 오헤어라는 이름의 무뚝뚝한 아일랜드인이 참여한 적이 있다. 오헤어는 정규교육은 거의 받지 못했지만 얼마나 논쟁을 즐겼는지 모른다! 한때 운전기사를 하다가 트럭을 판매하는 일로 진로를 변경했는데 아무리 노력해도 좀처럼 트럭을 팔 수가 없다며 어느 날 나를 찾아왔다. 약간의 문답을 주고받은 끝에 나는 그가 거래하려는 상대방과 입씨름을 벌여 결과적으로 적대감만 키우고 만다는 사실을 알아냈다. 잠재 고객이 그가 팔려는 트럭에 대해서 조금이라도 비판적인 말을 하면 패트릭은 몹시 화를 내며 손님과 싸움을 벌였다. 패트릭은 손님과의 논쟁에서 대개는 이겼다. 나중에 그는 나를 찾아와 이렇게 말했다.

"종종 고객의 사무실에서 나올 때 '저 녀석한테 할 말은 했으니 후련하다' 하고 나올 때가 자주 있었습니다. 그런데 속은 시원할지 몰라도 트럭은 하나도 팔지 못했습니다."

내가 제일 먼저 해결해야 할 문제는 패트릭 J. 오헤어에게 대화법을 가르치는 것이 아니었다. 가장 시급한 과제는 말을 삼가고 언쟁을 피하도록 그를 단련시키는 것이었다.

오헤어 씨는 이제 뉴욕에 있는 화이트 자동차 회사에서 가장 우수한 판매원이 되었다. 어떻게 그렇게 되었을까? 그의 설명을 들어보자.

"요즘에도 제가 고객의 사무실에 들어서면 이렇게들 말합니다.

'뭐라고요? 화이트 트럭이라고요? 필요 없습니다! 거저 줘도 안 가져요. A사 트럭을 사면 샀지.'

그러면 저는 이렇게 말하죠.

'그럼요, A사 트럭도 좋은 트럭이지요. 분명 후회 없는 선택이 될 겁니다. 좋은 회사에서 만들어서 훌륭한 분들이 판매하는 트럭이니까요.'

그러면 상대방은 할 말을 잃고 맙니다. 논쟁의 여지가 없어졌기 때문이겠지요. 그가 A사 트럭이 최고라고 하고 저도 그렇다고 말해버리면 거기서 더 나아갈 수가 없는 겁니다. 제가 이미 동의했는데 오후 내내 'A사 트럭이 최고'라는 말만 할 수는 없는 노릇이 잖아요. 그러면 A사 트럭 이야기를 접고 저는 화이트 트럭의 장점 에 관한 이야기를 시작할 수 있게 되는 겁니다.

저에게는 그런 상황에도 불같이 화를 내던 시절이 있었습니다. 저는 A사 트럭이 더 좋을 게 없다며 논쟁을 벌이곤 했지요. 그런 데 제가 A사 트럭을 깎아내리면 깎아내릴수록 그 회사 트럭에 대 한 잠재 고객의 호감은 커져만 가더군요. 논쟁이 길어지면 길어질 수록 그 고객이 경쟁사의 제품에 넘어갈 확률만 높아졌습니다.

지금 돌이켜 생각해보면 그때 제가 어떻게 물건을 팔 수 있었 는지 의문이 듭니다. 말싸움과 논쟁으로 인생을 허비했으니 말 입니다. 지금은 입을 다물고 있습니다. 그랬더니 오히려 득이 되 더라고요."

지혜로운 벤저민 프랭클린은 이렇게 말하곤 했다.

논쟁하면서 상대의 가슴에 비수를 꽂고 반박하면 때때로 승리할 수도 있다. 하지만 상대의 호의를 얻지는 못할 것이므로 빈껍데기 승리에 지나지 않을 것이다.

그러니 스스로 생각해보길 바란다. 비실용적이고 피상적인 승 리와 상대편의 호의, 둘 중 어느 것을 선택하겠는가? 둘 다 가지 기는 어렵다.

〈보스턴 트랜스크립트The Boston Transcript〉지는 다음과 같이 의미심장한 풍자시를 게재한 적이 있다.

　여기 윌리엄 제이 잠들다,
　죽을 때까지 자신만 옳다고 우기던 사람—
　논쟁만 했다 하면 그는 옳았고, 너무 옳아 탈이었다.
　그러나 옳고 그름이 무슨 소용 있으리, 그는 이미 죽은 몸인 것을.

　논쟁에 열을 올리는 당신의 말이 옳을 수도 있다. 죽어도 여한이 없을 만큼 옳을 수도 있다. 하지만 상대방의 마음을 바꾸는 일에서는 당신이 틀렸을 때와 매한가지로 아무 소용이 없다.

　우드로 윌슨 대통령 시절 재무장관이었던 윌리엄 G. 매카두는 정계에 입문하여 산전수전 다 겪고 보니 "논쟁에서 무지렁이를 이기는 것은 불가능하다"는 사실을 깨우쳤다고 했다.
　"무지렁이라고?" 매카두 선생, 입은 비뚤어졌어도 말은 바로 합시다. 내 경험에 따르면 지능지수의 고하를 막론하고 **그 누구라도** 언쟁을 통해 마음을 돌려놓는 일은 불가능하더이다.
　가령, 소득세 컨설턴트인 프레더릭 S. 파슨스가 정부 세무 조사관과 한 시간 동안 언쟁을 벌인 경우를 살펴보자. 9000달러에 상당하는 세목이 걸린 일이었다. 파슨스 씨는 이 9000달러의 돈이 실재 악성 채무이며 징수가 불가할 것이므로 과세해서는 안 된다고 주장했다.

세무 조사관은 "악성 채무일 리가 없다니까요! 과세 대상입니다"라고 반박했다.

파슨스 씨가 우리 강좌에서 들려준 이야기는 다음과 같았다.

"그 조사관은 냉정하고 거만한 데다가 고집불통이었습니다. 이유도 소용없고 사실을 들이대도 소용이 없었습니다. ……논쟁이 길어지면 길어질수록 그는 점점 더 고집불통이 되었습니다. 그래서 저는 일단 논쟁을 피하고 화제를 바꾼 다음 그에게 칭찬을 해주기로 마음먹었습니다.

그래서 저는 이런 말을 꺼냈습니다.

'이 문제는 당신이 내려야 할 정말 중요하고 어려운 결정에 비하면 아무것도 아닐지도 모르겠습니다. 저도 세제에 대해서 공부한 적이 있습니다만, 책으로 독학한 게 전부입니다. 당신은 분명 일선에서 경험을 통해 배우셨겠지요. 저는 가끔 당신처럼 세무 조사관이었으면 좋겠다는 생각을 하곤 합니다.'

제가 한 말은 모두 진심이었습니다.

그 조사관은 의자에서 몸을 꼿꼿이 세우고 등을 뒤로 기대더니 교묘한 부정행위를 적발한 적이 있다는 이야기부터 시작하여 자신의 업무에 관한 이야기를 오랫동안 들려주었습니다. 그의 말투가 차차 다정해지더니 이내 자신의 자녀 이야기로 넘어갔습니다. 떠날 때는 제 문제에 대해서 좀 더 생각해보고 며칠 안에 결정해서 알려주겠다고 했습니다.

3일 뒤 그가 제 사무실로 전화를 걸어 그 소득세 신고서는 그

대로 제출해도 좋다고 알려주었습니다."

이 세무 조사관은 인간에게 가장 보편적으로 나타나는 약점을 보여주었다. 그는 자중감을 원했던 것이다. 파슨스 씨가 그와 언쟁을 벌이는 한, 그 조사관은 자신의 권위를 소리 높여 내세움으로써 자중심을 충족시키려 했을 것이다. 그러나 자중감을 인정받고 상대가 논쟁에서 한발 물러나 그의 자존심을 세워주자마자 그는 호의적이고 친절한 인간이 되었다.

나폴레옹의 집사장이었던 콩스탕은 조세핀과 종종 당구를 치고는 했다. 그는 《나폴레옹의 사생활에 대한 회고 Recollections of the Private Life of Napoleon》 1권 73쪽에서 "나의 당구 실력이 더욱 출중했음에도 불구하고 나는 늘 일부러 져주었다. 그러면 황후께서 크게 기뻐하셨다"라고 했다.

콩스탕에게서 한 수 배우도록 하자. 고객, 연인, 남편, 아내와 소소한 논쟁이라도 벌이게 되면 져주도록 하자.

부처는 "미움은 미움이 아니라 오로지 사랑만으로 없앨 수 있다"고 했다. 오해 또한 논쟁이 아니라 재치, 수완, 화해, 역지사지 하려는 마음으로 없앨 수 있다.

언젠가 링컨은 동료와 폭력적인 논쟁을 벌인다며 어느 젊은 육군 장교를 질책했다.

"성공을 각오한 사람은 논쟁 따위를 벌이는 데 시간을 허비하지

않는 법이네. 하물며 화를 참지 못하고 자제력을 상실하여 벌어진
일을 수습할 여유 따위는 더더욱 있을 턱이 없지. 자네도 옳고 상
대도 옳다면 자네가 양보하게. 자네만 옳다고 해도 사소한 일이라
면 양보하게. 서로 먼저 지나가겠다고 싸우다가 개한테 물리기보
다는 개가 먼저 지나갈 수 있도록 비켜주는 것이 낫지 않겠나. 일
단 물리고 나면 그 개를 죽인다고 해서 상처가 낫지는 않을 테니
까 말이야."

따라서 첫 번째 원칙은,
논쟁에서 이길 수 있는 유일한 방법은 논쟁을 피하는 것이다.

2장

적을 만드는 확실한 방법과 그 예방법

시어도어 루스벨트는 백악관 시절에 자신이 75퍼센트 정도만 옳았어도 자신의 최고 기대치에 부합할 것이라고 털어놓았다.

20세기를 통틀어 가장 뛰어난 인물 중 한 사람이 바랄 수 있는 최대치가 그 정도라면 우리 같은 평범한 사람은 어떻겠는가?

55퍼센트 정도만이라도 옳다고 확신할 수 있다면 당신은 월스트리트로 가서 하루에 100만 달러는 거뜬히 벌어들여 요트도 사고 아리따운 아가씨와 결혼도 할 수 있을 것이다. 그런데 이 55퍼센트도 확신할 수 없으면서 어째서 다른 사람들에게 그들이 틀렸다고 지적하는가?

다른 사람들에게 시선이나 말투, 몸짓으로도 말 못지않게 생생히 그들이 틀렸다는 의사를 전달할 수 있다. 틀렸다고 지적하면서 그 사람을 당신 편으로 만들고 싶다는 것인가? 꿈 깨시길! 왜냐하면 당신이 그들의 지성, 판단력, 자부심, 자존심에 치명타를 입혔기 때문이다. 이 때문에 그들은 당신에게 앙갚음하려 들 것이다. 그러나 앙갚음을 한다고 해도 그들의 마음이 바뀌지는 않을 것이다. 그때 가서는 플라톤의 논리니 칸트의 논리니 온갖 논리를 총동원해도 그들의 생각을 바꿔놓지 못한다. 이미 그들의 감정을 상하게 했기 때문이다.

절대로 "이제부터 당신에게 입증해 보이겠습니다"라는 말로 말문을 열어서는 안 된다. 그것은 자충수가 될 것이다. 그렇게 말하는 것은 "내가 당신보다 똑똑하니까 이제부터 내 말을 잘 듣고 결정해라"라는 뜻이나 마찬가지다.

그것은 도전장이나 다름없다. 반감을 불러일으켜서 듣는 사람으로 하여금 시작도 하기 전에 전투태세를 갖추게 하기 때문이다.

가장 화기애애한 상황일 때조차 다른 사람의 마음을 바꾸는 일은 만만치 않다. 가뜩이나 힘든데 왜 더 힘들게 하려 하는가? 왜 불리한 상황을 자초하려 하는가?

설사 증명할 일이 있다고 해도 상대방이 전혀 눈치채지 못하게 해라. 당신이 뭔가를 증명하고 있다는 사실을 감조차 잡지 못할 정도로 은근하고 노련하게 해라.

"누군가를 가르칠 때는 그 사람이 가르침을 받고 있다는 것을 모르게 가르쳐야 하고, 몰랐던 사실을 제안할 때는 잊고 있었던 것을 상기시켜주는 것처럼 하라."

체스터필드^{Chesterfield} 경[1]은 아들에게 이렇게 일렀다.

될 수 있으면 남보다 지혜로워지되 그것을 남에게 알리지는 마라.

20년 전과 비교해 지금의 나는 곱셈표를 제외하면 거의 아무것도 확신하지 못한다. 이제는 아인슈타인을 읽을 때에도 의심이 고개를 쳐든다. 앞으로 또 20년 뒤에는 내가 쓴 책의 내용도 못 믿게 될지도 모르겠다. 이제는 전처럼 무언가를 확신할 수가 없다. 소크라테스는 아테네에 있는 그의 제자들에게 누누이 말했다.

"내가 아는 것은 오로지 한 가지, 내가 아무것도 모른다는 사실이다."

아무래도 소크라테스보다 똑똑해지기를 바라는 것은 무리이므로, 나는 다른 사람들에게 그들이 틀렸다고 말하는 일을 그만두었다. 그랬더니 득이 되었다.

당신 생각에 누군가 틀린 말을 한 것 같다면, 아니, 그 사람이 틀렸다는 것을 당신이 확신할 수 있다고 하더라도 "글쎄요, 제 생각은 다르지만 제가 틀렸을지도 모르니까요. 종종 그러거든요. 제가 틀린 거라면 바로잡고 싶습니다. 관련 사항을 다시 검토해봅시다" 하고 말문을 여는 편이 훨씬 낫지 않을까?

---

1. 영국의 정치가·외교관. 예절, 사교술, 세속적인 성공 비법 등에 관한 안내서인 《아들에게 보내는 편지(Letters to His Son)》의 저자로 유명하다.

"제가 틀렸을지도 모르니까요. 종종 그러거든요. 관련 사항을 다시 검토해봅시다"와 같은 말에는 마법이 담겨 있다.

"제가 틀렸을지도 모르니까요. 관련 사항을 다시 검토해봅시다"라는 말에 이의를 제기할 사람은 하늘 위에도, 땅 밑에도, 물속에도, 그 어디에도 없다.

그것이 바로 과학자들이 하는 일이다. 언젠가, 유명한 탐험가이자 과학자로 북극권 너머에서 11년을 보내면서 6년 동안 물과 고기만 먹고 살았던 경험이 있는 스테판슨을 인터뷰한 적이 있다. 그가 당시 실시했던 어떤 실험에 관한 이야기를 들려주어서 나는 증명하려던 것이 무엇이었냐고 물었다. 그때 그의 대답을 결코 잊지 못할 것이다. 그의 대답은 "과학자는 결코 무엇을 증명하려고 하지 않습니다. 사실을 찾으려고 할 뿐이지요"였다.

당신도 과학적인 사고방식을 갖고 싶지 않은가? 과학적인 사고를 막는 유일한 장애물은 바로 당신이다.

자신이 틀릴 수도 있다는 사실을 인정한다고 해서 해가 될 일은 전혀 없다. 오히려 논쟁의 여지를 없애고 상대편 또한 나처럼 공평하고 편견 없고 너그러운 마음을 갖게 할 것이다. 상대편에게 그 또한 틀릴 수도 있다고 시인하게 할 것이다.

상대방이 틀렸다는 것을 확신한다고 해서 그 사실을 직설적으로 말하면 어떤 일이 벌어지게 될까? 구체적인 사례를 들어보자. 뉴욕에 사는 젊은 변호사인 S씨는 언젠가 연방대법원에서 다소 중요한 사건의 변론을 맡게 되었다(루스트가르텐 대 플리트 법인 사건 280 U.S. 320). 이 사건은 거액의 돈과 중요한 법률 문제가 걸려 있었다.

변론 도중, 대법원 판사 가운데 한 명이 S씨에게 물었다.

"해상법의 공소시효는 6년이 아닌가요?"

S씨는 말을 멈추고 그 판사를 빤히 쳐다보다가 퉁명스럽게 말했다.

"재판장님, 해상법에는 공소시효가 없습니다."

S씨는 "갑자기 법정 안이 조용해졌습니다"라며 내 강좌에서 자신의 경험담을 꺼내놓기 시작했다.

"실온이 갑자기 영하로 떨어진 것만 같았습니다. 제 말이 맞고 그 판사의 말이 틀렸습니다. 그래서 그렇게 말했던 거죠. 그 판사가 저한테 호의적이었을까요? 천만에요. 저는 지금까지도 제가 법률적 지식으로는 더 우월했다고 믿고 있습니다. 변론도 그 어느 때보다 잘했고요. 그런데도 저는 재판에서 졌습니다. 법률 지식에 조예도 깊고 유명한 판사한테 틀렸다고 지적하는 어마어마한 실수를 저질렀기 때문입니다."

논리적인 사람은 거의 없다. 우리 중 대다수가 편견이 있고 편파적이다. 우리 중 대다수가 편견, 시기심, 의심, 공포, 질투, 자만심에 사로잡혀 있다. 대부분은 종교나 머리 모양, 공산주의나 클라크 게이블에 대한 생각을 바꾸고 싶어 하지 않는다. 따라서 당신이 다른 사람에게 틀렸다는 말을 자주 하는 편이라면 매일 아침 눈 뜨자마자 아래 단락을 읽으라고 당부하는 바이다. 이 글은 제임스 하비 로빈슨의 계몽적인 저서 《정신의 형성The Mind in the Making》에 나오는 구절이다.

부지불식간에 아무런 저항이나 거부감 없이 마음을 바꾸는 경우가 가끔 있다. 하지만 우리는 네가 틀렸다는 말을 들으면 그러한 비방을 분하게 여겨 더욱 완고해진다. 우리는 신념을 형성하는 데 믿을 수 없을 만큼 부주의하지만 누군가 믿음을 빼앗으려고 하면 갑자기 그 믿음에 쓸데없이 집착하게 된다. 우리가 소중하게 여기는 것이 신념 그 자체가 아니라 위협받고 있는 자존심이기 때문이다. …… '나의'라는 말은 인간사에서 가장 중요한 말이며 그 말을 적당히 배제할 줄 아는 것이야말로 지혜의 시작이다. '나의'라는 말은 '나의' 저녁이든, '나의' 개이든, '나의' 집이든, '나의' 아버지든, '나의' 조국이든, '나의' 신이든 똑같은 위력을 가진다. 우리는 우리의 시계가 틀렸다든가 우리 차가 고물차라는 비방뿐만 아니라 화성 운하에 대한 개념, '에픽테토스Epictetus'[2]의 발음, 살리신[3]의 의약적 가치, 또는 사르곤 1세의 연대가 틀렸다는 지적에도 화를 낸다. 우리는 우리가 기존에 진실로 수용했던 것을 그대로 믿고 싶어 하며, 우리의 추측에 누군가 의문을 제기하면 분개하면서 그것을 계

2. 고대 그리스 로마 철학자로서 노예 출신을 극복하고 후기 스토아학파의 대가가 되었다.
3. 버드나무 잎이나 껍질에 있는 화합물로 해열 진통제 약에 쓰인다.

속 고수하기 위해 별의별 핑계를 다 갖다 댄다. 그 결과 소위 우리가 추론이라고 말하는 것은 기존의 믿음을 버리지 않기 위한 논거를 찾는 작업이 되고 만다.

언젠가 집에 커튼을 달려고 실내장식가를 고용한 적이 있다. 청구서가 날아왔을 때, 나는 숨이 턱 막혔다.

며칠 뒤, 한 친구가 우리 집에 들렀다가 커튼을 보게 되었다. 내가 가격을 말해주자 그녀가 의기양양하게 말했다.

"뭐라고요? 너무 비싸네요. 그 사람이 당신한테 바가지를 씌운 것 같아요."

물론 그녀는 사실을 말한 것이었지만, 자신의 판단 착오를 폭로하는 진실은 아무도 듣고 싶어 하지 않는다. 따라서 평범한 인간인 나 또한 애써 나 자신을 옹호했다. 나는 최저가로 샀으면 가장 좋았겠지만, 최저가에 품질과 예술적 취향이라는 두 마리 토끼를 다 잡을 수 없다는 둥 이런저런 소리를 늘어놓았다.

다음 날 또 다른 친구가 우리 집에 들렀다가 커튼을 보더니 예쁘다며 감탄했다. 그녀는 입에 침이 마르게 칭찬하면서 자신의 집에도 저렇게 예쁜 물건을 달 수 있었으면 좋겠다는 뜻까지 비쳤다. 내 반응은 전날과는 확연히 달라졌다.

"사실대로 말하면 나도 형편이 넉넉했던 것은 아닙니다. 조금 무리를 했어요. 괜히 주문했다고 후회하는 중입니다."

틀렸을 때, 우리는 자기 자신에게는 인정할 수 있다. 상대가 조심스럽고 요령 있게 대해주면 우리는 다른 사람에게도 인정할 수 있다. 심지어 솔직하고 너그러운 자신을 자랑스럽게 여길 수도 있다. 그러나 다른 누군가가 구미에 맞지 않는 사실을 우리 목구멍에 억지로 쑤셔 넣으려 한다면 그럴 수가 없게 된다.

남북전쟁 당시 미국에서 가장 유명한 편집자였던 호러스 그릴리는 링컨의 정책에 맹렬히 반대했다. 그는 따지고 조롱하고 비난하면 링컨의 생각을 바꿀 수 있을 것이라 믿었다. 그는 이처럼 불쾌한 작전을 몇 달이고, 몇 년이고 계속 벌였다. 실제로 그는 부스가 링컨을 암살하던 날 밤에도 링컨 대통령에게 잔인하고 가혹하며 인신공격적인 내용의 편지를 썼다.

이 모든 쓴소리로 그는 링컨 대통령의 마음을 바꿀 수 있었을까? 천만의 말씀이다. 조롱과 비난으로는 절대로 상대를 설득할 수 없다.

인간관계와 자기관리, 인격도야에 관한 훌륭한 조언을 얻고 싶다면 현존하는 자서전 중 가장 흥미진진하며 미국 문학의 고전으로 자리 잡은 벤저민 프랭클린의 자서전을 읽어보라고 권하고 싶다. 도서관에서 빌리든지 서점에 가서 한 권 사도록 하라. 근처에 서점이 없다면 뉴욕 시 5번가 630번지 포켓북스주식회사에서 직접 주문할 수 있다. 《벤저민 프랭클린 자서전Autobiography of Benjamin Franklin》을 달라고 하면 된다. 책값은 25센트이며 우송료와 취급수수료 5센트를 동봉해야 한다.

이 자서전에서 벤저민 프랭클린은 시도 때도 없이 논쟁을 벌이던 버릇을 고치고 미국 역사상 가장 유능하고 온화하며 사교적인 사람으로 변모할 수 있었던 경위를 들려준다.

모든 것이 서툴기만 하던 청년 시절의 어느 날, 퀘이커 교도인 옛 친구가 벤저민 프랭클린을 한쪽으로 데리고 가더니 그에게 신랄한 비난을 퍼부었다.

벤, 자네는 구제불능이야. 자네는 자네와 의견이 다른 사람들에게 모욕을 주는 의견만 내놓는단 말이야. 자네가 너무 무례한 의견만 내놓으니까 아무도 자네를 좋아하지 않는 걸세. 자네의 친구들은 자네가 곁에 없을 때 더 흥겨운 시간을 보내더군. 자네는 아는 게 많으니 누군가의 가르침은 필요 없겠지. 사실 자네를 가르치려는 사람도 없을 걸세. 노력해봐야 힘만 들고 좋은 소리는 못 들을 테니 말이야. 그러니 자네는 평생 지금의 지식수준에 머물러 있게 될 걸세. 발전이 없을 거란 얘기지.

내가 알고 있는 벤저민 프랭클린의 훌륭한 점 가운데 한 가지는 이처럼 정곡을 찌르는 질책을 받아들이는 그의 태도이다. 그는 그 말이 사실이며, 따라서 자신은 인생에 실패하여 사회에 폐만 끼치는 존재가 되리라는 사실을 자각할 정도로 성숙하고 현명한 사람이었다. 그래서 그는 변신했다. 건방지고 독선적인 태도를 즉시 바꾸기로 했다.

프랭클린은 이렇게 말했다.

"나는 다른 사람의 의견을 노골적으로 반박하고 내 주장을 내세우는 짓은 삼가기로 했습니다. '확실히', '의심의 여지 없이' 등과 같이 확정적인 표현 또한 일절 사용하지 않고 대신 '……라고 생각합니다', '……라고 알고 있습니다', '……인 것 같습니다', '현재로서는 ……인 것 같습니다' 같은 표현을 쓰기로 했습니다. 나는 누군가 잘못된 주장을 했을 때 그 즉시 그에게 반박하여 그의 명제에 오류가 있다는 것을 그 자리에서 보여주고 싶어도 꾹 참았습니다. 대답할 때도 경우에 따라 그의 의견이 옳을 수도 있지만 현재로서는 나와 생각이 조금 다른 것 같다는 말부터 했습니다. 얼마 지나지 않아 나는 이 같은 태도의 변화가 나한테 이롭다는 것을 알게 되었습니다. 우선 전보다 훨씬 대화가 즐거워졌습니다. 내 의견을 겸손하게 제안하니까 상대방도 좀 더 손쉽게 받아들이고 거부감도 줄어들었습니다. 설사 내가 틀렸다는 사실이 드러나도 덜 창피했고, 내가 옳은 경우에도 상대로 하여금 실수를 인정하고 나에게 동의하도록 설득하는 일이 한결 쉬워졌습니다.

처음에는 힘겹게 천성을 억눌러야 했던 이 방식이 마침내 자연스럽고 익숙해져서 한 50년 동안은 내 입에서 독설이 튀어나오는 것을 아무도 못 들었을 것입니다. 새로운 제도나 개정안을 제안할 때 시민에게 미치는 영향력이 커진 것도, 의회 구성원이 되었을 때 위원회에서 그토록 큰 영향력을 행사할 수 있었던 것도 순전히 새로 생긴 이 습관 덕인 것 같습니다(성실성을 우선으로 꼽아야겠

지만). 왜냐하면 나는 달변가였던 적도 없고 청산유수 같은 말솜
씨도 없어서 어휘 선택에 고심해야 하고 어법에 어긋날 때도 많은
형편없는 연사였기 때문입니다. 그런데도 대개는 나의 주장을 관
철할 수 있었습니다."

벤저민 프랭클린의 방식이 비즈니스에서는 어떻게 작용할까?
두 가지 사례를 살펴보자.

뉴욕 리버티 거리 114번지에 거주하는 F. J. 마허니는 석유 거
래에 필요한 특수 장비를 판매한다. 그는 롱아일랜드에 있는 어떤
중요한 고객으로부터 주문을 받았다. 청사진을 제출하여 승인을
받은 후 장비 제조에 들어갔다. 그때 유감스러운 일이 벌어졌다.
구매자가 친구와 이번 주문에 관하여 상의해보았더니 친구들이
중대한 실수를 저지르고 있다며 그에게 경고한 것이다. 그는 모든
잘못을 마허니에게 떠넘겼다. 너무 넓다, 너무 짧다, 이건 어떻고
저건 어떻다며 트집을 잡았다. 친구들이 부추겨서 걱정을 거듭하
던 고객은 급기야 화를 냈다. 마허니 씨에게 전화를 걸어서는 이
미 제작에 들어간 장비를 인수하지 않겠다고 말했다.

마허니 씨의 말을 들어보자.

"처음부터 끝까지 꼼꼼하게 검토해본 결과 저희가 옳다고 확신
하게 되었습니다. 고객과 그의 친구라는 사람들은 자신들이 무슨
말을 하는지 모르고 있다는 사실도 알고 있었지만 그렇게 말하면
위험천만하겠다 싶었습니다. 그래서 저는 롱아일랜드로 직접 그

를 만나러 갔습니다. 제가 사무실에 도착하니까 그가 벌떡 일어나 제 쪽으로 오더니 빠르게 무슨 말인가를 하기 시작했습니다. 그는 너무 흥분한 나머지 말을 하면서 주먹까지 휘둘렀습니다. 저와 저의 장비까지 싸잡아 비난하더니 마지막에 가서는 '이제 어쩔 셈이오?' 하고 말했습니다.

저는 무엇이건 그가 말하는 대로 해주겠다고 매우 차분하게 말했습니다.

'돈을 낼 사람은 당신이니까 당연히 당신이 원하는 대로 해드려야겠지요. 단, 누군가는 책임을 져야 할 겁니다. 당신이 옳다고 생각한다면 우리한테 청사진을 주십시오. 이번 주문 제작으로 이미 2000달러의 비용이 들었지만 폐기하겠습니다. 고객 만족을 위해 기꺼이 2000달러 손해를 감수하도록 하지요. 하지만 당신 주장대로 장비를 제작한다면 그 책임 또한 당신이 져야 할 것이라는 점은 미리 말씀드리겠습니다. 반대로 저희가 계획한 대로 진행하게 해주신다면, 저희는 지금도 그게 옳다고 생각하므로 그에 따르는 책임도 저희가 지겠습니다.'

이제 차분해진 그가 마침내 이렇게 말했습니다.

'좋소, 그렇게 진행하시오. 만에 하나 잘못되면 당신들이 알아서 하는 겁니다.'

저희 생각이 옳았고 그는 이미 이번 분기에만 그와 비슷한 장비를 두 개나 주문하기로 약속한 상태입니다.

이 사람이 저를 모욕하고 제 얼굴 앞에 주먹을 휘두르면서 자기가 하는 일도 제대로 모르느냐고 말했을 때는, 언쟁을 벌여 제가 옳다는 것을 보여주고 싶은 마음을 억누르기 위해 극도의 자제력을 발휘해야만 했습니다. 엄청난 자제력을 요구했지만 그 보답은 컸습니다. 그 사람에게 당신이 틀렸다고 말하고 언쟁을 벌였더라면 소송까지 갈 수도 있었고 그 때문에 악감정과 재정적 손실이 발생했을 것이며 나아가 소중한 고객까지 잃었을 것입니다. 이제는 상대방에게 틀렸다는 말을 하면 득이 될 리 없다고 확신하게 되었습니다."

또 다른 사례를 살펴보자. 내가 여기 소개하는 사례들은 수많은 사람이 겪고 있는 전형적인 경험담이라는 사실을 명심하라.

R. V. 크롤리는 뉴욕에 있는 가드너 W. 테일러 목재 회사의 영업사원이다. 크롤리는 그동안 자신이 완고한 목재 검사관들에게 틀렸다는 말을 했으며 줄곧 그들과 언쟁을 벌여왔다고 시인했다. 논쟁에서 이기기는 했지만 득이 된 것은 전혀 없었다.

"이 목재 검사관이란 사람들은 야구 심판 같습니다. 한번 내린 결정은 절대로 번복하지 않기 때문입니다."

크롤리 씨는 자신이 논쟁에서 이긴 덕에 회사가 수천 달러의 손해를 보았다는 사실을 알게 되었다. 그래서 우리 강좌를 듣는 동안 작전을 바꿔 논쟁을 단념하기로 했다. 그 결과가 어땠을까? 그가 동료 수강생들에게 들려준 이야기는 다음과 같다.

"어느 날 사무실로 전화가 걸려왔습니다. 전화를 건 사람은 열

받고 짜증 섞인 목소리로 우리가 자기네 공장으로 실어 보낸 목재 트럭이 문제투성이라고 했습니다. 그의 회사에서는 하적을 중단 했으니 우리더러 당장 자기네 회사 하적장으로 사람을 보내 목재 를 치우라고 요구했습니다. 화물을 4분의 1가량 내렸는데 목재 검 사관이 규격 미달이 55퍼센트에 육박한다고 판정했다면서요. 그 런 상황이 벌어지자 인수를 거절했던 것입니다.

그 즉시 그의 공장으로 향하던 저는 도중에 이 상황의 최선책 에 대해 곰곰이 생각해보았습니다. 여느 때 같았으면 이런 상황에 서 등급 규정을 들먹이면서 목재 검사관으로서의 경험과 지식을 총동원하여 다른 검사관에게 우리 목재가 사실은 합격품이며 그 가 등급 규정을 잘못 적용했다는 것을 이해시키려 했을 것입니다. 그러나 저는 이 강좌에서 배운 원칙을 적용해볼 생각이었습니다.

현장에 도착해서 구매 담당자와 목재 검사관의 험악한 표정을 보니 지금이라도 당장 싸우자고 달려들 기세라는 것을 알 수 있 었습니다. 우리는 짐을 내리다 만 트럭 쪽으로 걸어갔고 저는 목 재 상태를 볼 수 있도록 하적을 계속해달라고 요청했습니다. 해 당 목재 검사관에게는 하다 만 검사를 계속 진행해서 불합격품 은 한쪽에 늘어놓고 합격품은 다른 한쪽에 적재해달라고 부탁했 습니다.

한동안 검사관을 지켜본 결과 저는 그가 검사를 너무 엄격하게 하고 있을뿐더러 규정도 잘못 알고 있음을 알게 되었습니다. 그중 에서도 백송으로 만든 목재의 경우, 그 검사관이 견목에 대한 지

식은 풍부했지만 백송 쪽으로는 유능하지도 않고 경험도 별로 없
는 것 같았습니다. 공교롭게도 백송은 저의 전문 분야였지만 제가
그 검사관이 등급을 매기는 방식에 이의를 제기했을까요? 천만의
말씀입니다. 저는 계속 지켜보기만 하다가 특정 목재가 미달이면
왜 미달인지 그 이유를 물어보았습니다. 단 한순간도 그 검사관
이 틀렸다는 내색은 내비치지 않았습니다. 제가 질문하는 이유는
순전히, 앞으로 이 회사 마음에 드는 목재를 보낼 수 있도록 알아
두기 위해서라고 누누이 밝혔습니다.

우호적이고 협조적인 태도로 질문하고 목적에 부합하지 않는
목재는 잘 골라냈다며 찬성해주자 검사관의 마음이 누그러졌고
우리 둘 사이에 맴돌던 긴장감은 눈 녹듯 사라졌습니다. 제가 조
심스럽게 눈치를 살펴가며 의견을 내놓았더니 그것이 계기가 되
어 그 검사관도 그들이 사들인 목재 중 불합격으로 판정을 내린
물량이 실은 규격품이었고 그들이 필요로 하는 목재는 그보다 비
싼 등급이었다는 생각을 하게 되었습니다. 그럼에도 저는 그 검사
관이 제가 그 점을 먼저 걸고넘어졌다고 생각하지 않도록 매우 조
심했습니다.

그러자 그의 태도도 점차 바뀌었습니다. 급기야 자신이 백송을
다룬 경험이 별로 없다는 사실을 시인하더니 트럭에서 백송이 나
올 때마다 제게 이것저것 묻기 시작했습니다. 그때마다 저는 그 목
재가 규정 등급에 드는 이유를 설명해주었지만, 그 회사의 목적에
부적합한 것이라면 굳이 사지 않아도 된다고 거듭 강조했습니다.

마침내 그는 목재에 불합격 판정을 내릴 때마다 죄책감을 느꼈다는 사실까지 털어놓고 말았습니다. 마지막에 가서는 그 검사관도 자기네가 필요한 목재의 등급을 제대로 명시하지 않았으므로 자기들 과실이라는 사실을 깨닫더군요.

그 결과 검사관은 제가 그곳을 떠난 뒤 적재 물량을 전부 검사한 다음 전량 인수했고, 우리는 대금을 전액 받을 수 있었습니다.

이 경우 하나만 보더라도, 상대방에게 당신이 틀렸다는 말을 삼가기로 한 결정과 전략 덕분에 실제로 우리 회사는 현금 150달러를 아낄 수 있었으며 무엇보다 돈으로 환산할 수 없을 만큼 소중하고 돈독한 관계를 맺을 수 있었습니다."

그나저나 내가 지금까지 한 이야기는 세상에 처음 공개된 것이 아니다. 19세기 전 예수는 "너를 고소하는 사람과 급히 화해하라"[4]라고 했다.

다시 말해 고객이나 배우자 또는 적과 논쟁하지 마라. 그들에게 당신이 틀렸다고 하지 말고 화나게 하지 마라. 외교적 수완을 조금만 발휘해보라.

예수가 태어나기 2200년 전, 이집트의 아치토에스 왕 또한 아들에게 통찰력 있는 조언을 했는데 이 조언은 요즘 세상에 절실하게 필요하다.

---

4. 마태복음 5장 25절.

"외교적 수완을 발휘하라. 그러면 너의 주장을 관철할 수 있으리라."

따라서 사람들에게 당신의 의견을 관철하기 위해 지켜야 할 두 번째 원칙은,

상대방의 견해를 존중하고 있음을 보여주어라.
"당신이 틀렸다"라는 말은 절대 입 밖에 내지 말라는 뜻이다.

How to WIN Friends and Influence People

| 3장 |

잘못했으면 잘못했다고 시인하라

나는 대뉴욕의 중심부에 살고 있다. 그럼에도 우리 집에서 엎어지면 코 닿을 거리에 원시림이 하나 있다. 봄에는 소복한 블랙베리 풀숲이 흰빛을 발산하고 다람쥐가 보금자리를 만들어 새끼를 기르고 쥐꼬리망초가 말만 하게 자라는 곳이다. 사람의 손길이 닿지 않은 이 숲은 삼림공원이라 불렸다. 모르긴 몰라도 이 숲은 콜럼버스가 아메리카 대륙을 발견했던 날의 오후와 별반 다르지 않은 모습을 간직하고 있을 것이다. 나는 보스턴 불도그인 나의 강아지, 렉스와 함께 자주 이 공원을 거닐었다. 렉스는 애교 많고 사람을 물지 않는 개였다. 공원에서 사람을 마주치는 일이 거의 없었으므로 나는 렉스에게 목줄이나 입마개를 씌우지 않았다.

어느 날 우리는 공원에서 기마경찰과 마주쳤는데, 그는 자신의 권위를 과시하고 싶어 안달이 나 있었다.

"입마개와 목줄도 착용하지 않은 개를 공원에서 제멋대로 돌아다니게 하시면 어떻게 합니까?

그가 나를 질책했다.

"그것이 위법 행위라는 걸 모르십니까?"

"물론 알고 있습니다. 하지만 우리 개는 아무에게도 해를 입히지 않으리라 생각했습니다."

"그건 선생님 **생각이고요!** 법은 선생님 **생각** 따위에는 눈곱만큼도 관심이 없습니다. 저 개가 다람쥐를 물어 죽이거나 어린아이를 물 수도 있습니다. 이번에는 봐주겠지만 다음에 저 개가 입마개와 목줄 없이 돌아다니다가 또다시 제 눈에 띄게 되면 선생님께서는 판사한테 사정하셔야 할 겁니다."

나는 그러마 하고 순순히 약속했다.

그리고 몇 번은 약속을 지켰다. 그러나 렉스도 나도 입마개를 싫어했으므로 우리는 운을 시험해보기로 했다. 한동안은 모든 것이 순조로웠으나 얼마 안 있어 우리는 뜻밖의 장애에 부딪혔다. 어느 날 오후 렉스와 함께 언덕 꼭대기까지 달리기를 했다가 거기서 갑자기 구렁말을 탄 법의 수호자와 딱 마주쳤던 것이다. 앞서 가던 렉스가 경찰관을 향해 곧장 달려갔다. 나는 꼼짝없이 걸려들고 말았다. 그럴 것 같더라니. 그래서 나는 경찰관이 입을 열 때까지 기다리지 않고 선수를 쳤다.

"이런, 범행 현장에서 딱 걸렸군요. 제가 잘못했습니다. 알리바이도, 변명거리도 없습니다. 지난주에 분명히 다시 한번 입마개를 씌우지 않고 개를 데리고 오면 벌금을 물릴 거라고 경고하셨으니까요."

"글쎄요. 이렇게 작은 개는 주변에 아무도 없으면 밖에서 마음
껏 달리도록 내버려두고 싶은 유혹이 생길 것도 같군요."

경찰관이 호의적으로 말했다.

"제 말이 그 말입니다. 하지만 위법은 위법이지요."

"그래도 이렇게 작은 개가 사람을 해치지는 않을 것 같은데요."

경찰관이 오히려 옹호하고 나섰다.

"아닙니다, 녀석이 다람쥐를 죽일지도 모르잖아요."

"글쎄요, 선생님께서 이번 일을 너무 심각하게 생각하고 계신
것 같군요. 이렇게 하면 어떨까요. 선생님께서 이 개를 제가 볼 수
없는 언덕 저편까지 달리게 하는 겁니다. 그리고 이번 일은 없던
일로 합시다."

그 경찰관도 인간이었기에 자중심을 원했던 것이다. 따라서 내
가 잘못을 시인하자 나를 용서함으로써 자신의 도량이 넓다는 것
을 보여주어야만 자신의 자존심을 충족시킬 수 있게 된 것이다.

한편 내가 나를 옹호하려고 했다고 가정해보자. 경찰관과 논쟁
을 벌여본 적이 있는 사람이라면 그 결과가 어땠을지 보지 않아도
알 수 있을 것이다.

나는 그와 논쟁을 벌이는 대신 그의 말이 전적으로 옳고 나는
전적으로 틀렸다고 인정했다. 나는 조금도 지체하지 않고 솔직하
게 열과 성을 다해 내 잘못을 인정했다. 나는 그를 두둔하고 그는
나를 두둔함으로써 상황은 원만하게 마무리되었다. 체스터필드

경이었어도, 법의 심판을 받게 하겠다며 불과 일주일 전에 나를 윽박질렀던 이 기마경찰보다 더 인자할 수는 없었을 것이다.

어떻게 해도 비난을 면치 못할 상황이라면, 상대방보다 선수를 쳐서 자기비판을 하는 것이 백배 천배 낫지 않을까? 낯선 이가 내뱉는 비난보다는 자기비판이 훨씬 견딜 만하지 않을까?

상대방이 내게 할 것 같은 말이나 하고 싶어 하는 말이나 안 하고는 못 버틸 비난의 말을 상대방이 미처 입 밖으로 꺼낼 틈도 없이 내가 먼저 하자. 상대방보다 한 술 더 떠보자. 그렇게 하면 기마경찰이 나와 렉스에게 그랬던 것처럼 관대하고 도량 넓은 태도로 당신의 실수를 눈감아 줄 공산이 크기 때문이다.

상업미술가인 퍼디낸드 E. 워런은 이 기법을 활용하여 성마르고 까다로운 그림 구매 고객에게 호의를 얻을 수 있었다.

"광고용 그림과 출판용 그림은 한 치의 오차도 없이 정확하게 그리는 것이 중요합니다" 하면서 워런 씨가 말문을 열었다.

"개중에는 자신이 의뢰한 작품부터 먼저 작업해달라고 요구하는 미술 편집자들이 있습니다. 그런 경우 사소한 실수가 있기 마련이지요. 제가 아는 미술감독이 한 명 있는데 그는 늘 트집을 못 잡아서 안달이었습니다. 기분 좋게 그의 사무실을 나온 적이 별로 없었는데, 비판 때문이 아니라 그의 공격적인 태도 때문이었습니다. 얼마 전에도 이 편집자가 의뢰한 급한 일을 맡아서 해주었는데, 그가 전화를 걸어서는 즉시 자기 사무실로 오라고 했습니다. 잘못된 부분이 있다면서요. 사무실에 도착해보니 역시나 딱 제가 예상했던 대로여서 기겁을 했습니다. 그는 벼르고 있었다는 듯 버럭 화부터 냈습니다. 열을 내면서 어째서 이 모양으로 했느냐며 저에게 따졌습니다. 그동안 갈고 닦은 자기비판 기법을 써먹을 때가 드디어 온 것입니다. 저는 이렇게 말했습니다.

'아무개 씨, 당신의 말이 사실이라면 제 잘못이니 변명의 여지가 없겠지요. 오랫동안 당신을 위해 그림을 그려왔으니 이제 알아서 할 법도 한데 이 모양이니 면목이 없습니다.'

그러자 그가 곧바로 저를 옹호하기 시작했습니다.

'그야 그렇지만, 따지고 보면 그렇게 큰 실수는 아니지요. 겨우……'

저는 그의 말문을 막았습니다.

'어떤 실수든 대가가 따르기 마련이고 실수는 일단 사람을 짜증 나게 하지요.'

이번에는 그가 저의 말문을 막으려고 했지만 저는 틈을 주지 않기로 했습니다. 정말 신 나는 시간을 보내던 중이었으니까요. 난생처음 자기비판을 해보았는데 그게 굉장히 마음에 드는 겁니다.

'제가 더 조심했어야 했는데. 저한테 일감을 많이 가져다주시니까 당연히 최고로 잘해드려야 했습니다. 따라서 이 그림은 다시 그려드리겠습니다.'

'아니에요! 그렇게까지 폐를 끼칠 생각은 없었습니다' 하고 그가 한사코 제 제안을 마다했습니다.

그러더니 제 그림을 칭찬하면서 살짝 수정만 해달라고 할 참이었고 제 사소한 실수 때문에 손해를 본 회사도 없다면서 저를 안심시켜 주었습니다. 따지고 보면 전혀 걱정할 필요가 없는 세부사항에 지나지 않는다면서요.

저의 열렬한 자기비판이 그의 투지를 앗아가 버린 것입니다. 결국 그는 저에게 점심을 권했고 헤어지기 전, 저에게 수표뿐만 아니라 다른 일거리도 주었습니다."

어떤 바보라도 자신의 실수를 덮으려고 발버둥을 칠 수 있고 실제로 바보들 대부분이 그렇게 하고 있지만, 자신의 실수를 인정하면 군계일학이 될 수 있고 훌륭한 일을 했다는 생각에 보람도 느낄 수 있다. 가령, 로버트 E. 리 장군에 대한 역사적 기록 중 가장 돋보이는 미담 가운데 하나는 그가 피켓의 게티즈버그 돌격 실패의 책임을 오로지 자신에게만 돌렸다는 이야기다.

피켓의 돌격은 서방 세계에서 단행된 공격 중 단연 가장 장엄하고 돋보이는 공격이었다. 조지 E. 피켓이라는 인물 자체도 돋보이는 인물이었다. 갈색 머리털을 어깨에 닿을 정도로 길게 기른 장발의 피켓 장군은 이탈리아 원정 때의 나폴레옹처럼 전장에서 거의 매일 열렬한 연애편지를 썼다. 헌신적인 그의 부대는 비극적인 7월의 그날 오후, 군모를 오른쪽 귀에 삐딱하게 걸쳐 쓴 피켓 장군이 말을 타고 북부연방전선을 향해 박력 있게 나아갈 때 환호했다. 병사들은 환호성을 지르며 그의 뒤를 따랐다. 군기가 펄럭이고 총검이 햇빛을 받아 번득이는 가운데 서로 앞을 다퉈가면서 사병은 사병대로, 장교는 장교대로 일사불란하게 움직였다. 참으로 용맹하고 대담하고 장엄한 광경이었다. 이를 지켜보던 북부연방군은 저도 모르게 탄성을 질렀다.

피켓 장군의 군대는 빠른 걸음으로 전진하면서 과수원과 옥수수밭을 지나고 목장을 가로지르고 협곡을 건넜다. 그러는 동안 적군의 대포는 내내 전열에 치명적인 구멍을 뚫어놓았다. 그래도 남군은 단호하게 계속 진격했다.

그때 시메터리 리지Cemetery Ridge[1]의 돌담 뒤에 잠복해 있던 북군 보병대가 돌연 나타나 돌진하던 피켓 부대를 향해 일제사격을 가했다. 언덕 꼭대기는 양 측에서 발사한 총에서 나온 화염 때문에 불꽃 도살장 내지는 활화산을 방불케 했다. 수분 내, 피켓 장군의 여단장들은 한 명을 제외하고 모두 전사했으며 5000명의 병사 중 4000명이 쓰러졌다.

최후의 항전에 나선 부대를 지휘한 루이스 A. 아미스테드 장군은 앞으로 달려나가 돌담을 뛰어넘을 때, 총검 끝에 모자를 꽂아 흔들면서 "제군들, 뜨거운 맛을 보여주자!" 하고 소리 높여 외쳤다.

아미스테드 장군의 부대는 장군의 말에 따랐다. 돌담을 뛰어넘어 적군을 총검으로 찌르고 장총의 개머리판으로 두개골을 박살낸 다음 시메터리 리지에 남군의 깃발을 꽂았다. 깃발이 펄럭인 시간은 겨우 1분 동안이었다. 그러나 짧았을지언정 그 순간은 남부연합에게 최고의 순간이었다.

---

1. 게티즈버그 남쪽에 있는 말발굽 모양의 고지.

그럼에도 비장하고 영웅적이었던 피켓 장군의 돌격은 종말의 서막을 열었다. 리 장군도 패한 상황이었다. 그는 북군을 돌파할 수가 없었다. 그 자신도 이를 잘 알고 있었다.

남부의 운명은 결정되었다.

낙담하고 충격에 휩싸인 리 장군은 사의를 표명하고 남부연합의 대통령이었던 제퍼슨 데이비스에게 '더 젊고 유능한 인물'을 임명해달라고 요청했다. 리 장군이 피켓 장군의 돌격이 처참하게 실패한 탓을 다른 누군가에게 돌릴 마음만 있었다면 핑계는 얼마든지 찾을 수 있었을 것이다. 사단장 몇몇이 실수를 저질렀으며, 보병대를 지원해주어야 할 기병대는 제때 와주지 못했다. 이것이 원인이 되어 돌격은 실패하고 말았던 것이다.

그러나 리 장군은 남을 탓하기에는 너무 고결한 인물이었다. 피켓의 패잔병들이 간신히 남군 전선으로 후퇴했을 때, 리 장군은 홀로 말을 타고 나가 병사들을 맞이하면서 엄숙하게 반성하는 모습을 보였다. 그는 "모든 것이 내 탓이다. 이 전쟁의 패자는 나밖에 없다"라고 자인했다.

역사상 패전의 잘못이 자신에게 있다고 인정할 정도로 용감하고 인격적으로 성숙했던 장군은 드물었다.

엘버트 허버드는 온 나라를 흥분의 도가니로 몰아넣은 가장 독창적인 작가 가운데 한 명이었다. 정곡을 찌르는 그의 문장은 맹비난을 불러일으키는 일이 많았다. 그러나 허버드는 인간관계에 극도로 서툴렀음에도 심심찮게 적을 친구로 둔갑시키곤 했다.

예를 들어보자. 화가 난 어떤 독자가 이러이러한 기사에는 동의할 수 없다면서 끝에 가서 허버드를 욕하는 내용의 편지를 보내면 그는 이렇게 답장을 쓰곤 했다.

생각해보니 저도 완전히 동의한다고는 못 하겠네요. 어제 쓴 글도 오늘 보면 다 제 마음에 들지는 않는답니다. 그 주제에 관한 당신의 생각을 알려주셔서 얼마나 기쁜지 모릅니다. 다음번에 혹시 근처에 오시게 되면 꼭 들러주십시오. 이 주제에 관하여 함께 끝장날 때까지 토론해봅시다. 멀리서나마 악수를 청하며.
엘버트 허버드 올림.

이렇게 나오는 사람한테 무슨 말을 할 수 있겠는가?

우리의 의견이 옳을 때는 상냥하고 재치 있게 상대방을 우리의 의견에 동조시키고, 우리의 생각이 틀렸을 때는 한시라도 빨리 열과 성을 다해 우리의 실수를 인정하자. 가슴에 손을 얹고 생각해보면 우리의 생각이 틀리는 일은 놀랄 만큼 자주 있는 일이다. 믿거나 말거나 이 방법은 놀라운 결과를 가져올 뿐만 아니라, 같은 상황에서 자신을 옹호하려고 애쓰는 것보다 훨씬 재미도 있다.

옛말 중에 그른 말 없다고 했다.

"싸움을 하면 실망스러운 결과를 얻지만 양보를 하면 기대 이상의 결과를 얻는다."

따라서 사람들에게 당신의 의견을 관철하고 싶다면 세 번째 원칙을 명심하길 권한다.

**당신의 생각이 틀렸으면 한시라도 빨리 열과 성을 다해
그것을 인정하라.**

| **4장** |

상대방의 이성에 호소하는 확실한 방법

화가 날 때 상대방에게 몇 마디 퍼붓고 나면 당신의 속은 후련해 질 것이다. 그러나 상대방은 어떨까? 그 사람도 당신처럼 후련할까? 호전적인 말투와 적대적인 태도로 과연 그 사람을 당신에게 동조시킬 수 있을까?

우드로 윌슨은 "만약 당신이 두 주먹을 불끈 쥐고 나에게 덤벼든다면 장담하건대 내 주먹은 당신의 주먹보다 두 배쯤 빠를 것입니다. 그러나 당신이 나를 찾아와 '앉아서 함께 상의해봅시다. 만일 우리의 의견이 다르다면 어째서 다른지, 쟁점은 무엇인지 알아봅시다' 하고 말한다면, 우리는 이내 서로의 의견 차이가 그렇게 크지 않으며 서로 다른 점은 거의 없고 오히려 같은 점이 많다는 것을 알게 될 것입니다. 합일점을 찾으려는 인내심과 정직성, 열망만 있다면 합일점을 찾을 수도 있을 것입니다"라고 했다.

존 D. 록펠러 2세보다 우드로 윌슨의 말이 담고 있는 진리를 더욱 깊이 깨달은 사람은 없을 것이다. 1915년 당시 록펠러는 콜로라 도에서 가장 지독한 경멸의 대상이었다. 미국 산업역사상 피비린 내가 가장 심하게 진동했던 파업 사태가 콜로라도에서 2년 동안 이나 계속되고 있었다. 성난 광부들은 콜로라도 석유 및 철강 회 사에 임금 인상을 요구했고 그 회사가 바로 록펠러의 소유였다. 회사 기물이 파손되자 군대가 동원되었다. 유혈 사태가 벌어져 파 업에 가담한 사람들이 총을 맞았으며 시신은 총탄으로 벌집이 되 었다.

증오가 들끓던 바로 그때, 록펠러는 파업에 가담한 사람들을 설득하고 싶어 했다. 그리고 그는 결국 설득하고 말았다. 어떻게 설득할 수 있었을까? 여기 그 일화를 소개하겠다.

사람들과 어울리면서 몇 주를 보낸 록펠러는 파업 광부의 대표 들 앞에서 연설했다. 이 연설은 처음부터 끝까지 버릴 것이 하나 도 없는 명연설이다. 연설은 놀랄 만한 성과를 낳았다. 록펠러를 집어삼킬 뻔했던 격심한 증오의 파도를 잠재웠을 뿐만 아니라 두 터운 지지층까지 확보해주었다. 연설이 우호적으로 사실을 전달 한 덕분에 파업 광부들은 자신들이 그토록 맹렬하게 싸워왔던 임 금 인상 건에 대해서는 일언반구도 없이 곧바로 일터로 돌아갔다.

이처럼 놀라운 연설의 서두는 다음과 같다. 시종일관 얼마나 붙 임성 있게 청중들을 대하는지 눈여겨보라.

록펠러가 연설하려고 앞에 둔 사람들은 불과 며칠 전까지만 해 도 그를 나무에 목매달아 죽이고 싶어 했던 사람들이었음을 잊지 말자. 그럼에도 록펠러의 태도는 일단의 의료 봉사단이라도 앞에 있는 것처럼 더없이 정중하고 다정했다. 그의 연설은 **'여러분의 가정을 방문하여** 가족 여러분을 이미 만나보았으므로 우리는 모르는 사이가 아니라 이미 친구 사이가 되었으며, **친구로서** 이 자리에 설 수 있게 되어 **자랑스럽습니다'**와 **'상호 간에 형성된 우호관계, 공동의 이익'**, '제가 이 자리에 설 수 있게 된 것은 오로지 여러분 덕분입니다'와 같은 명문으로 가득 차 있다.

록펠러는 "오늘은 저에게 있어 경축일이나 다름없습니다"라는 말로 연설을 시작했다.

"왜냐하면 운 좋게도 이 위대한 회사의 근로자 대표들과 임직원들을 생전 처음 모두 한자리에서 만난 날이기 때문입니다. 자신 있게 말씀드리자면, 저는 이 자리에 서게 되어 자랑스러우며 죽을 때까지 오늘의 이 만남을 잊지 못할 것입니다. 이 모임이 2주 전에 열렸더라면 저는 여러분 중 몇 분의 얼굴만 간신히 아는 이방인으로 이 자리에 서야 했을 것입니다. 지난주 남부 탄광촌을 방문하여 자리를 비운 몇몇 분을 제외하고는 실질적으로 대표분들 모두와 개별적으로 이야기를 나누고, 여러분 가정을 방문하여 여러분의 부인과 자녀를 만나본 덕분에 우리는 지금 낯선 사람이 아닌 친구로 함께 있게 되었습니다. 제가 우리의 공동 이익에 관하여 여러분과 상의할 수 있는 오늘과 같은 기회를 갖게 되어 기뻐하는 이유는 바로 상호 간에 형성된 우호 관계 때문입니다.

이번 모임은 회사의 임원들과 근로자 대표의 모임이므로 제가 이 자리에 서게 된 것은 순전히 여러분 덕분입니다. 왜냐하면 유감스럽게도 저는 임원도, 근로자 대표도 아니기 때문입니다. 그럼에도 저는 여러분과 제가 아주 친밀한 사이라고 느껴집니다. 어떤 의미에서는 제가 주주들과 이사들을 대표한다고 볼 수 있기 때문입니다."

이 연설이야말로 적을 친구로 만드는 방법의 훌륭한 본보기가 아닐까?

록펠러가 이와 다른 방침을 택했다고 가정해보자. 그가 광부들과 언쟁을 벌이고 치명적인 사실들을 면전에 대고 퍼부었다고 가정해보자. 말투와 억양으로 넌지시 광부들에게 당신들이 틀렸다고 암시했다고 가정해보자. 논리학의 모든 법칙을 총동원하여 광부들의 잘못을 입증했다고 가정해보자. 과연 어떤 일이 벌어졌을까? 광부들의 분노와 증오와 반감이 한층 더 격렬해졌을 것이다.

어떤 사람의 마음이 당신과의 불화 때문에 당신에 대한 악감정으로 가득 차 있다면 이 세상에 있는 논리란 논리를 모두 동원한다고 해도 그 사람의 동조를 얻어낼 수는 없을 것이다. 꾸짖기만 하는 부모들과 복종을 강요하는 상사들과 남편들, 그리고 끊임없이 잔소리를 늘어놓는 부인들은 사람의 마음은 쉽사리 바뀌지 않는다는 사실을 깨달아야 한다. 윽박지르거나 몰아붙인다고 해도 동조를 얻어낼 수는 없다. 그러나 우리가 그 어느 때보다도 상냥하고 다정하게 대한

다면 동의를 얻어낼 수 있을지도 모른다.

사실 링컨은 100년 전에 벌써 그런 말을 했다. 다음은 그의 말이다.

"꿀 한 방울이 쓸개즙 한 통보다 파리를 더 많이 잡는다"는 말은 만고의 진리다. 인간도 마찬가지로 누군가가 당신의 대의명분을 따르게 하고 싶다면, 먼저 당신이 그의 참된 친구라는 사실을 확신시켜라. 바로 거기에 그의 마음을 사로잡는 꿀 한 방울이 있기 때문이다. 다시 말해 그것이야말로 그의 이성에 호소할 수 있는 가장 확실한 방법이다.

경영자들도 파업에 참여한 사람들에게 우호적으로 대하는 것이 이롭다는 사실을 깨우치는 중이다. 가령, 화이트모터 사의 공장 근로자들 2500명이 임금 인상과 노조 가맹 공장을 요구하며 파업에 돌입했을 때, 사장인 로버트 F. 블랙은 화를 내면서 그들을 비난하거나 협박하지도 않았고 폭도나 공산주의자로 매도하지도 않았다. 오히려 파업에 참여한 사람들을 칭찬했다. 그는 "근로자들이 평화롭게 공구를 손에서 놓았다"라며 클리블랜드 신문을 통해 그들에게 찬사를 보냈다. 파업 시위에 쓰이는 피켓이 나뒹굴고 있는 것을 본 블랙은 근로자들에게 야구 방망이와 글러브를 여러 개 사주면서 공터에서 야구를 하도록 권유했다. 볼링을 선호하는 사람들에게는 볼링장을 빌려주었다.

블랙 측이 보여준 이러한 우호적인 태도는 어김없이 제 역할을 다했다. 상대에게서 우호적인 태도를 유도해낸 것이다. 그 결과 파업 참가자들은 빗자루, 삽, 쓰레기통을 빌려 공장 주변에 널려 있던 성냥개비, 휴지, 담배꽁초 등을 치우기 시작했다. 상상해보라! 임금 인상과 노조 인정을 위해 투쟁을 벌이던 파업 참가자들이 공장 바닥을 청소하는 진풍경을. 이러한 사건은 파란만장한 미국 노동쟁의 역사상 그 유례를 찾아볼 수 없는 일이었다. 결국 이 파업은 악감정이나 앙금 없는 타결로 마무리되었다.

신과 같은 외모에 여호와 같은 언변의 소유자였던 대니얼 웹스터는 이제까지 변론에 나선 변호사 중 승률이 가장 높은 변호사 가운데 한 명이었는데 그는 '배심원 여러분께서 심사숙고해주시길 바랍니다', '이 부분은 생각해볼 가치가 있을 것 같습니다', '여러분께서 놓치지 않으리라 믿어 의심치 않는 사실들을 제시하겠습니다', '인간의 본성에 정통하신 여러분께서는 이러한 사실들이 지니고 있는 의미를 쉽게 꿰뚫어보실 수 있을 것입니다'와 같은 다정한 말로 설득력 강한 변론의 포문을 열었다. 협박이나 강압적인 방법은 쓰지 않았고 자신의 의견을 남에게 강요하지도 않았다. 웹스터는 조용하고 차분하며 다정한 접근법을 썼고, 그 방법 덕분에 이름을 날릴 수 있었다.

우리에게 분쟁을 해결하거나 배심원을 설득할 일은 없을지 몰라도 임대료를 깎을 일은 있을 것이다. 그때 우호적인 접근법이 도움을 줄 수 있을까? 한번 살펴보자.

엔지니어인 O. L. 스트라우브는 임대료를 깎고 싶었다. 그는 집주인이 꼬장꼬장하다는 사실을 알고 있었다. 스트라우브 씨는 수강생들 앞에서 다음과 같이 발표했다.

"저는 집주인에게 임대 계약이 끝나는 대로 아파트를 비우겠다는 사실을 통보하는 편지를 보냈습니다. 사실 이사를 하고 싶은 마음은 추호도 없었습니다. 임대료만 깎아주면 그냥 살고 싶었습니다. 하지만 임대료를 깎는 것은 불가능해 보였습니다. 다른 세입자들도 임대료를 깎으려고 시도해보았지만 번번이 실패했기 때문이지요. 다들 저에게 집주인이 벽창호 같다고 했습니다. 하지만 저는 스스로 다짐했습니다. '나는 지금 인간관계에 관하여 공부하고 있으니까 그 공부 결과를 집주인에게 시도해보고 어떻게 될지 지켜보자.'

집주인은 제 편지를 받자마자 비서를 대동하고서 저를 찾아왔습니다. 저는 문을 열어주면서 찰리 슈워브 방식으로 그에게 다정한 인사말을 건넸습니다. 임대료가 비싸다는 말은 꺼내지도 않았습니다. 대신 아파트가 얼마나 마음에 드는지 모른다고 이야기를 꺼냈습니다. 정말로 '진심으로 인정해주고 아낌없이 칭찬'해주었습니다. 건물을 관리하는 방식을 칭찬하고는 1년 더 살고 싶은데 형편이 안 된다는 말을 했습니다.

집주인은 세입자로부터 그런 대우를 받아본 적이 한 번도 없었던 것이 분명해 보였습니다. 어찌할 바를 몰라 쩔쩔매고 있었으니까요.

곧이어 집주인이 뜬금없이 자신의 고충을 털어놓기 시작했습니다. 불만 많은 세입자 중에 편지를 14통이나 보낸 세입자가 있었는데 그중 몇 통에는 신랄한 욕설이 적혀 있었다고 했습니다. 집주인에게 위층 남자가 코 고는 것을 막아주지 않으면 계약을 파기하겠다고 엄포를 놓은 세입자도 있었다고 했습니다. 집주인은 '당신처럼 만족하는 세입자가 있어서 얼마나 마음이 놓이는지 모릅니다'라고 말했습니다. 그러더니 제가 부탁하지도 않았는데 임대료를 조금 깎아주겠다고 했습니다. 조금 더 깎아주었으면 하는 마음에 제가 낼 수 있는 금액을 제시했더니 그가 흔쾌히 수락해주었습니다.

나가려던 집주인이 저를 보더니 이렇게 물었습니다.

'실내장식은 어떻게 해드릴까요?'

다른 세입자들처럼 임대료를 깎으려고 했다면 저 역시 실패했을 것이 분명합니다. 제가 성공할 수 있었던 것은 다정하고 이해심 깊으면서 상대에게 공감을 표현하는 접근법 덕분이었습니다."

또 다른 사례를 살펴보자. 이번에는 여성을 예로 들어보겠다. 사교계 명사 인명록에 올라 있는 도러시 데이 부인은 롱아일랜드의 해안에 자리 잡은 가든시티에 살고 있다. 데이 부인의 이야기를 들어보자.

"최근 저는 친구 몇몇을 오찬에 초대했습니다. 저한테는 매우 중요한 자리였기 때문에 모든 것이 순조롭기를 바랐습니다. 이런 자리가 있을 때면 대개는 지배인인 에밀이 저의 유능한 조수가 되어주었습니다. 하지만 이번 오찬에서 그는 저에게 실망을 안겨주었습니다. 오찬 자리가 실패로 끝나고 말았던 것입니다. 에밀은 코빼기도 내밀지 않고 웨이터를 한 명만 보내 저희를 시중들게 했습니다. 그 웨이터는 일류 서비스가 무엇인지 전혀 모르고 있었습니다. 오찬이 끝날 때까지 주빈의 시중을 맨 마지막에 들더군요. 얼마 안 되는 셀러리 조각을 엄청나게 큰 접시에 담아 내오기도 했고요. 고기는 질기고 감자는 너무 느끼했습니다. 정말 끔찍했답니다. 저는 머리끝까지 화가 났습니다. 이러한 시련을 겪는 내내 '참을 인' 자를 새겨가며 가까스로 미소를 지었지만 속으로는 '에밀, 나타나기만 해봐라. 따끔하게 혼을 내줄 테니까' 하고 되뇌었습니다.

그 일이 있었던 것이 수요일이었습니다. 다음 날 저녁 저는 인간관계에 관한 강좌를 들었습니다. 강좌를 들으면서 에밀을 닦달해봐야 아무 소용이 없겠구나 하고 생각했습니다. 그렇게 해봤자 에밀의 얼굴만 어두워지고 원망이나 사겠지요. 앞으로 저를 도우려는 의욕마저 꺾어버릴 것입니다. 그래서 저는 그의 관점에서 상황을 살펴보았습니다. 재료를 산 사람도, 요리한 사람도 에밀이 아니었습니다. 웨이터 중에 멍청한 사람들이 있다고 해서 그것이 그의 잘못도 아니고요. 어쩌면 제가 너무 가혹하게 굴었거나, 너무 성급하게 화를 냈던 것일 수도 있습니다. 그래서 에밀을 비난하는 대신 우호적인 태도를 보여야겠다고 마음먹었습니다. 그래서 우

선 칭찬부터 해야겠다고 결심했습니다. 이러한 접근 방법의 효과
는 놀라웠습니다. 다음 날 만난 에밀은 방어 태세를 갖추고 싸울
기세였습니다. 하지만 저는 이렇게 말했습니다.

'있잖아요, 에밀, 손님을 접대할 때 에밀이 든든하게 내 뒤를 받
쳐주는 게 나한테 얼마나 중요한지 에밀이 알아주었으면 좋겠어
요. 에밀은 뉴욕 최고의 지배인이니까요. 물론 음식 재료를 산 사
람도, 요리를 한 사람도 에밀이 아니라는 사실은 나도 잘 알고 있
어요. 수요일에 벌어진 일은 에밀 탓이 아니죠.'

그러자 먹구름이 걷혔습니다. 에밀이 환하게 웃으며 이렇게 말
했습니다.

'그럼요, 부인. 원인은 주방에 있었지 제가 아니었답니다.'

저는 말을 이어나갔습니다.

'파티를 몇 번 더 열 생각인데, 에밀의 도움이 필요해요. 주방
쪽에 기회를 한 번 더 주어야 할까요?'

'물론이죠, 부인, 물론이고말고요. 다시는 그런 일 없을 겁니다.'

그다음 주에 저는 오찬을 한 번 더 열었습니다. 에밀과 함께 제
가 메뉴를 직접 짰습니다. 대신 팁은 절반만 주고 지나간 실수에
대해서는 다시는 말을 꺼내지 않았습니다.

저희 일행이 식당에 도착해보니 테이블에 아름다운 붉은 장미
24송이가 놓여 있더군요. 에밀이 내내 시중을 들어주었고요. 손
님으로 메리 여왕을 초대했다고 해도 그날의 에밀보다 더 극진하
게 시중을 들 수는 없었을 겁니다. 음식은 훌륭했고 식어 있지 않

앉어요. 서비스는 완벽했고요. 주요리^{entrée1}를 글쎄 웨이터 4명이 내오지 않겠어요? 에밀이 직접 내온 맛있는 박하사탕으로 그날의 식사는 마무리되었습니다.

식당을 나서는데 그날 주빈이었던 분이 제게 물었습니다.

'도대체 지배인을 어떻게 구워삶은 거예요? 그런 서비스도, 그만한 정성도 난생처음 보았네요.'

그녀의 말이 맞았던 셈입니다. 저는 다정한 접근 방법과 진심 어린 칭찬으로 그를 구워삶았던 것입니다."

오래전 내가 미주리 주 북서쪽에 있는 한 시골학교까지 숲 속을 통과해 통학하던 맨발의 소년이었을 때, 해님과 바람에 관한 일화를 읽은 적이 있다. 해님과 바람이 누가 더 힘이 센지를 놓고 다툼을 벌이던 중 바람이 말했다.

"내가 더 세다는 걸 보여주지. 저 아래 외투 입은 노인이 보이지? 내가 너보다 빨리 저 노인의 외투를 벗길 수 있어."

그래서 해님은 구름 뒤에 숨었고, 바람은 거의 회오리가 될 때까지 몰아쳤지만 바람이 거세지면 거세질수록 노인은 오히려 외투 깃을 더욱 단단히 여몄다.

바람은 급기야 포기를 선언했고 곧이어 구름 뒤에 숨어 있던 해님이 나와 노인에게 환한 미소를 비추었다. 그 즉시 노인은 이마

---

1. 앙트레. 생선요리 뒤 로스트 앞에 나가는 고기 요리로 메뉴 중에서 가장 주가 되는 것.

의 땀을 닦더니 외투를 벗었다. 해님은 바람에게 온화하고 다정한 것이 사납고 폭력적인 것보다 언제나 더 힘이 센 법이라고 말했다.

어린 시절 내가 이 우화를 읽고 있는 동안에도 이 우화가 내포하고 있는 진리가 입증되고 있었다. 내 생전 가볼 수 있으리라고는 꿈도 꾸지 못했던 교육과 문화의 역사적 중심지 보스턴에 있는 머나먼 마을에서 말이다. 그 주인공은 보스턴에 거주하던 의사 A. H. B 박사로 30년 뒤 그는 내 제자가 되었다. 그가 우리 강좌에서 발표한 내용은 아래와 같다.

그 당시 보스턴의 신문들은 너도나도 경쟁이라도 하듯 사이비 약품 광고를 싣고 있었다. 전문 낙태 시술자를 비롯하여 남성 질환을 치료해줄 것처럼 떠들지만 실제로는 '남성성 상실'이나 끔찍한 부작용 얘기로 겁을 줌으로써 무고한 피해자들을 다수 착취하는 사이비 의사들의 광고가 넘쳐나고 있었던 것이다. 그들의 치료방법은 피해자로 하여금 잔뜩 겁을 집어먹게 한 다음 아무짝에도 쓸모 없는 약을 사게 하는 것이었다. 낙태 시술자 때문에 죽은 여자들은 많았지만 유죄판결은 거의 없었다. 대개는 얼마 안 되는 벌금을 물거나 정계의 연줄을 통해 풀려났다.

사태가 악화일로로 치닫자 비분강개한 보스턴의 선량한 시민이 들고일어났다. 설교자들은 연단을 세차게 두드리면서 신문을 비난하고 이러한 광고가 그만 실릴 수 있게 도와 달라고 전능하신 하나님께 간절히 바랐다. 시민기구, 실업가, 여성 단체, 교회, 청년 단체들도 저주를 퍼부으며 맹렬히 비난했지만 허사였다. 이러한 수치스러운 광고를 불법화하기 위하여 주의회에서는 격전이 벌어졌지만 뇌물과 정치적 압력으로 무산되었다.

B 박사는 당시 광역 보스턴 기독교 면려회의 모범시민 위원회 위원장이었다. 위원회에서도 온갖 방법을 다 써보았지만 실패하고 말았다. 이러한 의료 사범들에 맞선 싸움은 승산이 없어 보였다.

그러던 어느 날 밤, 자정도 넘은 시각 B 박사는 보스턴의 그 누구도 생각조차 하지 못했을 것이 분명한 방법을 시도해보았다. 친절, 공감, 인정을 실천했던 것이다. 그는 발행인들로 하여금 자발적으로 그러한 광고 게재를 중단하게 하려고 했다. 〈보스턴 헤럴드The Boston Herald〉의 발행인에게는 해당 신문을 존경해 마지않는다는 내용의 편지를 보냈다. 매일 〈보스턴 헤럴드〉를 읽는 애독자로서 뉴스가 선정적이지 않고 깨끗하며 사설도 훌륭하다, 온 가족이 다 함께 읽을 만한 신문으로 손색이 없다고 썼다. B 박사는 자신이 생각하기에 〈보스턴 헤럴드〉는 뉴잉글랜드에서는 단연 최고의 신문이고 미국 전역에서도 몇 손가락 안에 드는 신문이라고 단언했다. 뒤이어 B 박사는 "그런데 제 친구한테 어린 딸아이가 있습니다. 그 친구 딸이 요전 날 밤, 전문 낙태 시술자에 대한 광고를 하나 소리 내어 읽더니 문구 가운데 몇몇 단어가 무슨 뜻이냐고 제 아빠한테 물었답니다. 친구는 아빠로서 몹시 당황스러웠습니다. 무슨 말을 해야 할지 알 수가 없었지요. 귀사의 신문은 보스턴에서도 가장 좋은 동네로 배달되고 있습니다. 제 친구네 집에서 그런 일이 벌어졌다면 다른 많은 가정에서도 그런 일이 벌어지지 말란 법이 있겠습니까? 귀하께도 어린 따님이 있는데 만일 따님이 그런 광고를 본다면 어떻게 해야 할까요? 따님이 그런 광고를 읽고 귀하께 질문한다면 어떻게 설명해주시겠습니까?

귀하의 신문과 같이 모든 면에서 완벽에 가까운, 흠 잡을 데 없는 그런 신문에 일부 아버지들로 하여금 딸이 볼까 무서워하는 내용이 실린다는 사실이 유감스럽기 그지없습니다. 수많은 다른 구독자들도 저와 마찬가지로 유감스러워하고 있지는 않을까요?"

이틀 뒤 〈보스턴 헤럴드〉의 발행인이 B 박사에게 답장을 보내 왔다. B 박사는 그 편지를 서류철에 30년 넘게 보관하고 있다가 강좌에 등록하면서 내게 주었다. 지금 그 편지가 바로 앞에 있다. 날짜는 1904년 10월 13일이다.

매사추세츠 주 보스턴

A. H. B 의학 박사님 귀하.

친애하는 귀하께,

이달 11일에 본 신문사의 편집장 앞으로 보내주신 귀하의 편지를 읽고 책임을 통감한 바, 저는 지금의 자리에 앉게 된 이후 내내 고심해오던 방침을 실행에 옮기기로 결심했습니다.

이번 월요일부터 저는 〈보스턴 헤럴드〉에서 거부감이 드는 광고는 가능한 한 모두 몰아내자고 제안할 것입니다. 진료 카드, 질 세정기 등 이와 유사한 광고는 완전히 '말살'될 것이며 요즘과 같은 때에 외면할 수만은 없는 그 밖의 의약품 광고는 철저한 편집을 통해 불쾌감을 없앨 것입니다.

크나큰 도움을 주신 사려 깊은 편지에 다시 한번 감사드리며 이만 줄입니다.

발행인 W. E. 해스컬 드림.

이솝은 크로이소스 왕의 궁에 살았던 그리스 노예였으며 기원전 600년에 불멸의 우화를 여러 편 남겼다. 그가 인간의 본성에 관하여 일깨워준 진리는 25세기 전 아테네에서나 요즘의 보스턴이나 버밍엄에서도 전혀 그 빛이 바래지 않았다. 해님은 바람보다 더 빨리 당신의 외투를 벗길 수 있다. 상냥하고 우호적인 접근법과 칭찬은 이 세상의 모든 강풍과 회오리바람보다 더욱 손쉽게 사람의 마음을 바꿔놓을 수 있다.

링컨이 남긴 말을 잊지 말자. "꿀 한 방울이 쓸개즙 한 통보다 파리를 더 많이 잡는다."

사람들에게 당신의 의견을 관철하고 싶다면 네 번째 원칙을 명심하라.

우호적인 태도를 보여라.

How
to WIN
Friends
and
Influence
People

| 5장 |

소크라테스의 비결

대화할 때는 견해가 다른 사안을 먼저 꺼내지 마라. 두 사람의 의견이 일치하는 부분으로 대화를 시작한 다음 시종일관 이를 강조하라. 가능하다면 양쪽 모두 같은 목적을 겨냥하고 있으며 유일한 차이점은 목표가 아니라 수단일 뿐임을 강조하라.

상대에게서 초반부터 "네"라는 긍정적인 대답을 이끌어내라. 되도록 상대방이 "아니오"라는 말을 하지 않게끔 하라.

오버스트리트 교수는 그의 책 《인간행동에 영향을 주는 법》에서 "아니오"라는 반응은 가장 극복하기 어려운 장애물이라고 했다. 일단 "아니오"라고 말해버리면 자존심 때문에라도 끝까지 그 입장을 고수할 수밖에 없게 된다. 나중에 가서 "아니오"라는 대답이 경솔했다는 생각이 들더라도 자존심이 떡하니 버티고 있을 것이다! 일단 입 밖으로 내뱉은 말은 왠지 고집해야 할 것 같은 생각이 든다. 따라서 상대방을 처음부터 긍정적인 방향으로 유도하는 것이 무엇보다도 중요하다.

노련한 연설가는 시작부터 "네"라는 반응을 수차례 이끌어낸다. 그로써 청중의 심리를 긍정적인 방향으로 유도할 수 있기 때문이다. 이는 당구공의 움직임과 비슷하다. 당구공을 어떤 방향으로 보내보라. 일단 친 공의 방향을 바꾸려면 힘이 필요하며, 아예 반대 방향으로 되돌려 보내려면 더 큰 힘이 필요하다.

이때의 심리 작용도 꽤 명확하다. 어떤 사람이 진심으로 "아니오"라는 말을 할 때, 음절은 얼마 안 되지만 그 단어는 많은 것을 내포하고 있다. 분비샘, 신경, 근육 등 온몸이 합세하여 거부 상태에 돌입한다. 대개는 미세하지만 때때로 눈에 띨 정도의 신체적 거부반응이나 폐쇄성이 나타나기도 한다. 즉 온몸의 신경과 근육이 수용하지 못하게 하려고 경계심을 늦추지 않게 된다. 반대로 어떤 사람이 "네"라고 말하면 폐쇄 작용이 전혀 일어나지 않는다. 온몸이 적극적이고 수용적이며 개방적인 태도를 보이게 된다. 따라서 시작부터 "네"라는 대답을 많이 이끌어낼수록 우리의 궁극적인 제안으로 주의를 환기시킬 수 있는 가능성이 높아진다.

이 "네" 반응 유도하기는 아주 단순한 기법이다. 그럼에도 사람들은 이 단순한 기법을 얼마나 등한시하고 있는가! 시작부터 상대방에게 적대감을 불러일으켜서 자신의 자중심을 충족시키려는 사람을 심심찮게 볼 수 있다. 급진주의자들은 보수주의자들과 회담이라도 할라치면 그들의 화를 돋워야 직성이 풀리는 모양이다! 사실 그래봐야 무슨 소용이 있겠는가? 급진주의자들이 거기서 조금이라도 즐거움을 느낀다면야 그나마 용서가 되겠지만 소기의 목적을 달성하고 싶은데도 그렇게 나오는 거라면 그 사람은 그저 심리학적으로 멍청이일 뿐이다.

학생이나 고객, 자녀나 남편 또는 아내에게서 초장부터 "아니오"라는 대답을 들었다고 치자. 그 거센 부정을 긍정으로 바꾸는 데는 초인적인 지혜와 인내가 필요하다.

이 '네, 네' 기법을 활용하여 뉴욕 시에 있는 그리니치 저축은행의 창구 직원인 제임스 이버슨은 하마터면 놓칠 뻔했던 고객 한 명을 확보할 수 있었다.

이버슨의 이야기를 들어보자.

"어떤 분이 계좌를 개설하러 오셨기에 저는 늘 사용하는 양식을 드리면서 작성해달라고 했습니다. 그분은 몇 가지 문항에는 흔쾌히 답하셨지만 완강하게 답을 거부한 문항들이 있었습니다.

인간관계를 공부하기 전 같았으면 특정 정보를 은행에 제공하지 않으면 은행도 계좌를 개설해드릴 수 없다고, 이 예비 고객께 말씀드렸을 것입니다. 낯부끄럽게도 과거에는 실제로 그렇게 했습니다. 당연히 그렇게 최후통첩을 하고 나면 기분은 좋았습니다. 저의 권위도 내세우고 은연중에 은행의 규약을 우습게 보지 말라는 경고도 건넨 셈이니까요. 하지만 그런 태도는 저희 은행을 이용하겠다고 자발적으로 오신 분께 환영받고 대접받는다는 느낌이 들게 하지 못했을 것입니다.

그날 아침에는 요령을 조금 부려보기로 마음을 먹었습니다. 은행 방침이 아니라 고객이 원하는 바에 관해서만 이야기하기로 한 것입니다. 무엇보다 그분께 시작부터 '네, 네'라는 답을 얻어내고야 말겠다고 결심했습니다.

그래서 저는 그분이 하는 말에 동의해주었습니다. 저는 그분이 제공하고 싶지 않은 정보가 반드시 필요한 정보는 아니라고 말씀 드렸습니다.

그런 다음 이런 말을 덧붙였습니다.

'하지만 혹시라도 손님께서 저희 은행에 돈이 남아 있는 상태에서 돌아가시기라도 한다면 법이 정한 가장 가까운 친족한테 그 돈을 물려주고 싶지 않을까요?'

'물론이지요.'

저는 계속 말을 이어나갔습니다.

'혹시 손님이 돌아가시면 저희가 어떤 착오나 지체 없이 손님의 유언을 실행할 수 있도록 가장 가까운 친족의 이름을 저희 쪽에 알려주시는 게 여러모로 이롭지 않을까요?

'그렇겠네요.'

정보를 요구한 이유가 은행을 위한 것이 아니라 본인을 위한 것이라는 사실을 깨닫자 그 젊은이의 태도는 누그러졌습니다. 은행을 나서기 전, 이 젊은이는 저에게 자신의 신상정보를 모두 제공했을 뿐만 아니라 제 권유로 어머니를 수익자로 지정한 신탁 계좌도 열었습니다. 자신의 어머니에 관한 신상정보 또한 기꺼이 제공했고요.

시작부터 '네'라는 대답을 유도했더니 그는 갈등을 빚던 문제를 잊고 저의 제안을 모두 흔쾌히 받아들이더군요."

웨스팅하우스의 영업사원인 조지프 앨리슨이 들려준 이야기는 다음과 같다.

"제가 담당한 구역에 어떤 남자가 있었는데 그 남자는 우리 회사 최고의 영업 대상이었습니다. 제 전임자는 10년 동안 그 남자에게 공들였지만 결국 아무것도 팔지 못했습니다. 후임인 저도 3년 동안 방문했지만 실적을 한 건도 올리지 못하고 있었습니다. 그러다가 13년 동안의 방문과 판매 권유 끝에 마침내 우리는 모터 몇 개를 그에게 팔게 되었습니다. 이번 주문만 제대로 처리한다면 몇백 개의 추가 주문이 예상되는 상황이었습니다. 적어도 제 예상은 그랬습니다.

저는 만사가 순조로울 줄 알았습니다. 그래서 3주 후 전화를 걸 때 저는 한껏 들떠 있었습니다.

하지만 저의 들뜬 기분은 그리 오래가지 못했습니다. 수석 엔지니어가 '앨리슨 씨, 나머지 모터는 그쪽에서 사지 않기로 했소' 하고 대뜸 충격적인 소식부터 전했기 때문입니다.

'왜죠? 대체 이유가 뭔가요?'

저는 깜짝 놀라 물었습니다.

'그쪽 모터는 너무 과열이 잘 돼요. 손도 못 댈 정도로.'

저는 논쟁해봐야 아무 소용이 없으리라는 것을 잘 알고 있었습니다. 하루이틀 해본 게 아니었거든요. 그래서 '네, 네' 대답을 유도하는 작전을 써보기로 했습니다.

'그렇군요, 스미스 씨. 저도 100퍼센트 동감합니다. 과열되는 모터를 사실 순 없는 노릇이지요. 전국 전기공업협회가 정한 표준보다 과열되지 않는 모터를 사셔야 하지 않겠어요?'

그는 그렇다고 대답했습니다. 첫 번째 '네'를 얻어낸 셈이지요.

'전기공업협회 규정에 따르면 규격 모터는 실내온도보다 화씨 72도 높을 수 있다고 합니다. 그렇지요?'

'그렇소.'

그가 동의했습니다.

'맞는 말이지만 당신네 모터는 뜨거워도 너무 뜨거워요.'

저는 그에게 반박하는 대신 질문을 했습니다.

'공장 내부 온도가 얼마나 되지요?'

'화씨 75도쯤 될 거요.'

'공장 실내가 화씨 75도라면 거기에 72도를 더하면 화씨 147도가 되겠군요. 화씨 147도[1]의 뜨거운 물이 나오는 수도꼭지에 손을 대고 있으면 손을 데지 않을까요?'

이번에도 그가 '네'라고 답했습니다.

'그렇다면 그렇게 뜨거운 모터에는 손을 대지 않는 게 상책이 아닐까요?'

'듣고 보니 그렇군요.'

---

1. 섭씨로는 약 64도 정도이다.

그가 인정했습니다. 우리는 한참 이런저런 이야기를 나누었습니다. 잠시 후 그가 비서를 부르더니 다음 달에 약 3만 5000달러에 달하는 상품을 주문하라고 지시했습니다.

영업하면서 수년의 세월과 수천 달러의 돈을 날리고 나서야 저는 논쟁이 이로울 것 없다는 사실과 만사를 상대방의 관점에서 보고 나서 그 사람에게서 '네, 네'라는 대답을 유도하는 것이 훨씬 유익하고 흥미롭다는 사실을 깨우치게 되었습니다."

'아테네의 잔소리꾼' 소크라테스는 맨발로 다녔고, 대머리에 나이도 마흔이나 되면서 19세 소녀와 결혼했지만 그럼에도 훌륭한 노인이었다. 그는 역사를 통틀어 소수만 할 수 있었던 일을 해냈다. 그 일이란 바로 인간의 사고방식을 송두리째 바꿔놓은 것이다. 사망한 지[2] 23세기나 흐른 오늘날에도 그는 논쟁이 끊이지 않는 이 세상에 막대한 영향을 끼친 가장 현명한 설득의 달인 가운데 한 사람으로 추앙받고 있다.

그의 비결은 무엇이었을까? 사람들에게 당신이 틀렸다고 말했을까? 천만의 말씀, 소크라테스는 그러지 않았다. 그는 그런 말을 하기에는 너무 노련한 사람이었다. '소크라테스 문답법'이라 불리는 그의 대화법은 "네, 네"라는 대답을 유도하는 데 바탕을 두고 있다. 그는 상대가 동의할 만한 질문들을 했다. 그렇게 하나하나

---

2. 소크라테스의 생몰연도는 BC 459?~BC 399이다.

상대의 동의를 구하다 보면 나중에는 '네'의 향연이 되었다. 그는 상대가 몇 분 전만 하더라도 격하게 반발했을 결론을 부지불식간에 수용하게 될 때까지 계속 질문했다.

다음에 또 누군가에게 당신이 틀렸다는 말로 잘난 체를 하려거든 그 옛날 소크라테스를 떠올리고 "네, 네"라는 응답을 받아낼 수 있는 가벼운 질문을 던져보자.

중국에는 동양의 오랜 지혜가 담긴 속담이 하나 있다.

"사뿐히 걷는 사람이 멀리 간다."

중국인들은 무려 5000년 동안이나 인간의 본성을 연구했으며, 그 과정에서 중국인들 또한 문명화되었고 그 결과 많은 지혜를 축적할 수 있었다.

"사뿐히 걷는 사람이 멀리 간다."

따라서 사람들에게 당신의 의견을 관철하기 위해 지켜야 할 다섯 번째 원칙은,

상대로 하여금 즉시 "네, 네"라고 대답하게 하라.

| 6장 |

불만을 처리할 때 쓸 수 있는 안전밸브

사람들은 대개 상대방에게 자신의 의견을 관철하고 싶을 때 자기 혼자 떠들고 만다. 특히 판매원들이 큰 손실을 초래하는 이러한 실수를 자주 저지른다. 그보다는 상대방이 입을 열게 하라. 상대방의 일이고 상대방의 문제이니만큼 당신보다는 상대방이 더 잘 안다. 상대방에게 이런저런 질문을 하라. 그리고 그들이 당신에게 몇 마디라도 말을 하게 하라.

그들과 의견이 다를 경우 중간에 말을 자르고 싶을 것이다. 그러나 그래서는 안 된다. 매우 위험한 일이다. 아직도 머릿속에 있는 말을 못다 한 상황에서 당신이 하는 말에 귀를 기울일 리가 없다. 그러니 인내를 가지고 열린 마음으로 끝까지 들어주어라. 진지한 태도로 임하라. 상대방이 생각을 충분히 표출하도록 격려해주어라.

이러한 방법이 과연 비즈니스에 이로울까? 한번 살펴보도록 하

자. 여기 **어쩔 수 없이** 이 방법을 쓸 수밖에 없었던 한 남자의 사연을 소개하겠다.

몇 년 전, 미국 최대의 자동차 제조 회사 중 한 업체가 1년 치 자동차 시트용 직물을 주문하기 위해 협상을 벌이고 있었다. 세 군데의 주요 직물 업체가 모형 시트에 견본 직물을 씌워서 가지고 왔다. 이 견본은 모두 자동차 회사 중역들의 검사를 받았고 각 업체의 대표에게는 특정일에 계약을 따기 위한 최종 홍보 기회를 줄 것이라는 통지서가 발송되었다.

한 업체의 대표인 G. B. R.은 심각한 후두염을 앓는 상태로 시내에 도착했다. R씨는 우리 강좌에서 자신의 사연을 들려주었다.

"회의에서 제 차례가 되어 중역들을 만나야 하는데 목소리가 나오질 않았습니다. 쉰 목소리조차 나오질 않더군요. 어떤 방으로 안내되어 들어가 보니 섬유 엔지니어, 구매 담당자, 영업 이사진, 사장이 제 앞에 있었습니다. 저는 일어서서 젖 먹던 힘까지 동원해 말하려고 했지만 목소리가 잘 나오지 않았습니다.

다들 원탁 주변에 빙 둘러앉아 있기에 저는 메모장에 '여러분, 목소리가 안 나와 말씀을 드릴 수가 없습니다'라고 썼습니다. 그때 사장이 '내가 당신 대신 말해드리지요' 하더니 제가 가져온 견본을 보이면서 장점을 부각해주었습니다. 제 상품의 장점을 두고 활발한 토론이 벌어졌습니다. 토론 중에도 사장이 저의 입이 되어 제 견해를 대변해주었습니다. 제가 한 일이라고는 미소를 짓고 고개를 끄덕이고 몸짓 몇 번 한 것이 다였습니다.

이 기발한 회의 결과 저는 수주할 수 있었습니다. 총액 160만 달러에 달하는 직물 50만 야드[1] 이상을 납품하게 된 것입니다. 이는 지금까지 제가 받은 주문 중 가장 규모가 컸습니다.

목소리가 쉬지 않았더라면 아마 저는 그 계약 건을 놓쳤을 것입니다. 왜냐하면 주문 전체를 잘못 이해하고 있었기 때문이지요. 순전히 우연이지만 저는 다른 사람으로 하여금 말을 하게 하면 때로는 훨씬 이롭다는 것을 알게 되었습니다."

필라델피아 전기 회사의 조지프 S. 웹 또한 똑같은 진리를 발견했다. 웹 씨는 펜실베이니아에 있는 부유한 독일 출신 농부들이 사는 시골 지역에서 시찰을 돌던 중이었다.

현지 영업 담당자들과 함께 관리가 잘된 어느 농가를 지나가던 중 그는 "이 사람들은 어째서 전기를 사용하지 않는 겁니까?" 하고 물었다.

현지 영업 담당자가 넌더리를 내며 "노랑이들이라서 그렇습니다. 저 사람들한테는 아무것도 못 팔아요. 게다가 우리 회사를 아니꼽게 보고 있습니다. 저도 노력해보았는데 허사였습니다" 하고 대답했다.

그 사람의 말이 사실일 수도 있었지만 웹 씨는 어쨌든 시도는 해보아야겠다고 마음을 먹고 그 농가의 문을 두드렸다. 문이 빼꼼히 열리더니 나이 많은 드러켄브로드 부인이 얼굴을 내밀었다.

---

1. 457.2킬로미터.

웹 씨의 이야기를 들어보자.

"부인은 회사 사람들을 보자마자 우리 면전에서 문을 꽝하고 닫아버렸습니다. 제가 몇 번이고 문을 두드리자 부인이 다시 문을 열어주었는데 이번에는 그간 우리 회사와 직원들에 관하여 속에 담아두었던 말을 토해냈습니다.

'드러켄브로드 부인, 폐를 끼쳤다면 죄송합니다. 그러나 이번에 저희가 방문한 이유는 전기를 팔려는 것이 아니라 달걀을 사기 위해서입니다.'

부인이 문을 좀 더 열더니 우리에게 의심스러운 눈초리를 보냈습니다.

'지나가다 보니까 훌륭한 도미니크 품종이 보여서 신선한 달걀 한 다스만 살까 합니다.'

그러자 문이 더욱더 크게 열렸습니다.

'우리 집 닭이 도미니크 종인 걸 어떻게 알았수?'

부인이 호기심을 드러내며 물었습니다.

'저도 닭을 키우지만, 정말이지 이보다 더 훌륭한 도미니크 품종은 보질 못했습니다.'

'그러면 댁네 달걀을 먹지 그래요?'

부인이 여전히 의심스럽다는 표정으로 따지듯 물었습니다.

'저희 집 레그혼 품종은 흰색 달걀을 낳거든요. 부인께서도 직접 요리를 하실 테니까 케이크를 만들 때는 흰 달걀이 갈색 달걀하고는 비교도 안 된다는 사실을 아실 겁니다. 게다가 저희 집사

람은 본인이 만든 케이크에 자부심이 대단해서요.'

이때쯤 드러켄브로드 부인은 큰마음을 먹고 현관까지 나와 있었는데 아까보다 기분이 훨씬 좋아져 있었습니다. 한편 농장을 바삐 훑어보던 제 눈에 상태가 양호해 보이는 낙농장이 들어왔습니다.

'드러켄브로드 부인, 솔직히 말씀드리겠습니다. 부인의 암탉 정도면 바깥어른께서 낙농으로 버시는 돈보다 훨씬 많은 돈을 벌 수 있습니다.'

빙고! 제가 말을 제대로 꺼낸 것입니다. 부인이 흥미를 보였습니다. 부인은 저한테 그 얘기를 하고 싶어 죽을 지경이었지만 슬프게도 늙은 영감한테 그 사실을 시인하게 할 수가 없었던 것입니다.

부인은 우리 일행을 자신의 닭장으로 데리고 갔고, 닭장을 둘러보던 우리는 곳곳에서 부인이 직접 설치한 기묘한 기계장치를 볼 수 있었습니다. 저는 '진심으로 인정해주고 칭찬을 아끼지 않았습니다.' 또한 특정 사료와 온도를 추천한 다음 몇 가지 사항에 관하여 부인에게 조언을 구했습니다. 얼마 안 가 우리는 각자의 경험을 주거니 받거니 하면서 즐거운 시간을 보냈습니다.

부인은 이웃 중에 닭장에 전등을 달았더니 달걀을 더 잘 낳았다고 주장하는 이웃이 있다고 했습니다. 자신도 전등을 달면 그 효과를 톡톡히 볼 수 있겠느냐며 솔직하게 말해달라고 했습니다.

2주 후, 드러켄브로드 부인의 도미니크 품종 암탉들은 환하게 빛나는 포근한 전깃불 아래에서 꼬꼬댁거리며 즐겁게 흙을 헤집고 있었습니다. 저는 수주할 수 있었고 부인은 달걀을 더 많이 얼게 되었으니 누이 좋고 매부 좋은 일이 아니겠습니까.

이 이야기의 요점은, 제가 먼저 부인을 구슬려서 자발적으로 대화하게끔 유도하지 못했더라면 펜실베이니아의 독일인 농부의 아내에게 절대로 전기를 팔지 못했을 것이라는 사실입니다!

그런 사람들한테는 아무것도 팔 수 없습니다. 스스로 사게끔 해야 합니다."

〈뉴욕 헤럴드 트리뷴New York Herald Tribune〉지의 경제란에 비범한 능력과 경력을 갖춘 인재를 구한다는 광고가 대문짝만 하게 실렸다. 찰스 T. 쿠벨리스는 그 광고를 보고 사서함에 답신을 보냈다. 며칠 뒤, 그는 전화를 걸어 면접 날짜를 잡으라는 통지를 받았다. 전화를 걸기 전에 그는 월스트리트를 돌아다니며 그 회사를 창립한 사람에 관하여 가능한 한 많은 것을 알아냈다. 면접 도중 그는 이런 말을 했다.

"귀사와 같은 역사를 가진 조직의 일원이 된다면 무한한 영광일 것입니다. 사장님께서는 28년 전 책상 한 대와 속기사 한 명만으로 창업을 하셨다고 들었습니다. 정말인가요"

성공한 사람들은 하나같이 다들 초창기에 겪었던 어려움을 회상하는 것을 좋아한다. 이 사장도 예외가 아니었다. 그는 현금 450달러와 독창적인 아이디어 하나만 믿고 사업을 시작하게 된 과정을 오랫동안 이야기했다. 하루 12시간에서 16시간씩 일요일과 공휴일도 없이 일하면서 좌절을 이겨내고 조롱과 맞선 이야기며, 결국 악조건을 모두 극복하여 이제는 월스트리트의 내로라하는 중역들이 정보를 구하고 자문하러 찾아오는 위치에 서게 되었다는 이야기를 들려주었다. 그는 그러한 내력을 자랑스럽게 여기고 있었다. 그에게는 그럴 권리가 있었으며, 그 이야기를 하는 동안 그 자신도 신이 나 있었다. 마침내 그가 쿠벨리스 씨에게 경력을 간단히 묻고는 부사장 중 한 명을 불러 "이 사람이 우리가 찾던 사람인 것 같소" 하고 말했다.

쿠벨리스 씨는 발품을 팔아 앞으로 자신의 고용주가 될 가능성이 있는 사람의 업적에 관한 정보를 수집했다. 그는 상대방과 상대방의 문제에 관심을 보였다. 상대가 대화 대부분을 하도록 유도함으로써 우호적인 인상을 남길 수 있었던 것이다.

사실 친구들조차 우리의 자랑을 들어주기보다 자신의 업적을 내세우려는 경향이 있다. 프랑스의 철학자 라로슈푸코는 "적을 만들고 싶으면 친구보다 앞서고, 친구를 만들고 싶으면 친구가 당신을 앞서게 해주어라"라고 말한 바 있다.

이 말이 어째서 진리일까? 친구들이 우리를 능가하게 되면 그 친구들은 자중심을 느끼게 된다. 하지만 우리가 친구들을 능가하게 되면, 친구들에게 열등감을 안겨주고 시기심과 질투를 불러일으키기 때문이다.

독일에는 "Die reinste Freude ist die Schadenfreude"라는 속담이 있다. 번역하면 "가장 순수한 기쁨은 우리가 부러워하던 자들이 불행을 겪는 모습을 볼 때 느끼는 기쁨이다" 정도 되겠다. 다른 말로 표현하면 "우리는 남이 힘들어하는 모습에서 가장 순수한 기쁨을 취한다"는 뜻이다.

그렇다, 우리의 친구 중에는 우리가 기뻐할 때보다 힘들어할 때 더 즐거워하는 자들이 분명 있다.

따라서 내세울 일이 있으면 최대한 자제하고 겸손하게 굴도록 하자. 그러면 언제나 이익을 볼 수 있다. 어바인 코브는 이러한 처세술에 능했다. 한 변호사가 증언대에 오른 코브에게 이렇게 물었다.

"코브 씨, 당신은 미국에서 가장 유명한 작가 가운데 한 분이라고 들었습니다. 맞습니까?"

그러자 코브는 이렇게 대답했다.

"분에 넘치게 운이 좋았을 뿐입니다."

여러분이나 나나 하찮은 존재에 불과하므로 우리는 겸손해야 한다. 우리는 모두 언젠가 죽을 운명이고 100년 후면 완전히 잊힐 것이다. 우리가 이룩한 하찮은 업적들을 떠벌림으로써 남을 지루하게 하기에는 우리의 인생은 너무 짧다. 상대가 말문을 열게 하자. 생각해보면 어쨌거나 내세울 것도 별로 없지 않은가. 당신이 바보가 되지 않도록 막아주고 있는 것이 무엇인지 아는가? 그다지 대단할 것 없다. 그것은 바로 갑상샘에 있는 5센트어치 요오드이다. 의사가 당신의 목에서 갑상샘을 열어 요오드를 조금만 빼내면 당신은 바보가 된다. 당신과 정신병원 사이를 가로막아주고 있는 것은 모퉁이 약국에서 5센트면 살 수 있는 소량의 요오

드이다. 5센트어치 요오드라니! 알고 보면 별로 자랑할 것도 없
지 않은가?

따라서 사람들에게 당신의 의견을 관철하기 위해 지켜야 할 여
섯 번째 원칙은,

상대방이 이야기보따리를 풀어놓게 하라.

How to **WIN** Friends and Influence People

| 7장 |

협력을 얻어내는 방법

다 차려 놓은 아이디어 밥상보다는 혼자 힘으로 발견한 아이디어가 더욱 신뢰할 만하다고 여기고 있지 않은가? 그렇다면 당신의 의견을 다른 사람들에게 강요하려는 발상 자체가 잘못된 것은 아닐까? 제안한 다음 상대방이 심사숙고 끝에 결론을 내리도록 하는 것이 훨씬 현명한 처사가 아닐까?

예를 들어보자. 필라델피아에 사는 아돌프 셀츠는 우리 강좌를 듣는 수강생인데 어느 날 갑자기 사기도 떨어지고 질서도 흐트러진 영업사원들에게 열정을 불어넣어야 할 처지에 놓이게 되었다. 영업회의를 소집하면서 셀츠는 직원들에게 원하는 바가 정확히 무엇인지 알려달라고 요청했다. 셀츠는 직원들의 의견을 칠판에 적은 다음 이렇게 말했다.

"저는 여러분이 저한테서 원하는 이 모든 사항을 지킬 것입니다. 이번에는 제가 여러분에게 요구할 권리가 있는 자질들에 대해서 말씀해주세요."

충성심, 정직, 솔선수범, 낙관주의, 팀워크, 하루 8시간 동안의 근무시간에 집중하기 등 곳곳에서 답변이 속속 날아들었다. 회의가 끝날 때쯤에는 모두 새로운 용기와 희망에 부풀어 있었다. 셀츠 씨는 나한테 영업 실적이 현저히 좋아졌다고 말해주었다.

셀츠 씨의 말을 들어보자.

"직원들은 저와 일종의 정신적 거래를 한 셈입니다. 제가 약속을 지키니까 직원들도 약속을 굳게 지켰습니다. 직원들과 그들의 희망 사항과 요구 사항을 상의한 것이 원기 회복제 역할을 톡톡히 해냈습니다."

자신이 강매를 당하고 있다거나 명령을 받고 있다는 느낌을 좋아하는 사람은 아무도 없다. 우리는 자발적으로 물건을 사고, 자기 생각에 따라 움직인다는 느낌을 훨씬 더 좋아한다. 우리는 누군가 우리의 희망 사항, 요구 사항, 의견에 관해 물어주면 좋아한다.

유진 웨슨의 경우를 살펴보자. 그는 수천 달러에 달하는 스케치 주문을 놓치고 나서야 이러한 진리를 깨우쳤다. 웨슨 씨는 스타일리스트와 방직 업자를 위해 디자인을 해주는 작업실에 스케치를 팔았다. 웨슨 씨는 3년 동안 매주 일주일에 한 번씩 뉴욕에 있는 유명한 스타일리스트 가운데 한 명을 방문했다. 웨슨 씨가 들려준 이야기는 다음과 같다.

"제 방문을 거절한 적은 없었지만 그는 제 스케치를 단 한 점도 사주지 않았습니다. 항상 제 스케치를 자세히 살펴본 다음 '안 되겠네, 웨슨, 오늘도 안 되겠는걸' 하고 말했습니다."

150번의 거절 끝에 웨슨은 자신이 너무 틀에 박힌 생각을 하고 있다는 사실을 깨닫고, 일주일에 하루저녁은 인간의 행동에 영향을 미치는 방법에 관한 공부에 할애하여 새로운 아이디어도 얻고 의욕도 창출하기로 결심했다.

그는 이 새로운 접근 방식을 써보기로 마음먹고 미완성 스케치를 챙겨 부리나케 고객의 사무실로 갔다.

"작은 부탁을 하나 드려도 될까요? 여기 미완성 스케치가 있습니다. 이 스케치를 당신이 사용할 수 있도록 완성하려면 어떻게 하는 것이 좋을지 알려주시겠습니까?"

그 고객은 한동안 아무 말 없이 스케치를 보기만 했다. 마침내 그는 "며칠만 나한테 맡겨 놓게, 웨슨. 그리고 나중에 다시 찾아오게나" 하고 말했다.

3일 후에 고객을 다시 찾은 웨슨은 그의 제안을 듣고 스케치를 작업실로 다시 가지고 간 다음 고객의 아이디어를 반영하여 완성했다. 결과는 어땠을까? 물론 전부 팔렸다.

그것이 9개월 전의 일이었다. 그 후 이 고객은 스케치를 수십 장 주문했는데 모두 그의 아이디어가 반영된 것이었다.

웨슨은 이렇게 말했다.

"저는 몇 년 동안 그에게 한 점도 팔지 못한 이유를 깨달았습니다. 지금까지는, 제가 생각하기에 그에게 필요한 것을 사라고 권했기 때문입니다. 이제는 전과 정반대로 합니다. 그에게 아이디어를 달라고 요청하는 것이죠. 이로써 그는 이제 자신이 디자인하고 있다고 느끼고 있습니다. 실제로도 그렇고요. 이제는 사달라고 하지 않아도 그가 먼저 제 스케치를 사겠다고 합니다."

시어도어 루스벨트는 뉴욕 주지사 재임 당시 놀라운 위업을 달성했다. 당수들과 우호적인 관계를 유지하면서도 그들이 격렬히 반대하던 개혁안들을 통과시켰던 것이다.

여기 그의 비결을 소개하겠다.

요직이 비게 되자 그는 당수들을 불러 천거를 부탁했다. 루스벨트 대통령의 말을 들어보자.

"우선 그네들은 '손볼 데가 좀 있는' 맹목적인 당원을 추천할 겁니다. 그러면 나는 국민이 인정하지 않을 것이므로 그런 사람을 등용하는 것은 바람직하지 못한 정치적 판단이 될 거라고 말하겠지요. 그러면 또 그쪽에서는 또 다른 맹목적인 당원의 이름을 들이댈 겁니다. 딱히 반대할 이유는 없지만 그렇다고 썩 마음에 드는 것도 아니면서 정치 생명력 하나는 끝내주는 공무원이겠지요. 나는 이 사람은 국민의 기대에 미치지 못할 터이니 좀 더 확실한 적임자를 찾아달라고 부탁하게 될 것입니다.

세 번째 인물은 그런대로 쓸 만은 하지만 마음에 쏙 들지는 않는 인물일 것입니다. 그러면 나는 고맙지만 좀 더 분발해달라고 할 것이고, 네 번째 추천받은 인물은 그럭저럭 괜찮은 인물일 테지요. 마침내 그들은 제가 직접 등용했을 법한 인물을 지명할 것입니다. 나는 감사의 뜻을 표한 다음 이 인물을 임명할 것이고, **이 번 임명 건의 공은 그녀들에게 돌릴 것입니다……**. 그런 다음 내가 이렇게 당신들을 기쁘게 해주었으니 다음엔 당신들이 나를 기쁘 게 해주어야 한다고 말할 것입니다."

그들은 정말 그렇게 했다. 공무원법과 면허세법과 같이 급진적 인 개혁안을 적극 지지해주었던 것이다.

루스벨트 대통령이 상대방과 상의한 다음 그의 조언을 존경한다 는 것을 보여주기 위해 온 힘을 다했다는 사실을 명심하라. 루스벨 트 대통령은 요직에 누군가를 임명할 때 당수들로 하여금 그들이 직 접 후보를 선발했다고 느끼고 그것이 그들의 아이디어였다고 생각하 게끔 했다.

롱아일랜드에 거주하는 한 자동차 중개업자는 이와 똑같은 방 법으로 어느 스코틀랜드인과 그의 부인에게 중고차를 팔 수 있었 다. 중개업자는 이 스코틀랜드인에게 이런저런 자동차를 보여주 었지만 그는 그때마다 트집을 잡았다. 이 차는 적합하지 않고, 저 차는 엔진이 나쁘고 가격이 너무 비싸다고 했다. 어떤 자동차를 보여주어도 너무 비싸다고만 했다. 우리 강좌를 듣고 있던 이 자 동차 중개업자는 이쯤에서 같은 수강생들에게 도움을 호소했다.

우리는 '샌디[1]'에게 팔려고 애쓰지 말고 '샌디'가 사게 하라고 조

---

1. 스코틀랜드인을 이르는 별명.

언했다. 샌디에게 이래라저래라 말하지 말고 샌디가 당신에게 이
것저것 물어보게 하라고 일러주었다. 샌디가 자기 뜻에 따라 구매
한다고 생각하게끔 하라고 했다.

우리의 제안에 구미가 당긴 이 중개업자는 며칠 뒤 중고 자동차
로 보상 판매를 받아 신형 자동차를 사고 싶어 하는 고객이 찾아
왔을 때 이 방법을 시도해보기로 했다. 중개업자는 그가 가지고
온 중고차가 샌디의 마음에 들 것이라는 사실을 알았기 때문이
다. 그래서 전화를 걸어 샌디에게 대리점으로 와서 조언해주지 않
겠느냐고 부탁했다.

샌디가 도착하자 이 중개업자는 이렇게 말했다.

"손님은 꼼꼼하시고 자동차도 볼 줄 아시잖아요. 그러니 이 차
를 좀 살펴보시고 시승도 해보신 다음 보상 판매 가격을 얼마로
책정해야 할지 말씀 좀 해주시겠습니까?"

샌디는 '입이 귀밑까지 찢어졌다.' 마침내 자신에게 조언을 구해
왔으니 자신의 능력이 인정받고 있다고 느꼈기 때문이다. 그는 차
를 몰고 퀸스 대로를 올라가 자메이카에서 포리스트 힐스까지 달
린 다음 돌아왔다. 그러고는 "이 차를 300달러에 사들일 수 있으
면 당신은 횡재하는 거요" 하고 말해주었다.

이 말을 들은 중개업자가 물었다.

"제가 그 가격에 이 차를 매입한다면, 손님께서는 이 차를 구매
할 의향이 있으신가요?"

300달러에 사라고? 어떻게 안 살 수 있겠는가? 그 가격은 그가

책정한 것인데. 거래는 한 시의 지체도 없이 즉시 성사되었다.

어느 엑스레이 제조업체는 이와 똑같은 심리를 이용하여 브루클린에서 가장 큰 병원 중 한 군데에 장비를 팔 수 있었다. 증축 중인 이 병원은 신축 건물에 미국에서 가장 좋은 방사선과를 갖추려고 준비하고 있었다. 방사선과 과장인 L 박사는 서로 자기네 회사 장비가 제일 좋다고 노래를 부르며 쫓아다니는 영업사원들에게 질려 있었다.

그런데 유독 노련한 업체가 하나 있었다. 그 업체는 남들보다 인간 본성을 다루는 요령을 훨씬 많이 알고 있었다. 그 업체의 담당자가 보낸 편지는 다음과 같은 내용을 담고 있었다.

저희 공장은 최근 신형 엑스레이 장비 생산을 완성했습니다. 마침 이 신형 장비들이 맨 먼저 저희 사무실에 도착했습니다. 아직 완벽하지 않다는 사실을 알고 있기에 앞으로 개선하고자 합니다. 따라서 번거로우시더라도 이 장비들을 살펴보시고 현장에서 더욱 쓸모 있는 물건이 될 수 있도록 고견을 주신다면 더없이 감사하겠습니다. 공사다망하실 터이니 시간만 정해주시면 언제든 모시러 가겠습니다.

L 박사는 수강생 앞에서 발표하면서 이렇게 말했다.
"저는 그 편지를 받고 깜짝 놀랐습니다. 놀라운 한편 영광스럽기도 했고요. 저에게 조언을 구한 엑스레이 제조업체는 난생처음

보았기 때문입니다. 제가 무척 대단한 사람이 된 것 같았습니다. 그 주에는 내내 눈코 뜰 새 없이 바빴지만 저는 그 장비를 보기 위해 저녁 약속을 취소했습니다. 뜯어보면 뜯어볼수록 점점 더 마음에 쏙 드는 그런 장비였습니다.

또 아무도 기를 쓰고 그 장비를 팔려고 하지 않아서인지 그것을 병원에 들여놓아야겠다는 생각이 꼭 제 생각인 것만 같았습니다. 우수한 품질에 반한 저는 장비를 설치해달라고 했습니다."

에드워드 M. 하우스 대령은 우드로 윌슨 대통령이 재임하는 동안 국내외 문제에 막대한 영향력을 행사한 인물이었다. 윌슨은 은밀하게 조언을 구할 일이 있으면 다른 각료들보다 하우스 대령을 찾았다.

하우스 대령은 어떤 방법을 썼기에 윌슨 대통령에게 이처럼 지대한 영향력을 행사할 수 있었던 것일까? 다행스럽게도 하우스 본인이 아서 D. 하우든 스미스에게 귀띔해주었고 스미스가 〈새터데이 이브닝 포스트The Saturday Evening Post〉의 기사에 이를 인용한 덕분에 우리는 그 방법이 무엇인지 알 수 있다.

하우스는 이렇게 말했다고 한다.

"대통령을 알게 된 후 저는 어떤 아이디어에 그가 동조하게 하는 최상의 방법은 아이디어를 그의 마음속에 시나브로 심어주되 내내 흥미를 유발하여 그가 자발적으로 떠올린 아이디어라고 생각하게 하는 것임을 배웠습니다. 이 방법이 효과가 있다는 사실을 맨 처음 알게 된 것은 순전히 우연이었습니다. 백악관으로 대통령을 찾아간 저는 그가 반대하던 어떤 정책을 승인해달라고 촉구했습니다. 그런데 며칠 뒤, 정찬 자리에서 대통령이 저의 제안을 자신의 아이디어인 것처럼 내놓는 것을 보고 깜짝 놀랐습니다."

하우스 대령이 대통령의 말을 가로막고 '그것은 대통령의 생각이 아니라 제 생각입니다' 하고 말했을까? 천만의 말씀. 하우스 대령은 그러지 않았다. 그러기에 그는 너무 노련한 사람이었다. 그는 공치사에는 관심이 없었다. 그에게는 결과가 중요했다. 그래서 윌슨 대통령이 앞으로도 그 아이디어가 자신의 아이디어라고 생각하도록 내버려두었다. 하우스 대령은 한술 더 떠 탁월한 아이디어라며 윌슨 대통령을 치켜세우기까지 했다.

우리가 접하는 사람들도 모두 우드로 윌슨과 다를 바 없는 인간이라는 사실을 기억하자. 따라서 우리도 하우스 대령의 방법을 사용해보는 건 어떨까.

뉴브런즈윅이라는 캐나다의 아름다운 지방에 사는 어떤 사람이 이 방법을 적용해 나를 단골로 만들었다. 그 당시 나는 뉴브런즈윅에서 낚시하면서 카누를 탈 계획이었다. 그래서 관광청에 정보를 요청했다. 내 이름과 주소가 우편물 수취인 명단에 오른 것이 분명해 보였다. 왜냐하면 곧 여러 캠프와 가이드로부터 편지와 안내 책자, 추천장이 쇄도했기 때문이다. 나는 당황스러웠다. 도대체 어떤 걸 골라야 할지 알 수가 없었다. 그때 한 캠프 운영자가 영리한 일을 했다. 그의 손님이었던 사람 중 뉴욕에 사는 몇몇 사람들의 이름과 전화번호를 건네주면서 나더러 직접 전화를 걸어 그의 캠프에 관해서 알아보라고 권한 것이었다.

놀랍게도 그중 한 사람은 내가 아는 사람이었다. 나는 그에게 전화를 걸어 캠프 체험에 대해 알아본 다음 그 캠프에 내가 도착할 날짜를 알렸다.

다른 캠프 운영자들도 나를 자신들의 캠프로 유치하려고 했지만 나에게 결정권을 맡긴 캠프는 한 군데였다. 승자는 그였다.

따라서 사람들이 당신 뜻을 따르게 하기 위해 지켜야 할 일곱 번째 원칙은,

무엇이든 상대가 자신이 스스로 생각해냈다고 믿게 하라.

25세기 전, 중국의 현자 노자는 이 책의 독자들이 오늘날에도 적용할 수 있는 명언을 남겼다.

"강과 바다가 모든 골짜기의 물을 받아낼 수 있는 것은 더 아래에 있기 때문이다. 그래서 모든 골짜기의 물이 흘러갈 수 있다. 그리하여 성인이 사람들 위에 오르려고 하면 반드시 그 말을 낮추고, 사람들보다 앞서려고 하면 반드시 그 몸을 뒤로 뺀다. 그러면 사람들은 성인이 위에 있어도 무겁게 느끼지 않으며, 성인이 앞에 있어도 해롭다고 느끼지 않는다."[2]

---

2. 도덕경 제66장.

8장

기적의 공식

자신의 생각이 전적으로 틀릴 수 있음에도 막상 당사자는 그렇게 생각하지 않는다는 사실을 명심하라. 그렇다고 그를 비난하지는 마라. 바보들이나 하는 짓이다. 그보다 그들을 이해하려고 노력하라. 지혜롭고 관대하고 비범한 사람들만이 그런 노력을 한다.

상대방의 생각과 행동에는 나름의 이유가 있다. 그 이유를 알아내면 그가 그런 행동을 하는 이유, 나아가 그의 인간성까지도 이해할 수 있는 열쇠를 손에 넣은 셈이다.

역지사지를 생활화하라.

스스로 '만일 내가 그의 입장이라면 어떤 느낌일까, 어떻게 반응할까?' 하고 자문해본다면 시간과 에너지를 아낄 수 있을 것이다. '원인에 관심을 기울임으로써 결과를 받아들이기가 조금이나마 수월해질 수 있기' 때문이다. 그뿐만 아니라 인간관계 기술도 일취월장할 것이다.

케네스 M. 구드의 저서 《황금같이 귀한 사람을 만드는 법How to Turn People into Gold》에 보면 다음과 같은 내용이 나온다.

"잠깐 시간을 내어 자신이 자기 일에 보이는 강렬한 관심과 그 밖의 일에 보이는 무신경함을 비교해보라. 그리고 세상 사람들도 모두 나와 똑같다는 사실을 깨닫기 바란다. 그러면 링컨이나 루스벨트처럼 당신도 교도소 관리를 제외한 모든 일에 필요한 단 하나의 탄탄한 토대, 즉 인간관계의 성공 여부가 상대방의 관점에 대한 진심 어린 이해에 달려 있다는 것을 이해하게 될 것이다."

오래전부터 나는 집 근처 공원에서 취미 삼아 산책을 하거나 자전거를 탔다. 고대 갈리아의 드루이드[1]처럼 나 또한 떡갈나무를 숭배하고 있어서 철마다 묘목과 관목이 불필요한 화재에 희생되는 것을 지켜보기 안타까웠다. 화재는 조심성 없는 애연가들 때문에 일어난 것이 아니었다. 그런 화재 대부분은 공원에 나와 원시인 흉내를 내겠다며 나무 밑에서 소시지나 계란을 익히려던 청소년들이 일으켰다. 이런 화재 중에는 불길이 걷잡을 수 없이 번져서 진화하기 위해 소방관들이 출동해야 했던 적도 가끔 있다.

공원 한구석에는 불을 내는 사람은 누구든 벌금형과 구금형에 처한다는 내용의 표지판이 있었지만 사람들이 잘 다니지 않는 곳에 있어 문제를 일으킨 장본인 중 그 표지판을 봤다는 이는 거의 없었다. 기마경찰 한 명이 공원 순찰을 맡고 있었지만 자신의 임

---

1. 고대 켈트족의 사제집단으로 주로 별자리를 연구했다. 별자리를 닮은 잎을 가진 나무를 탄생목으로 삼았다고 한다.

무를 가벼이 여기고 있는 듯했다. 철마다 화재는 계속 발생했다. 한번은 내가 경찰에게 달려가 불길이 공원 전체로 번지고 있으니 소방서에 신고해달라고 부탁한 적이 있었는데, 그 경찰이 글쎄 자기 관할이 아니므로 자기와는 상관없는 일이라고 무심하게 대답하는 것이 아닌가! 체념한 나는 그 후 자전거를 타러 나갈 때면 자칭 공유지 보호위원이라도 된 것처럼 행동했다. 나는 처음부터 상대방의 관점은 거들떠보지도 않았던 것이다. 나무 아래서 불꽃이 타오르는 것을 목격하고 심히 불쾌해진 나는 정의감에 불타올라 그만 그릇된 행동을 하고 말았다. 자전거를 타고 소년들에게 가서는 불을 지피면 감옥에 갈 수도 있다고 혼을 내면서 권위적인 어투로 얼른 불을 끄라고 호통을 쳤다. 불을 끄지 않으면 경찰에 신고하겠다는 협박도 서슴지 않았다. 그 소년들의 관점 따위에는 아랑곳하지 않고 내 감정만 표출했다.

결과는 어땠을까? 아이들은 내 말에 따랐지만 부루퉁하고 못마땅한 기색이 역력했다. 내가 자전거를 타고 언덕 너머로 사라져버리면 십중팔구 그 아이들은 다시 불을 피워 공원을 홀랑 태워버릴 것 같았다.

세월이 흐르면서 인간관계에 대한 지식을 조금씩 쌓다 보니 나도 전보다는 노련해져서 이제 어느 정도는 상대방의 관점에서 사물을 볼 수 있게 되었다. 지금 같으면 호통치는 대신 활활 타고 있는 불가로 다가가 이런 말을 꺼낼 것이다.

애들아, 재미있니? 오늘 저녁 메뉴는 뭐니? 아저씨도 어렸을 때 불
장난을 좋아했단다. 사실은 지금도 좋아하고. 그런데 너희도 알겠
지만, 이 공원에서는 불을 피우는 것이 아주 위험하단다. 너희에게
해를 끼치려는 마음이 없다는 건 알지만 조심성이 없는 아이들도
있거든. 그런 아이들이 와서 너희가 불을 지핀 것을 보면 자기들도
따라 하고는 집에 갈 때 불을 끄지 않을 수 있어. 그럼 그 불이 마
른 낙엽에 옮겨붙어서 나무들을 태워버린단다. 우리가 지금보다
더 조심하지 않으면 공원에 나무가 하나도 없게 될 거야. 아저씨도
잔소리로 너희 놀이를 망치고 싶지는 않아. 즐겁게 노는 모습이 더
보고 싶지. 하지만 불가에 있는 나뭇잎부터 얼른 긁어모아서 집에
가기 전에 흙으로 덮어주지 않겠니? 다음에 또 재미있게 불놀이
를 하고 싶거든 언덕 너머 모래밭 주변에 불을 피우면 어떻겠니?
거기는 위험하지 않으니까 말이다. ……고마웠다, 얘들아. 재미있
게 놀아라.

이렇게 말했다면 결과는 얼마나 달라졌을까! 아이들이 내 말에
협조하고 싶어졌을 것이다. 뿌루퉁하고 못마땅해하는 기색도 보
이지 않았을 것이다. 아이들은 마지못해 명령에 따르지도 않았을
것이고 자존심도 지킬 수 있었을 것이다. 아이들의 관점도 배려해
가면서 상황에 대처했기 때문에 아이들도 나도 기분이 더 좋아졌
을 것이다.
다음에 누군가에게 불을 끄라고 하거나 아프타 액체 세제를 사

라고 하거나 적십자에 50달러를 기부하라고 하려거든 잠깐 눈을 감고 상대방의 관점에서 사물을 보려고 노력해보는 건 어떨까? 그리고 이렇게 자문해보자. "저 사람은 왜 저렇게 하고 싶어 하는 걸까?" 시간이 걸리는 일임은 분명하지만 이를 통해 친구도 사귀고 더 나은 결과를 얻을 수 있을 뿐만 아니라 갈등과 수고도 줄일 수 있다.

하버드 경영대학원의 딘 던함은 "면접을 보기 전에 미리, 내가 무슨 말을 할 것이고 내가 아는 상대방의 관심사나 동기에 근거하여 상대방이 어떤 대답을 할 것인지 완벽하게 파악하지도 않고 사무실에 들어가느니, 차라리 2시간 동안 그 사람의 사무실 앞을 서성거리겠다"라고 했다.

아주 중요한 말이므로 강조하기 위해 다시 한번 반복하려 한다.

면접을 보기 전에 미리, 내가 무슨 말을 할 것이고 내가 아는 상대방의 관심사나 동기에 근거하여 그 상대방이 어떤 대답을 할 것인지 완벽하게 파악하지도 않고 사무실에 들어가느니, 차라리 2시간 동안 그 사람의 사무실 앞을 서성거리겠다.

이 책을 다 읽고 나서 딱 한 가지만 얻을 수 있다면, 즉 언제나 상대방의 처지에서 사고하고 본인뿐만 아니라 상대방의 관점으로도 사물을 보려는 습관만 들일 수 있다면, 이 책은 당신에게 성공을 향한 발판 하나를 마련해준 셈이다.

따라서 감정을 상하게 하거나 원망을 사지 않고 상대방을 바꾸기 위해 지켜야 할 여덟 번째 원칙은,

사물을 상대방의 관점에서 볼 수 있도록 성실히 노력하라.

| 9장 |

모두가 원하는 것

언쟁을 중단시키고 악감정을 해소하며 호감이 샘솟게 하고 상대
방의 두 귀를 쫑긋 세우게 하는 마법의 주문이 있다면 탐나지 않
을까?

탐난다고? 그렇다면 내가 그 주문을 알려주겠다. "당신이 그렇
게 생각하는 것은 당연합니다. 제가 당신이었더라도 당신처럼 생
각했을 테니까요"라는 말로 대화를 시작하라.

이런 대답을 들으면 제아무리 성미 고약한 노인네라도 마음이
누그러질 것이다. 물론 당신이 그 말을 듣는 사람이라고 해도 당
신의 마음 또한 누그러질 것이라고 100퍼센트 장담할 수 있다. 알
카포네를 예로 들어보자. 당신이 알 카포네와 똑같은 신체와 기
질, 그리고 정신을 이어받았다고 가정해보자. 그가 처한 환경과
경험도 모두 겪었다고 가정해보자. 당신 또한 알 카포네와 똑같은
신세가 될 것이다. 왜냐하면 알 카포네를 만든 것이 바로 그런 것

들이기 때문이다.

이를테면 당신이 방울뱀이 아닌 이유는 순전히 당신의 부모가 방울뱀이 아니었기 때문이다. 당신이 소에게 입을 맞추고 뱀을 신성한 존재로 여기지 않아도 되는 유일한 이유는 브라마푸트라 강 유역에 있는 힌두교 가정에서 태어나지 않았기 때문이다.

현재의 당신이 되는 데 당신이 이바지한 것은 거의 없다. 잊지 말아야 할 것은 짜증 나고 편협하고 비이성적인 상태로 당신을 찾아온 사람들 또한 현재의 그들이 되는 데 스스로 이바지한 것이 거의 없다는 사실이다. 불쌍한 영혼을 가엾게 여겨라. 측은지심을 품어라. 공감해주어라. 그리고 술에 취해 비틀거리며 거리를 걷고 있는 부랑자를 보며 존 B. 고프[1]가 되뇌곤 했던 말을 되뇌어라. "신의 은총이 없었다면 나도 저렇게 되었을 것이다."

앞으로 당신이 만나게 될 사람 중 4분의 3은 공감에 굶주리고 목말라 있을 것이다. 그 사람들에게 공감해준다면 그들은 당신에게 사랑을 줄 것이다.

언젠가 《작은 아씨들^{Little Women}》의 저자 루이자 메이 올컷에 관한 방송을 한 적이 있다. 나는 당연히 그녀가 매사추세츠 주 콩코드에 살면서 불멸의 걸작들을 썼다는 사실을 알고 있었다. 그런데 아무 생각 없이 뉴햄프셔 주 콩코드에 있는 그녀의 생가에 방문할 계획이라고 말해버렸다. 뉴햄프셔라는 말을 한 번만 했으면 용

---

1. 미국의 금주(禁酒) 전도사였다.

서받을 수 있었을지도 모른다. 그런데 아뿔싸! 두 번이나 말해버렸다. 무방비 상태의 내 머리 주변을 벌떼처럼 빙빙 돌면서 벌침으로 콕콕 쏘는 듯한 내용이 실린 편지와 전보가 쇄도했다. 대부분 분노에 가득 차 있었고 모욕적인 것도 몇몇 있었다. 매사추세츠 주 콩코드에서 자랐으며 현재는 필라델피아에 살고 있다는 콜로니얼데임즈Colonial Dames의 한 여성 회원은 맹렬한 분노를 터트렸다. 올컷 양을 뉴기니 출신의 식인종이라고 했어도 이보다 더 억울하지는 않았을 거라고 했다. 편지를 읽으면서 나는 이렇게 중얼거렸다.

'하나님 맙소사, 이 여자랑 결혼 안 해서 천만다행이군.'

나는 지명을 잘못 말하는 실수를 저질렀지만 그녀는 기본적인 예절을 어기는 더욱 크나큰 실수를 저질렀다고 편지에 써서 보내고 싶은 마음이 굴뚝같았다. 이 내용을 편지의 말머리에 넣으려고 했다. 그런 다음에는 팔을 걷어붙이고 내 속마음을 써나갈 작정이었다. 하지만 나는 자제력을 발휘하여 실행에 옮기지 않았다. 그것이 경솔한 바보나 할 짓, 딱 바보가 할 법한 짓이라는 사실을 깨달았기 때문이다.

나는 바보가 되고 싶지 않았다. 그래서 그녀의 적대감을 호감으로 바꿔놓기로 결심했다. 힘든 도전이 되겠지만 재미있을 것 같았다. 나는 나 자신에게 말했다.

'내가 그녀였더라도 똑같이 생각했을 거야.'

그래서 그녀의 관점에 공감하기로 했다. 그 후 필라델피아에 갔을 때 나는 그녀에게 전화를 걸었다. 대화는 대략 이렇게 흘러갔다.

나 아무개 부인께서 몇 주 전, 저에게 보내주신 편지 감사히 잘 받았습니다.

부인 (날카로우면서 교양 있고 점잖은 목소리로) 실례지만 전화하신 분은 누구시죠?

나 처음 인사드립니다. 저는 데일 카네기라고 합니다. 부인께서는 몇 주 전 일요일, 루이자 메이 올컷에 관한 방송을 들으셨을 겁니다. 그때 저는 그녀가 뉴햄프셔 주 콩코드에 살았다고 말하는 천인공노할 실수를 저질렀지요. 참으로 어리석은 실수였다고 사과드리고 싶습니다. 번거로우셨을 텐데 일부러 편지까지 보내주시다니 사려가 깊으시군요.

부인 카네기 씨, 그 편지는 죄송하게 됐습니다. 제가 흥분했어요. 사과는 제가 드리겠습니다.

나 아닙니다! 아니에요! 부인이 아니라 제가 사과를 드려야지요. 초등학생도 그런 실수는 안 했을 겁니다. 다음 일요일 방송을 통해서도 사과드리겠지만 이렇게 직접 사과드리고 싶었습니다.

부인 저는 사실 매사추세츠 주 콩코드에서 태어났습니다. 우리 가족이 200년 동안 매사추세츠 주의 명문가였기 때문에 저는 고향을 매우 자랑스럽게 여기고 있습니다. 그런데 당신이 올컷 양이 뉴햄프셔 주에 살았다고 말하는 것을 들으니까 매우 불쾌했습니다. 그렇다고 그런 편지를 보내다니, 정말 쥐구멍이라도 있으면 숨고 싶네요.

나 제가 장담하건대 참담했던 저의 심정에 비하면 부인의 심정은 새 발의 피였을 것입니다. 제 실수 때문에 상처를 입은 것은 매사추세츠 주가 아니라 저였습니다. 부인 같은 지위와 교양을 갖춘 분이 방송하는 사람들에게 일부러 시간을 내어 편지를 보내는 일은 지극히 드문 일입니다. 그러니 앞으로 제가 혹시 방송에서 또 실수하면 그때도 꼭 편지를 써서 지적해주십시오.

부인 어머나, 선생님께서 제 비난을 관대하게 받아들여 주셔서 얼마나 감사한지 몰라요. 선생님은 정말 훌륭한 분이세요. 앞으로도 관심 있게 지켜보겠습니다.

이렇게 내가 사과하고 그녀의 관점에 공감을 표해주었기 때문에 그녀 또한 나에게 사과하고 내 관점에 공감해주었던 것이다. 화를 잘 참았고 모욕을 받고도 친절을 베풀었다는 사실에 내 마음도 뿌듯해졌다. 그녀에게 스쿨킬 강[2]에나 빠져버리라고 말할 수도 있었겠지만 그보다 그녀에게 호감을 얻어낸 것이 백배 천배 더 기뻤다.

백악관을 거쳐 간 대통령들도 모두 인간관계에서 발생하는 골치 아픈 문제에 밥 먹듯 시달렸다. 태프트 대통령 또한 예외가 아

---

2. 펜실베이니아 주 필라델피아에 있는 강.

니었다. 그는 동정심이 노골적인 악감정을 무력화시키는 데 얼마나 막강한 위력을 발휘하는지를 몸소 체험했다. 저서 《윤리의 실천Ethics in Service》에서 태프트는 실망에 빠진 어느 야심 찬 어머니의 분노를 어떻게 가라앉혔는지를 보여주는 다소 흥미로운 사례를 소개하고 있다.

"워싱턴에 살고 있으며 정치적 영향력이 어느 정도 있는 남편을 둔 어떤 부인이 오더니 자기 아들을 어떤 자리에 앉혀달라며 6주 이상 졸랐다. 그녀는 어마어마한 수의 상하원 의원들로부터 지원 약속을 받아낸 다음 그들을 대동하고 나타나 입김을 불어넣었다. 그 자리는 기술 자격이 필요한 자리여서 나는 해당 부서장의 권고에 따라 다른 사람을 임명했다. 그 후 그 극성스러운 어머니로부터 편지가 왔는데 내가 손가락 하나만 까딱하면 가능했던 일을 거절하는 바람에 자신이 불행해졌으므로 나야말로 세상에서 가장 배은망덕한 사람이라고 쓰여 있었다. 나아가 그녀는 주의회 의원들을 닦달해서 당시 내가 각별한 관심을 두고 있던 법안에 투표하게 해주었는데도 이런 식으로 보답할 수 있느냐며 분개했다.

그런 편지를 받으면 가장 먼저 드는 생각은 부적절한 행동을 한 사람, 심지어 아주 약간 무례한 짓을 했을 뿐인 사람한테 얼마나 가혹해질 수 있을까 하는 것이다. 아마도 그런 생각을 염두에 두고서 답장을 쓰게 될 것이다. 하지만 현명한 사람이라면 그 답장을 서랍에 넣은 다음 서랍을 잠가버릴 것이다. 이틀 정도 지난 후에 다시 꺼내보라. 그런 편지에는 늘 이틀 정도 답장을 미루는 것이 좋다. 그 정도 지나고 나서 쓴 답장을 꺼내보면 아마 보내고 싶지 않을 것이다. 내가 바로 그런 경우였다. 그 후 나는 책상에 앉아 최대한 예의를 갖춰 편지를 썼다. 부인에게는 그러한 상황에서 어머니로서 느낀 실망감이 컸으리라는 사실은 잘 알겠으나 그 자리는 대통령 개인의 편애에 따라 채워서는 안 되는 자리였고, 기술 자격을 갖춘 사람을 선발해야 했기 때문에 해당 부서장의 권고에 따를 수밖에 없었노라고 설명했다. 나는 그녀에게 이번에 앉히지 못한 자리에 아들을 앉힐 날이 꼭 오기를 바란다는 내용도 덧붙였다. 이 편지를 보고 화가 가라앉은 부인은 이전의 그런 편지를 보내서 미안하다는 내용으로 답장을 보냈다.

하지만 내가 천거한 임명 건은 곧바로 확정되지 않았고, 얼마 후 나는 그녀의 남편이 보냈다는 편지를 한 통 받게 되었는데 이상하게도 필체가 전에 부인으로부터 받은 편지와 같았다. 편지에는 이번 건으로 크게 낙담하여 신경이 피폐해진 부인이 드러눕게되었고 결국 중증 위암에 걸리게 되었다고 쓰여 있었다. 처음 추천했던 사람을 물리고 대신 그 자리에 그녀의 아들을 추천해서 그녀의 건강을 회복시켜야 하는 것은 아닐까? 나는 이번에는 남편에게 편지를 써서 오진이기를 바라며, 아내의 중병 때문에 상심이 크겠지만 이미 추천한 사람의 이름을 물리는 것은 불가능하다고 썼다. 내가 추천한 사람의 임명은 확정되었고, 문제의 편지를 받은 지 이틀 후 백악관에서 비공개 음악회가 열렸다. 우리 부부가 맨 처음 맞이한 두 사람은 바로 이 남편과 최근 **죽음의 문턱**에 다녀왔다는 아내였다."

솔 휴록은 아마도 미국 최고의 공연기획자일 것이다. 그는 거의 50년에 걸쳐 샬리아핀, 이사도라 덩컨, 안나 파블로바 같이 세계적으로 유명한 예술가들과 일했다. 휴록은 다혈질 스타들을 상대하면서 가장 먼저 깨우친 교훈이 어떤 상황에서라도 그들의 괴벽을 이해해야 한다는 사실이라고 했다.

그는 3년 동안 메트로폴리탄의 호화로운 박스석 관객을 열광케 한 가장 위대한 베이스 가운데 한 명이었던 표도르 샬리아핀의 공연기획자였다. 그런데 샬리아핀이 계속 문제를 일으켰다. 그는 마치 버릇없는 아이처럼 굴었다. 흉내 내려야 낼 수도 없는 휴록 씨의 표현을 그대로 옮겨보면 "그 친구는 정말 가지가지로 속을 썩인단 말이야"라고 했다.

가령 샬리아핀은 노래를 부르기로 예정된 날 정오쯤 전화를 걸어서는, "솔, 몸이 좋지 않아. 목이 잔뜩 부었어. 오늘 밤엔 노래 못하겠어" 하고 말해버리곤 했다. 휴록 씨가 그와 티격태격 다투기라도 했을까? 천만의 말씀이다. 그는 **기업가라면** 예술가를 그렇게 다루어서는 안 된다는 사실을 알고 있었다. 그래서 샬리아핀이 묵고 있던 호텔로 부리나케 달려가 하나부터 열까지 모두 동정해주었다. 그는 시시때때로 "아이고, 안타까워라" 하고 탄식했다.

"아이고 안타까워라! 불쌍한 친구 같으니라고. 당연히 노래는 하면 안 되지. 지금 당장 공연을 취소하겠네. 돈 몇천 달러는 물어주어야겠지만 그야 자네 명성에 비하면 푼돈이 아닌가.”

그러면 샬리아핀은 한숨을 푹 내쉬며 이렇게 말하곤 했다.

“이따 오후에 와보는 게 어떻겠나. 5시쯤에 상태를 보자고.”

휴록 씨는 5시가 되면 샬리아핀의 호텔로 득달같이 달려가 또 하나부터 열까지 모두 동정해주었다. 이번에도 공연을 취소하겠다고 하면 샬리아핀은 이번에도 이렇게 말하는 것이었다.

“조금 있다가 다시 오는 게 어떻겠나? 그땐 좀 낫겠지.”

7시 30분이 되면 이 위대한 베이스는 노래는 하겠지만 휴록 씨가 메트로폴리탄 무대에 직접 나와 샬리아핀이 독감에 걸려 목소리 상태가 좋지 않다고 발표해주어야만 한다고 했다. 휴록 씨는 그럴 생각은 없지만 그러겠다고 대답했다. 왜냐하면 그래야만 샬리아핀을 무대에 오르게 할 수 있다는 것을 알고 있었기 때문이다.

아서 I. 게이츠 박사의 《교육 심리학Educational Psychology》이라는 탁월한 저서에는 이런 대목이 나온다.

“공감은 전 인류가 갈망하는 것이다. 아동은 상처가 나면 그것을 보여주지 못해 안달한다. 심지어 공감을 많이 받으려고 일부러 상처를 내는 아이들도 있다. 똑같은 목적을 위해 성인들도 멍을 남에게 내보이며 사고나 병, 특히 수술이라도 받으면 수술의 세세한 부분까지도 미주알고주알 설명한다. 실재든 가상이든 불행에 대한 ‘자기연민’은 어느 정도 인류 보편적이다.”

따라서 사람들에게 당신의 의견을 관철하기 위해 지켜야 할 아
홉 번째 원칙은,

상대방의 생각과 욕망에 공감하라.

10장

모두에게 통하는 호소법

제시 제임스Jesse James[1]가 활동했던 미주리 주 시골 외곽에서 자란 나는 당시 제시 제임스의 아들이 살고 있던 미주리 주 커니에 있는 제임스 농장을 방문한 적이 있다.

그의 부인은 제시가 기차와 은행을 강탈해서 얻은 돈을 이웃 농부들에게 대출금을 갚으라며 주었던 이야기를 들려주었다.

제시 제임스 또한 더치 슐츠, '쌍권총' 크롤리, 알 카포네가 두 세대 전에 그랬던 것처럼 내심 자신을 이상주의자라고 여겼을 것이다. 사실 우리가 만나는 사람들은 모두, 심지어 거울에 비치는 그 사람까지도 스스로를 특별하게 여기고 훌륭하고 욕심 없는 사람으로 평가하는 경향이 있다. J. 피어폰트 모건은 틈틈이 사람들을 관찰하여 쓴 글에서 사람이 어떤 행동을 하는 데에는 대체로

---

1. 미국 서부 미주리 주에서 은행 강도, 열차 강도, 살인 등의 범죄를 저질렀던 갱단의 두목.

두 가지 이유가 있다고 했다. 하나는 그럴싸해 보이는 이유이고 다른 하나는 진짜 이유이다.

당사자는 진짜 이유를 생각해낼 것이다. 그러니 당신이 굳이 강조할 필요는 없다. 하지만 마음만은 이상주의자인 우리는 모두 그럴듯하게 들리는 동기를 선호한다. 따라서 사람의 마음을 바꾸려면 더욱 고결한 동기에 호소해야 한다.

비즈니스에 적용하기에는 너무 이상적인 것일까? 한번 살펴보도록 하자. 펜실베이니아 주 글레놀든에 있는 패럴미첼 사의 해밀턴 J. 패럴 씨의 경우를 예로 들어보자. 패럴 씨에게는 불만에 가득 찬 세입자가 있었는데 그는 이사를 나가겠다고 으름장을 놓은 상태였다. 한 달에 55달러씩 내기로 한 계약 기간이 아직 4개월이나 남았는데도 불구하고 계약 기간을 무시한 채 당장 집을 비우겠다고 통보한 것이다. 패럴 씨가 우리 강좌에서 들려준 이야기는 다음과 같았다.

"이 사람들은 겨우내 우리 집에서 살았습니다. 사실 겨울은 연중 집세가 가장 비싼 때라서 가을이 되기 전에 아파트를 다시 세 놓기는 어려운 상황이었죠. 220달러의 임대 소득이 전부 물 건너가게 되었다는 것을 알게 되니 정말이지 화가 나서 견딜 수가 없었습니다.

보통 때 같았으면 그 세입자한테 달려가 계약서나 다시 읽어보라고 마구 퍼부었을 거예요. 이사를 나가더라도 임대료는 전액 내야 하며, 안 주면 쫓아가서라도 받아내겠다고 했을 거고요.

하지만 버럭 화를 내면서 추태를 부리는 대신 다른 전략을 써 보기로 했습니다. 그래서 이렇게 말문을 열었습니다.

'아무개 씨, 당신 이야기는 잘 들었지만 저는 지금도 당신이 이사 가려는 마음이 없다고 생각합니다. 오랫동안 임대업을 하다 보니 사람 보는 눈이 생겼는데, 처음 뵈었을 때부터 신용 있는 분인 것 같더군요. 지금도 그 생각에 변함이 없으므로 모험을 한번 해볼까 합니다.

제 제안은 이렇습니다. 결정을 잠시 보류하고 며칠 동안 숙고해주셨으면 합니다. 그런 후에도 임대기간이 끝나기 전에 여전히 이사를 가고 싶다고 하시면 두말하지 않고 당신의 결정을 받아들이겠습니다. 계약 기간과 무관하게 이사 가실 수 있도록 해드리고 저도 제 판단이 틀렸다는 사실을 인정하겠습니다. 하지만 저는 당신이 신용 있는 분인 만큼 계약을 지키실 것이라고 굳게 믿고 있습니다. 결국 우리를 인간답게 하는 선택은 우리에게 달려 있으니까요!'

새달이 돌아오자 이 신사분은 저를 찾아와 직접 집세를 냈습니다. 아내와 상의했는데 그냥 계속 살기로 결정을 내렸다더군요. 부부는 계약을 지키는 것만이 명예를 지키는 방법이라고 결론을 내렸던 것입니다."

고故 노스클리프 경은 공개하고 싶지 않았던 자신의 사진이 신문에 실린 것을 보고 편집장에게 편지를 썼다. 그때 그가 "**내가**

원치 않으니 그 사진은 더는 싣지 마시오”라고 썼을까? 아니다, 그는 더욱 고차원적인 동기에 호소했다. 우리 모두 어머니에게 품고 있는 존경과 사랑의 감정에 호소했던 것이다. 그는 “**어머니께서** 마음에 안 든다고 하시니 그 사진은 더는 싣지 말아주십시오”라고 썼다.

신문사의 사진기자들이 자녀의 사진을 찍는 것을 막고 싶었던 존 D. 록펠러 2세도 더욱 고차원적인 동기에 호소했다. 그는 “**나는** 우리 아이들의 사진을 그만 실었으면 합니다”라고 말하지 않았다. 대신 그는 우리 모두의 마음속에 깊이 자리 잡고 있는, 아이들을 안전하게 지켜주고 싶은 욕망에 호소했다. 그는 “자식 둔 부모 마음이 어떤지 여러분도 아실 겁니다. 개중에는 자녀가 있는 분도 계실 테고요. 아이들이 언론에 지나치게 많이 노출되면 좋을 게 없다는 사실도 아실 겁니다” 하고 말했다.

메인 주 출신의 빈민가 소년이었던 사이러스 H. K. 커티스가 〈새터데이 이브닝 포스트〉와 〈레이디스 홈 저널Ladies Home Journal〉의 소유주가 되어 수백만 달러를 벌어들이게 될 대성공을 향하여 첫걸음을 내디딜 당시, 초창기에는 기고가들에게 타 잡지사만큼 원고료를 줄 형편이 못 되었다. 돈만 놓고 본다면 그는 1급 작가들에게 원고를 청탁할 수 없었다. 그래서 그는 더욱 고귀한 동기에 호소했다. 가령 그는 전성기를 맞이한, 《작은 아씨들》을 남긴 불멸의 작가 루이자 메이 올컷에게 원고를 청탁하면서, 그녀가 아니라 그녀가 가장 좋아하는 자선단체에 백 달러짜리 수표를 보내겠다는 제안을 함으로써 승낙을 받아냈다.

이쯤 되면 회의주의자들은 이렇게 말할 것이다.

"노스클리프나 록펠러, 감상적인 소설가에게나 그런 수법이 통하는 거지. 내가 돈을 받아내야 하는 험상궂은 사람들한테도 먹히는지 보여달라고!"

당신의 말이 옳을지도 모른다. 모든 경우, 모든 사람에게 효과 있는 만병통치약은 존재하지 않는다. 만일 지금 사용하고 있는 방법의 결과에 만족한다면 굳이 바꿀 필요는 없다. 그러나 만족하지 못한다면 시도해보는 것이 어떻겠는가?

어찌 됐든 전 수강생 제임스 L. 토머스가 들려준 실화는 독자들도 재미있게 읽을 수 있으리라 생각한다.

어떤 자동차 회사의 고객 6명이 서비스 요금을 지급하지 않겠다고 했다. 청구서 전체를 내지 않겠다는 것이 아니라 각자 항목 한 가지씩 잘못 청구되었다고 주장했다. 이 고객들은 모두 작업 항목에 서명했기 때문에 회사에서는 하자가 없다는 것을 알고 있었고, 그래서 그렇게 **전했다.** 이것이 첫 번째 실수였다.

다음은 신용관리부가 이 연체금을 받아내기 위하여 취한 단계별 조처이다. 이들은 과연 성공했을까?

1. 신용관리부는 각 고객을 방문하여 기일을 훌쩍 넘긴 대금을

받으러 왔다고 단도직입적으로 말했다.

2. 신용관리부는 사측이 무조건, 절대적으로 옳고 따라서 고객은 무조건 절대적으로 틀렸다고 못을 박았다.

3. 신용관리부는 자동차에 관해서는 회사가 고객보다 훨씬 많이 알고 있다고 으름장을 놓았다. 그러니 따지고 자시고 할 것도 없다고 했다.

4. 그 결과 언쟁이 벌어졌다.

이 방법 중 어느 한 가지라도 고객을 설득시켜 대금을 결제하게 해줄 수 있었을까? 누구라도 답을 알 것이다.

이 지경에 이르러 신용관리부 과장이 법률자문단을 대동하여 법적인 절차에 들어가려 할 즈음 다행스럽게도 부장이 이 일을 알게 되었다. 부장은 체납 고객들을 조사해보았고 그들 모두 평소에는 대금을 즉시 냈다는 사실을 알게 되었다. 뭔가 잘못된 것이 틀림없었다. 수금 방법에 크나큰 착오가 있었던 것이다. 그래서 부장은 제임스 L. 토머스를 불러 이 '회수불능' 대금을 받아내라고 지시를 내렸다.

토머스 씨가 취한 조처는 다음과 같았다.

1. "제가 고객을 방문한 목적 또한 장기 연체 대금을 받기 위한 것이었습니다. 청구서에는 문제가 전혀 없었습니다. 하지만 저는 그 점을 언급하지 않았습니다. 저는 회사의 서비스 상태를 조사하

러 왔다고 설명했습니다."

2. "저는 고객의 이야기를 다 듣기 전까지는 아무런 의견도 제시하지 않을 것임을 분명히 했습니다. 회사가 절대 틀릴 리 없다는 주장도 하지 않았습니다."

3. "제가 관심 있는 것은 오로지 고객의 차이며, 또한 고객의 차에 대해서 가장 잘 알고 있는 것은 다름 아닌 고객이고 고객이야말로 본인이 소유한 자동차의 권위자라고 말했습니다."

4. "저는 고객이 말하게 했으며 고객이 원하고 또 기대했던 관심과 이해심을 가지고 경청했습니다."

5. "마침내 고객의 기분이 차분하게 가라앉았을 때, 저는 고객이 공명정대하다고 느낄 수 있도록 상황을 설명했습니다. 그러고는 더욱 고귀한 동기에 호소했습니다. '우선 말씀드리고 싶은 것은 저 또한 이번 일 처리가 부당했다는 점을 통감하고 있다는 사실입니다. 고객께서는 저희 담당자 때문에 불편을 겪으셨고 짜증과 분노를 느끼셨을 것입니다. 불미스러운 일에 대해서는 유감스럽게 생각하는 바이며 회사를 대신해 깊이 사과드립니다. 이렇게 직접 고객께 견해를 들으면서 저는 그 공정하고 참을성 있는 성품에 깊은 인상을 받았습니다. 공정하고 참을성 있는 분이신 만큼 한 가지 부탁을 할까 합니다. 그 누구보다 잘하실 수 있고, 그 누구보다 많이 알고 계신 것입니다. 여기 청구서가 있습니다. 고객께서 우리 회사의 사장이라고 생각하시고 이 청구서를 정정해주십사 부탁하겠습니다. 전적으로 당신의 뜻에 맡기겠습니다. 어떤 말

쓸을 하시든 따르겠습니다.'

그 고객이 청구서를 정정했을까요? 정정만 한 것이 아니라 놀랄 만한 일이 일어났습니다. 청구 금액이 150달러에서 무려 400달러까지 다양하게 나온 것입니다. 그나저나 그 고객은 최고액의 대금을 지급했을까요? 네, 그는 최고액을 지급했습니다! 그중 한 명은 논란이 되었던 항목의 요금은 단 한 푼도 내지 않겠다고 했지만 나머지 5명은 모두 회사에 최고액을 지급했습니다! 더욱 놀라운 사실은 이 고객 6명이 모두 2년 안에 우리 회사에서 신차를 구매했다는 사실입니다!"

토머스는 이어 이렇게 말한다.

"저는 경험을 통해 고객에 대한 정보가 전혀 없을 때 믿을 것이라고는, 성실하고 정직하고 진실하며 셈이 정확하다는 확신만 들면 그 고객은 기꺼이 비용을 지급할 사람이라고 가정하는 것임을 배웠습니다. 다시 한번 좀 더 분명하게 말하면 인간에게는 정직하며 의무를 다하고자 하는 경향이 있습니다. 예외적인 인간은 극소수에 불과합니다. 그래서 저는 상대를 잘 속이는 사람들도 대개는 정직하고 올곧고 공정한 사람으로 대해주면 그에 따라 반응하리라고 확신하고 있습니다."

따라서 사람들에게 당신의 의견을 관철하기 위해 지켜야 할 열 번째 원칙은,

고귀한 동기에 호소하라.

11장

영화나 텔레비전에서처럼
해보는 것은 어떨까?

여러 해 전 〈필라델피아 이브닝 불러틴Philadelphia Evening Bulletin〉지는 위험천만한 중상모략에 시달렸다. 악성 루머가 유포되었던 것이다. 〈필라델피아 이브닝 불러틴〉이 광고만 지나치게 많이 싣고 뉴스는 별로 전하지 않으므로 독자들에게 더는 호소력을 갖지 못할 것이라는 소문이 광고주들의 귀에까지 들어갔다. 즉각적인 대응에 나서 소문을 잠재워야 할 상황이었다.

하지만 어떻게 한단 말인가?

다음은 신문사가 대처한 방식이다.

〈불러틴〉지는 평상시 하루분의 정규판에서 모든 읽을거리를 오려내어 이를 분류한 다음 책으로 냈다. 그런 다음 이 책의 제목을 《하루One Day》라고 지었다. 장장 307쪽에 달하여 2달러 가격의 책들과 맞먹는 두께였지만 〈불러틴〉지는 이 하루 동안의 모든 뉴스와 특집 기사를 2달러가 아닌 단돈 2센트에 팔았다.

이 책의 출간은 〈불러틴〉지가 흥미로운 읽을거리를 어마어마한 분량으로 실어왔다는 사실을 극적으로 드러냈다. 이러한 조처는 수 페이지에 달하는 수치 자료와 성명聲明보다도 훨씬 생생하고 흥미로우며 강렬하게 사실을 전달했다.

케네스 구드와 젠 코프먼의 《비즈니스에서의 쇼맨십Showmanship in Business》을 읽어보자. 이 책은 쇼맨showmen들이 어떻게 해서 돈을 긁어모으고 있는지를 한눈에 보여주는 흥미진진한 책이다. 이 책은 일렉트로룩스가 자사의 냉장고가 소음이 없다는 점을 극적으로 보여주기 위해 잠재 고객의 귓가에 대고 성냥을 그어 보여 냉장고를 판매한 경위, 앤 소던[1]이 1.95달러짜리 모자에 사인을 함으로써 유명인사가 시어스로벅 사의 카탈로그에 등장하게 된 경위, 조지 웰바움이 움직이는 쇼윈도의 가동이 중단되자 구경꾼의 80퍼센트가 사라졌다는 이야기를 폭로한 경위, 퍼시 화이팅이 5년 전 액면가가 1000달러였던 주식 목록 두 개를 잠재 고객들에게 보여주고 나서 증권을 팔게 된 경위 등을 들려준다. 그중 퍼시 화이팅의 경우를 살펴보자면, 그는 잠재 고객들에게 어떤 목록을 사겠느냐고 물었다. 그러자 두둥! 현재 시가를 보니 목록 하나(물론 그의 목록이었다)의 가치는 올라 있었다. **호기심**이라는 요소가 잠재 고객의 주의를 잡아끈 것이다……. 미키마우스가 야금야금 세상을 정복하면서 급기야 백과사전에까지 오르게 되고 미키마

---

1. 미국의 영화배우.

우스의 이름이 들어간 장난감 덕분에 파산 직전의 공장이 되살아난 경위, 이스턴에어라인이 더글러스 에어라이너의 실제 조종판을 재현한 창을 들고 보도에 나타나 사람들을 끌어모으게 된 경위, 해리 알렉산더가 자사 제품과 경쟁사 제품이 벌이는 가상의 권투시합을 방송하여 외판원들의 흥미를 자극하게 된 경위, 사탕 진열대에 우연히 떨어진 스포트라이트 덕분에 사탕 매출이 두 배로 뛰게 된 경위, 크라이슬러가 내구성을 입증하기 위해 자사 자동차 위에 코끼리를 세운 경위도 알 수 있다.

뉴욕 대학교의 리처드 보든과 앨빈 버스는 세일즈 상담 1500건을 분석한 후 《논쟁에서 이기는 방법How to Win an Argument》이라는 책을 썼다. '세일즈의 6가지 원칙'이라는 강연을 통해 동일한 내용을 직접 설파하기도 했다. 이는 나중에 영상으로도 제작되어 수많은 대기업의 영업사원 앞에서 상영되었다. 보든과 버스는 연구를 통해 밝혀낸 원칙들을 말뿐만 아니라 상황 재현까지 해가며 설명해주었다. 올바른 영업 방식과 그릇된 영업 방식을 보여주기 위하여 관객 앞에서 둘이 직접 말싸움을 벌이기도 했다.

오늘날 또한 이처럼 극적인 효과가 필요한 시대이다. 진실을 표명하는 것만으로는 어림도 없다. 진실이더라도 생생하고 흥미롭고 극적으로 제시해야 한다. 쇼맨십을 발휘해야 한다. 영화나 텔레비전에서도 그렇게 하고 있다. 주목을 받고 싶다면 쇼맨십을 발휘해야 한다.

상품 진열 전문가들은 극적인 효과의 위력을 잘 알고 있다. 가령 새로운 쥐약을 제조한 업체들은 판매업자들에게 상품 진열창에 살아 있는 쥐 두 마리를 넣게 했다. 그 주 판매량은 평소보다 5배나 많았다고 한다.

〈더 아메리칸 위클리The American Weekly〉의 제임스 B. 보인턴은 방대한 분량의 시장 보고서를 발표해야 했다. 그의 회사에서는 선도적인 콜드크림 브랜드에 대한 철저한 연구를 이제 막 마친 참이었다. 가격 할인의 위험에 관한 자료가 시급한 상황이었다. 그가 만나게 될 유망 고객은 광고업계의 거물로 만만찮은 상대였다.

그의 첫 번째 시도는 이미 실패로 끝난 상황이었다.

보인턴의 설명을 들어보자.

"처음 그를 찾아갔을 때 저는 저도 모르게 삼천포로 빠져서는 조사 방법과 같이 쓸데없는 얘기만 늘어놓고 말았습니다. 우리는 논쟁을 벌였습니다. 그는 내가 틀렸다고 했고 저는 제 생각이 옳다는 것을 증명하려고 안간힘을 썼습니다.

마침내 제 논점을 인정하게 하는 데는 성공했지만, 시간이 다 되어 면담 시간이 끝났는데도 아무런 성과를 얻지 못했습니다.

두 번째 찾아갔을 때에는 수치나 자료 같은 도표에는 신경 쓰지 않고 사실을 극적으로 보여주었습니다.

제가 사무실에 들어갔을 때 그는 전화 통화를 하느라 바빴습니다. 그가 통화하는 동안 저는 서류 가방을 열어 콜드크림 32통을 그의 책상에 아무렇게나 내려놓았습니다. 모두 그 또한 알고 있는 경쟁사의 콜드크림이었습니다.

저는 크림 통 하나하나에 모두 거래 조사 결과를 항목별로 적은 꼬리표를 붙여놓았습니다. 각 꼬리표는 그 꼬리표가 달린 크림에 관한 사실을 간략하고 극적으로 보여주는 역할을 했습니다.

어떻게 되었는지 아십니까?

논쟁 따위는 필요 없었습니다. 제가 새롭고 색다른 것을 제시했기 때문입니다. 그가 콜드크림 통을 하나씩 집어 들어 꼬리표에 기재된 정보들을 읽어나가기 시작한 것입니다. 우호적인 대화가 오가게 되었고 추가 질문이 이어졌습니다. 관심이 상당해 보였습니다. 원래는 발표 시간을 10분만 주겠다고 했지만 10분, 20분, 40분이 훌쩍 지나가 한 시간이 다 되었는데도 우리는 계속 대화를 나누고 있었습니다.

이번에도 지난번과 똑같은 사실을 가지고 발표했습니다. 그러나 이번에는 극적인 방법, 즉 쇼맨십을 활용한 덕분에 눈에 띄게 다른 결과를 얻을 수 있었습니다."

따라서 사람들에게 당신의 의견을 관철하기 위해 지켜야 할 열한 번째 원칙은,

아이디어를 극적으로 표현하라.

| 12장 |

아무것도 통하지 않을 때 쓸 최후의 수단

찰스 슈워브의 제철소에는 할당량을 달성하지 못하는 공장장이 한 명 있었다.

슈워브가 그에게 물었다.

"자네 같이 유능한 공장장이 어째서 제 몫을 못하고 있는 건가?"

공장장이 대답했다.

"저도 모르겠습니다. 인부들을 달래도 보고 닦달도 해보고 욕도 해보고 징계나 해고 위협도 해보았지만, 그 어느 것도 소용이 없었습니다. 도무지 일을 하려고 하지 않아요."

이 대화는 야간 근무조가 투입되기 직전에 오고 갔다.

슈워브는 공장장에게 "분필을 가져오라"고 한 다음 가장 가까이 있던 직원에게 물었다.

"자네 근무조는 오늘 용해를 몇 번이나 했지?"

"여섯 번입니다."

슈워브는 아무 말 없이 분필로 바닥에 숫자 6을 크게 써놓고는 나가버렸다.

야간 근무조가 들어와 '6'을 보더니 무슨 뜻이냐고 물었다.

주간 근무조가 대답해주었다.

"오늘 사장님이 다녀가셨네. 용해를 몇 번 했느냐고 물으시기에 여섯 번이라고 대답했더니 바닥에 '6'을 써놓으시더군."

다음 날 아침 슈워브는 또다시 제철소를 시찰했다. 야간 근무조가 '6'을 문질러 지우고 그 자리에 '7'이라고 써놓았다.

다음 날 아침, 주간 근무조는 출근해서 바닥에 분필로 커다랗게 쓰인 '7'을 보았다. '7'을 쓰면서 야간 근무조는 자신들이 주간 근무조보다 뛰어나다고 생각했을 것 아닌가? 이에 질세라 주간 근무조도 야간 근무조에게 한 수 가르쳐 주고 싶었을 것이다. 분발한 주간 근무조는 밤이 되어 근무를 끝내면서 여 보란 듯 대문짝만 하게 '10'이라는 숫자를 써놓고 홀연히 사라졌다. 분위기는 달아올랐다.

얼마 안 가 생산량이 크게 뒤처졌던 이 공장은 그 어떤 공장보다 우수한 생산량을 자랑하게 되었다.

어떻게 이것이 가능했던 것일까?

찰스 슈워브의 말을 들어보자.

"그 비결은 경쟁 심리를 자극하는 것입니다. 수단과 방법을 가리지 않고 돈을 벌겠다는 경쟁이 아닌 남보다 앞서고자 하는 욕구를 말하는 것이지요."

남보다 앞서고자 하는 욕구! 도전! 도전장을 던져라! 이는 불굴의 투지를 지닌 사람들에게 호소하는 확실한 방법이다.

이러한 도전 정신이 없었다면 시어도어 루스벨트는 미합중국의 대통령이 되지 못했을 것이다. 쿠바에서 막 돌아온 이 러프라이더 연대Rough Rider 지휘관[1]은 뉴욕 주지사에 당선되었다. 반대파에서 루스벨트가 뉴욕 주의 합법적인 거주민이 아니라는 사실을 밝혀내자 겁에 질린 루스벨트는 사퇴를 희망했다. 그때 토머스 콜리어 플랫이 도전장을 던졌다. 돌연 쟁쟁한 목소리로 "산후안 힐의 영웅은 정녕 겁쟁이인가?"라고 호통을 치며 시어도어 루스벨트를 공격한 것이다.

루스벨트는 투지를 불태웠고 나머지는 말하지 않아도 알 것이다. 한 번의 도전은 루스벨트의 인생만 바꿔놓은 것이 아니라 조국의 미래에도 지대한 영향을 끼치게 되었다.

찰스 슈워브는 도전의 위력을 알고 있었다. 당수였던 플랫도 알고 있었고 앨 스미스 또한 알고 있다.

---

1. 루스벨트는 1898년 스페인 전쟁이 선포되자 국방부 해군 차관보 직을 사퇴하고 러프라이더 연대라는 별명을 가진 민병대 제1의용기병대를 조직했다. 이 민병대를 이끌고 쿠바로 건너가 케틀 힐 전투와 산후안 힐 전투를 지휘해 대승을 거두었다.

앨 스미스는 뉴욕 주지사 재임 기간 중 곤경에 처했다. 악마의 섬Devil's Island2 서쪽에 있는 교도소 중 가장 악명 높은 싱싱 교도소에 교도소장이 없었다. 온갖 스캔들과 추문이 교도소를 휩쓸고 지나갔다. 스미스에게는 싱싱 교도소를 철인처럼 관리해줄 강인한 인물이 필요했다. 하지만 누구를 앉힌단 말인가? 그는 뉴햄프턴의 루이스 E. 로스에게 와달라고 요청했다.

스미스는 로스를 앞에 세워놓고 사뭇 쾌활한 목소리로 말했다.

"싱싱 교도소를 맡아보는 게 어떻겠나? 그곳은 자네처럼 노련한 인물을 필요로 한다네."

로스는 대경실색했다. 싱싱이 얼마나 위험한지 알고 있었기 때문이다. 그곳은 정치판의 변덕에 따라 운명이 왔다 갔다 하는 자리이기도 했다. 교도소장이 하도 자주 바뀌어서 겨우 3주 만에 물러난 사람까지 있을 정도였다. 그에게는 창창한 앞날이 있다. 위험을 무릅쓸 가치가 있었을까?

로스가 망설이는 모습을 보던 스미스는 의자에 몸을 깊숙이 파묻은 채 미소를 지으며 말했다.

"여보게, 자네가 두렵다고 해도 비난할 마음은 없네. 곤란한 자리니까. 그런 곳에 가서 붙어 있으려면 어지간한 배짱 가지고는 안 될 거야."

---

2. 프랑스령 기아나 앞바다의 섬으로 프랑스혁명 시대에 정치범을 유배한 이후부터 한 세기 가까이 유형 식민지(자국 영토 밖의 귀양지)로 쓰였다. 한 번 수용되면 거의 탈출이 불가능해 범죄자들에게 공포의 대상이었다.

이렇게 스미스는 도전 정신을 자극했다. 로스는 '배짱' 있는 사람을 필요로 하는 일을 시도해보는 것도 좋겠다고 생각했다.

그래서 그는 수락했다. 그는 교도소에 오래도록 남아 결국 당대의 가장 유명한 교도소장이 되었다. 그가 쓴 책《싱싱 교도소의 2만 년20000 Years in Sing Sing》은 날개 돋친 듯 팔렸다. 그는 직접 방송에 출연하기도 했다. 그가 들려준 교도소 생활 이야기는 수십 편의 영화에 영감을 주었다. 그는 죄수들을 '인간적으로' 대했고 그 결과 교도소 개혁의 기적이 일어났다.

파이어스톤 타이어와 고무 제조 회사의 창업주인 하비 S. 파이어스톤은 다음과 같은 말을 남겼다.

"오로지 월급만이 인재를 끌어들이거나 붙잡아둘 수 있다는 생각은 결코 해본 적이 없다. ……그것은 오히려 일 자체이다."

성공한 사람들이라면 모두 좋아해 마지않는 것, 그것은 바로 일이다. 일은 자기표현의 기회이자 자신의 가치를 증명하고, 남을 앞서고 남을 이기는 기회이다. 도보 경주나 돼지 멱따는 소리 내기 대회, 파이 먹기 대회를 하는 것도 바로 그런 이유 때문이다. 남보다 앞서고 싶은 욕망, 자중감을 충족시키고 싶은 욕망 때문이다.

따라서 패기 넘치는 사람들에게 당신의 의견을 관철하기 위해 지켜야 할 열두 번째 원칙은,

도전 정신을 자극하라.

사람들에게 나의 의견을 관철하는 12가지 방법

원칙1. 논쟁에서 이길 수 있는 유일한 방법은 논쟁을 피하는 것이다.

원칙2. 상대방의 견해를 존중하고 있음을 보여주어라. "당신이 틀렸다"는 말은 절대 입 밖에 내지 말라는 뜻이다.

원칙3. 당신의 생각이 틀렸으면 한시라도 빨리 열과 성을 다해 그것을 인정하라.

원칙4. 우호적인 태도를 보여라.

원칙5. 상대로 하여금 즉시 "네, 네"라고 대답하게 하라.

원칙6. 상대방이 이야기보따리를 풀어놓게 하라.

원칙7. 무엇이든 상대가 자신이 스스로 생각해냈다고 믿게 하라.

원칙8. 사물을 상대방의 관점에서 볼 수 있도록 성실히 노력하라.

원칙9. 상대방의 생각과 욕망에 공감하라.

원칙10. 고귀한 동기에 호소하라.

원칙11. 아이디어를 극적으로 표현하라.

원칙12. 도전 정신을 자극하라.

4부

얼굴 붉히거나 원망 사지 않고 상대를 변화시키는 9가지 방법

How
to WIN
Friends
and
Influence
People

기어코 지적해야겠다면 이렇게 시작하라

내 친구가 캘빈 쿨리지Calvin Coolidge 대통령 재임 기간 중 어느 주말에 백악관에 초대받아 간 적이 있다. 얼결에 대통령 집무실까지 가게 된 그는 쿨리지 대통령이 비서 중 한 명에게 "오늘 아침에 입은 드레스 아주 예쁘던데! 당신은 정말 매력적인 젊은 여성이야" 하고 말하는 것을 들었다.

'과묵한 칼'[1]이라는 별명까지 붙은 대통령에게 이는 가장 야단스러운 칭찬이었을 것이다. 너무나 이례적이고 뜻밖이라 그 비서는 몹시 당황하여 얼굴을 붉혔다. 그때 쿨리지가 말했다.

"너무 우쭐하지는 말라고. 기분 좋으라고 한 말일 뿐이니까. 자, 그럼 이제부터는 구두점을 찍을 때 조금만 더 신경 씁시다."

너무 뻔한 수법이었을지 몰라도 심리적 효과는 훌륭했다. 장점

---

1. 캘빈의 애칭.

에 대한 칭찬을 들은 뒤에는 껄끄러운 말도 좀 더 수월하게 받아들일 수 있기 때문이다.

이발사는 면도하기 전에 비누 거품을 얼굴에 바른다. 1896년 대선에 출마하면서 매킨리가 보인 행동도 이와 같았다. 당시 공화당원 중 두각을 나타냈던 당원이 선거 연설문을 썼는데, 그 사람은 자신의 연설문이 키케로와 패트릭 헨리[2], 대니얼 웹스터[3]를 모두 합친 것보다 훌륭하다고 생각했다. 환희에 찬 이 청년은 자신이 작성한 불멸의 연설문을 매킨리에게 큰 소리로 읽어주었다. 연설문에는 쓸 만한 부분도 몇몇 있었지만 대체로 형편없었다. 오히려 거센 비난을 불러일으킬 것 같았다. 매킨리는 연설문 작성자의 감정을 상하게 하고 싶지 않았다. 그 사람의 열의에 찬물을 끼얹지 않으면서도 퇴짜는 놓아야 했다. 매킨리가 얼마나 노련하게 이 상황에 대처했는지 살펴보자.

"여보게, 정말 훌륭한 연설문이군. 정말 훌륭하네."

매킨리는 이렇게 서두를 열었다.

"그 누구도 이보다 더 잘 쓸 수는 없었을 거야. 가려운 데를 긁어준 듯한 부분도 꽤 있었네. 그런데 이것이 현 상황에 적합하다고 할 수 있을까? 자네 관점에서 보면 합리적이고 분별 있는 것처럼 보이겠지만 나는 당의 관점에서 그 결과를 숙고해야만 한다네.

---

2. 미국 독립운동 시기의 웅변가로 "자유가 아니면 죽음을 달라"는 명연설을 남긴 인물.
3. 미국의 법률가이자 정치가로 '필그림 파더스' 상륙 기념 연설, '강력한 연방을 위한 변론' 등의 연설로 유명함.

집에 가서 당의 노선에 따라 연설문을 다시 쓴 다음 사본을 보내주게나."

그는 매킨리가 시키는 대로 했다. 매킨리는 원고를 수정해주면서 그가 두 번째 연설문을 다시 작성하는 것을 도와주었고, 그 결과 그는 연설의 효과를 톡톡히 본 대선 후보가 되었다.

여기서 에이브러햄 링컨의 편지 중 두 번째로 유명한 편지를 소개하겠다(가장 유명한 편지는 빅스비 부인에게 보낸 편지로 다섯 아들이 모두 전사한 데 대하여 조의를 표한 편지이다). 링컨은 필경 이 편지를 5분 만에 후딱 해치웠겠지만 이 편지는 1926년 공매를 통해 1만 2000달러에 팔렸는데, 이는 링컨이 50년 동안 성실하게 일해서 모든 돈보다 훨씬 큰 액수였다.

이 편지는 링컨이 남북전쟁의 전망이 가장 어두웠던 시기인 1863년 4월 26일에 조지프 후커 장군에게 보낸 것이었다. 18개월 동안 링컨 휘하의 장군들은 북부연방군을 데리고 다니면서 연거푸 패전의 고배를 마시고 있었다. 부질없고 어리석은 인간의 도살극에 온 나라가 참담한 심정이었다. 수천 명의 병사가 탈영했으며 심지어 공화당 상원의원들조차 들고일어나 링컨을 백악관에서 몰아내려 했다.

"우리는 지금 파멸 직전에 놓여 있습니다. 심지어 하나님조차 우리를 저버리신 것 같습니다. 일말의 희망도 보이질 않는군요."

이와 같은 비탄과 혼돈의 시기에 이 편지가 탄생했다.

이 편지는 국가의 운명이 편지를 받을 장군의 행보에 달린 상황에서, 링컨이 이 망나니 같은 장군을 바꿔보려고 얼마나 노력했는지를 보여주기 때문에 여기에 소개하려 한다.

이 편지는 아마도 에이브러햄 링컨이 대통령에 당선되고 난 후에 쓴 편지 중 가장 통렬한 편지일 것이다. 그럼에도 링컨이 후커 장군의 중대한 과오를 지적하기 전에 칭찬부터 하고 있다는 사실을 알 수 있다.

그렇다, 후커 장군은 중대한 과오를 저질렀다. 그러나 링컨은 과오라는 말을 꺼내지 않았다. 그보다 좀 더 온건하고 외교적인 표현을 썼다. 링컨은 "귀관에게 만족스럽지 못한 부분이 몇 가지 있습니다"라고 썼던 것이다. 이 얼마나 재치 넘치고 외교적인가!

다음은 후커 장군에게 보낸 편지이다.

나는 귀관을 포토맥 부대의 지휘관으로 임명했습니다. 물론 그럴 만한 이유가 충분하다고 여겼으므로 그리한 것이지만, 귀관에게 만족스럽지 못한 부분이 몇 가지 있다는 사실을 알려주는 편이 귀관에게도 이로우리라 생각합니다.

나는 귀관이 용감무쌍하고 노련한 군인이라고 믿고 있습니다. 누구나 그렇듯 나 또한 그러한 군인을 선호합니다. 나는 또한 귀관이 정치와 본분을 혼동하지 않으리라는 믿음을 가지고 있고, 이 부분에서는 귀관이 잘하고 있다고 봅니다. 귀관은 자신감이 강합니다. 반드시 필요한 것은 아니지만 꽤 소중한 자질이지요.

귀관은 야심도 품고 있습니다. 정도를 벗어나지만 않는다면 야심은 해가 되기보다는 득이 됩니다. 그러나 나는 번사이드 장군의 휘하에 있는 동안 귀관이 야망에 눈이 멀어 번사이드 장군에게 불복종했다고 봅니다. 그것은 국가에도, 혁혁한 공을 세운 명예로운 전우에게도 크나큰 잘못입니다.

믿을 만한 소식통에 의하면 귀관은 최근 군대와 정부에는 독재자가 필요하다는 말을 했다고 하더군요. 물론 나는 귀관이 그런 말을 해서가 아니라 오히려 그런 말을 했음에도 임명한 것입니다.

성공한 장군들만이 독재자로 추대될 수 있습니다. 내가 귀관에게 요구하는 것은 군사적 성공이며, 전쟁만 이길 수 있다면 나는 독재의 위험도 무릅쓸 생각입니다.

정부는 지금까지 모든 지휘관을 힘닿는 데까지 지원해왔고 앞으로도 그럴 작정이며, 이는 귀관에게도 마찬가지로 적용될 것입니다. 다만 귀관으로 말미암아 군대 내에서 지휘관을 비난하고 불신하는 풍조가 생겨나 그것이 귀관에게 돌아가지는 않을까 걱정이 깊습니다. 그렇더라도 나는 귀관을 도와 그러한 풍조를 잠재울 것입니다. 귀관뿐만 아니라 나폴레옹이 살아 돌아온다 해도 그러한 풍조가 팽배한 군대로는 아무런 성과를 낼 수 없는 법이니 조심 또 조심하기 바랍니다. 경거망동은 삼가되 두 눈 부릅뜨고 전력을 다해 우리에게 승리를 안겨주십시오.

이 책을 읽고 있는 당신은 쿨리지도, 매킨리도, 링컨도 아니다.

따라서 이러한 원리가 일상적인 비즈니스 거래에서도 유효한지 궁금할 것이다. 과연 그럴 것인가? 한번 살펴보자. 필라델피아에 있는 워크 사의 W. P. 가우의 경우를 예로 들어보겠다. 가우 씨는 우리와 다를 바 없는 평범한 시민이기 때문이다. 그는 내가 필라델피아에서 연 강좌에 참석하던 중, 발표 시간에 수강생 앞에서 다음 사건을 들려주었다.

워크 사는 특정 기일까지 필라델피아에 대규모 사무실 건물을 완공하기로 계약을 맺었다. 모든 것이 계획대로 진행되어 건물은 완공을 앞두고 있었다. 그때 건물 외부에 들어갈 청동장식 작업을 하던 하청업체가 갑자기 납품 날짜를 못 지키겠다고 통고해왔다. 청천벽력 같은 소리였다. 건물 전체의 공사가 지연된다는 뜻이었기 때문이다. 막대한 위약금을 물고 어마어마한 손실이 발생할 텐데, 이 모든 것이 한 사람 때문이라니!

장거리 전화로 논쟁과 열띤 토론을 벌였지만 아무 소용이 없었다. 그러자 이에 당당히 맞설 용사로서 가우 씨가 뉴욕에 있는 적의 소굴로 파견되었다.

가우 씨는 그 하청업체 사장의 사무실에 들어서면서 이렇게 물었다.

"사장님 이름을 가진 사람이 브루클린에 사장님 한 분밖에 없다는 사실을 알고 계셨나요?"

그러자 사장이 놀라며 대답했다.

"아니요, 몰랐습니다."

"글쎄, 오늘 아침 기차에서 내려서 사장님 주소를 찾으려고 전화번호부를 찾아보았더니 브루클린 전화번호부에 사장님 이름을 가진 분은 사장님밖에 없지 뭡니까?"

"정말 몰랐습니다."

사장이 흥미를 보이며 전화번호부를 뒤적였다.

"하긴, 특이한 이름이긴 하지요. 저희 집안은 약 200년 전에 네덜란드에서 이민을 와서 뉴욕에 정착했답니다."

그가 자랑스럽다는 듯 말했다.

그는 한동안 자기 집안과 조상에 관해 이야기를 계속했다. 그가 이야기를 마치자 가우 씨는 자신이 여태까지 방문했던 고만고만한 여러 공장과 하청업자의 공장을 비교하면서 그 규모에 감탄을 표했다.

"제가 지금까지 본 공장 중에서 가장 깨끗하고 질서정연한 청동 제작 공장입니다." 하고 가우 씨는 말했다.

그러자 사장이 말했다.

"제 평생을 바쳐 일으킨 사업이라 자부심을 느끼고 있습니다. 그래서 말인데 공장을 한번 둘러보시겠습니까?"

공장을 견학하던 중 가우 씨는 제작 방식을 칭찬하면서 경쟁 업체보다 우수해 보이는 이유를 물었다. 가우 씨가 처음 보는 기계에 대해서 몇 마디 언급하자 사장은 자신이 직접 발명한 기계라고 했다. 사장은 가우 씨에게 시간을 들여가며 그 기계들의 작동 방식과 우수한 결과물을 보여주었다. 그는 손님에게 점심을 대접하고 싶다고 우겼다. 눈치챘는지 모르겠지만 그때까지도 가우 씨는 방문 목적에 대해 한마디도 꺼내지 않았다.

점심을 함께한 후, 사장이 말했다.

"자, 이제 사업 얘기를 시작해봅시다. 당신이 여기까지 온 이유는 저도 알고 있습니다. 그래서 이번 만남이 이렇게 재미있으리라고는 생각도 못했습니다. 다른 주문이 밀리는 한이 있더라도 당신네 회사가 주문한 물건만은 제날짜에 보내드릴 테니까 믿으시고 필라델피아로 돌아가셔도 좋습니다."

가우 씨는 요구조차 하지 않고 소기의 목적을 달성했다. 물건은 제날짜에 도착했으며 건물은 계약서에 명시된 기간 안에 완공되었다.

가우 씨가 그런 때 으레 동원하는 강압적인 방법을 이용했다면 저런 결과를 얻을 수 있었을까?

얼굴을 붉히거나 원망을 사지 않고 상대방을 바꾸기 위해 지켜야 할 첫 번째 원칙은,

먼저 상대를 칭찬하고 진심으로 인정해주어라.

2장

미움을 사지 않고 비난하는 방법

어느 날 오후 자신의 제철소 중 한 군데를 시찰하던 중 찰스 슈워브는 종업원 몇몇이 담배를 피우고 있는 모습을 우연히 보게 되었다. 그들의 머리 바로 위에는 '금연'이라는 팻말이 붙어 있었다. 슈워브가 팻말을 가리키며 "자네들은 글씨도 못 읽나?" 하고 호통을 쳤을까? 그는 그럴 사람이 아니었다. 그는 종업원들에게 다가가 차례차례 시가를 건네주면서 "밖에서 피워주면 대단히 고맙겠네, 제군들" 하고 말했다. 종업원들은 자신들의 규칙 위반 사실을 알고도 슈워브가 그에 대해 아무 말 하지 않고 작은 선물을 줌으로써 자중감을 느끼게 해주었기 때문에 그를 우러러보게 되었다. 그런 사람을 어떻게 좋아하지 않을 수가 있겠는가?

존 워너메이커도 이와 똑같은 방법을 이용했다. 워너메이커는 필라델피아에 있는 그의 백화점을 매일 돌아보곤 했다. 한번은 손님이 계산대에서 기다리고 있는 모습을 보았다. 그런데 아무도 그 여자 손님을 거들떠보지 않았다. 판매원들은 무엇을 하고 있었을까? 그들은 계산대 맨 끝에 옹기종기 모여 자기들끼리 웃고 떠들고 있었다. 계산대 뒤로 살그머니 넘어간 워너메이커는 자신이 직접 그 여자 손님을 상대하고는 판매원들에게 구매한 물건을 포장하라며 넘겨주고 나가버렸다.

1887년 3월 8일, 유명한 설교자 헨리 워드 비처가 유명을 달리했다. 그다음 일요일, 라이먼 애벗은 비처가 별세하여 텅 비게 된 설교단에서 연설해달라는 부탁을 받았다. 최선을 다하고 싶은 마음에 그는 플로베르 저리 가랄 정도로 꼼꼼하게 연설문을 몇 번이나 고쳐 쓰고 다듬었다. 그러고 나서 아내에게 연설문을 읽어주었다. 대부분 연설문이 그렇듯 그의 연설문 또한 형편없었다. 그의 아내가 사려 깊지 못한 사람이었다면 "여보, 정말 형편없네요. 그런 글 가지고는 어림도 없을 거예요. 사람들이 전부 졸겠어요. 백과사전을 읽는 것 같으니까요. 그렇게 오랫동안 설교를 했으면서 어쩜 하나도 안 늘 수가 있나요? 세상에, 동물도 그거보단 잘하겠어요. 자연스럽게 할 순 없는 거예요? 그걸로 설교했다간 망신만 당할 거예요" 하고 말했을 것이다.

그의 아내는 그렇게 말할 **수도** 있었다. 만약 그렇게 말했다면 어떻게 되었을지는 누구나 알 수 있을 것이다. 물론 그의 아내도 알고 있었다. 그래서 그녀는 〈노스아메리칸 리뷰North American Review〉에 내기에 딱 좋은 글이라고만 말했다. 다시 말해서 그녀는 칭찬과 동시에 연설문으로서 부족하다는 말을 넌지시 암시했던 것이다. 속뜻을 알아챈 라이먼 애벗은 원고를 조심스럽게 찢어버리고는 메모조차 없이 설교했다.

　얼굴을 붉히거나 원망을 사지 않고 상대방을 바꾸기 위해 지켜야 할 두 번째 원칙은,

실수를 간접적으로 깨닫게 하라.

How to Win Friends and Influence People

자신의 실수를 먼저 털어놓아라

몇 년 전 내 조카 조세핀 카네기가 내 비서가 되려고 고향인 캔자스에 있는 집을 떠나 뉴욕에 왔다. 그 아이는 열아홉 살로 3년 전에 고등학교를 졸업했지만 사실상 경력이 거의 없었다. 지금은 수에즈 운하 서쪽에서 가장 능숙한 비서가 되었지만 뭐랄까, 처음에는 개선의 여지가 많았다. 어느 날에는 이 아이를 혼내다가 나에게 이렇게 혼잣말을 했다.

'데일 카네기, 잠깐만, 잠깐만 기다리자. 너는 조세핀보다 나이가 두 배나 많은 어른이야. 직장 생활은 열 배나 더 오래 했고. 그런데 어떻게 저 아이가 변변치 않을지언정 너 못지않은 관점, 판단력, 책임감을 갖추고 있을 거라 기대할 수가 있는 거지? 데일, 생각해봐, 너는 열아홉 살에 무엇을 하고 있었지? 너도 그맘때는 어처구니없는 실수를 저질렀잖아? 개구리 올챙이 적을 벌써 잊은 거야?'

그 문제를 솔직하고 공평하게 심사숙고한 끝에 나는 열아홉 살에 조세핀 정도의 타율이면 나보다 나을뿐더러, 부끄럽지만 조세핀에 대한 내 칭찬이 인색했다는 결론을 내렸다.

그다음부터는 조세핀에게 실수를 지적하고 싶을 때 이렇게 말문을 열곤 했다.

"조세핀, 실수했구나. 하지만 맹세코, 나는 그보다 더한 실수도 했단다. 판단력은 태어날 때부터 주어지는 것이 아니라 경험을 쌓으면서 기르는 것이란다. 그런데 너는 그맘때 나보다 낫더구나. 나 또한 어리석고 터무니없는 실수를 너무 자주 저질렀기 때문에 너든 그 누구든 나무랄 마음은 없단다. 하지만 여차여차하게 했더라면 훨씬 낫지 않았겠니?"

상대방이 나의 실수를 지적하기에 앞서 그 자신 또한 완벽과는 거리가 멀다는 점을 겸허하게 인정한다면, 내 잘못을 읊는 소리도 별로 거슬리지 않는 법이다.

세련되기로 유명한 베른하르트 폰 뷜로 공작은 이런 방식의 필요성을 1909년에 절실히 깨달았다. 폰 뷜로가 독일제국의 총리였을 당시 황제는 빌헬름 2세였다. 오만불손하고 안하무인이었던 독일의 마지막 황제, 천하무적이라며 뽐내던 육군과 해군을 육성한 바로 그 황제 말이다.

그러던 어느 날 놀라운 일이 벌어졌다. 빌헬름 2세가 도저히 믿을 수 없는, 유럽을 발칵 뒤흔들어놓고 나아가 전 세계에 울려 퍼지게 될 포성의 시발점이 된 발언을 한 것이다. 설상가상으로 어리석고 자기중심적이며 바보 같은 공표를 했는데, 영국을 공식 방문한 기간에 내뱉은 그러한 경솔한 발언을 황제가 〈데일리 텔레그래프Daily Telegraph〉지에 실어도 좋다고 윤허까지 내리고 말았다. 발언의 내용을 살펴보면 자신이 영국에 대하여 호감을 품고 있는 유일한 독일인이며 일본의 위협에 대항하여 해군을 구축 중이고 영국을 러시아와 프랑스의 침략으로부터 구해준 것은 오로지 자신뿐이었고 영국의 로버츠 경이 남아프리카의 보어 전쟁에서 승리할 수 있었던 것도 순전히 **자신의** 전략 덕분이었다는 둥 횡설수설을 서슴지 않았다.

평시에 유럽 황제의 입에서 이러한 망언이 흘러나온 일은 100년을 통틀어 처음 있는 일이었다. 유럽 전체가 벌집을 쑤셔 놓은 것처럼 발칵 뒤집혔다. 영국은 격분했고 독일의 정계는 아연실색했다. 이러한 소란의 와중에 공황 상태에 빠진 황제는 제국의 총리인 폰 뷜로 공작에게 책임을 떠넘겼다. 그렇다, 황제는 폰 뷜로가 이 모든 것은 자기 불찰이며 국왕에게 이처럼 허무맹랑한 발언을 하라고 조언한 것도 자신이라고 발표해주기를 바랐던 것이다.

폰 뷜로는 이의를 제기했다.

"하지만 폐하, 제 짧은 소견으로는 독일이건 영국이건 제가 폐하께 그런 발언을 하라고 조언했으리라 여기는 사람은 하나도 없을 것이옵니다."

폰 뷜로는 이 말을 내뱉은 순간 아차 싶었다. 황제가 분통을 터트렸던 것이다.

황제는 "본인을 경으로서는 도저히 저지를 리가 없는 실수나 저지르는 바보로 여기는군!" 하고 버럭 성을 냈던 것이다.

폰 뷜로는 비난에 앞서 칭찬을 해야 했다는 사실을 깨달았다. 그러나 때는 이미 늦었으므로 차선책을 썼다. 비난 후에 칭찬을 늘어놓았던 것이다. 그 효과는 칭찬이 으레 그렇듯 기적적이었다.

폰 뷜로가 정중하게 말했다.

"그럴 리가 있겠습니까. 폐하는 모든 면에서 저보다 앞서 계십니다. 해군과 육군에 관한 지식은 두말할 것도 없고 무엇보다도 자연과학에서 저는 폐하 발치에도 못 미치는 걸요. 폐하께서 기압계나 무선전신, 뢴트겐선을 설명하는 것을 들을 때는 감탄이 절로 나왔습니다. 부끄럽게도 저는 자연과학 분야에 대해서는 무지하며 화학이나 물리학은 감도 못 잡고 있습니다. 가장 단순한 자연현상조차 똑 부러지게 설명하지 못할 정도입니다. 그 대신 역사에 대한 지식은 조금 갖추고 있고 정치학 특히 외교 분야에 대해서는 꽤 쓸모 있는 지식을 가지고 있지요."

황제의 얼굴이 금세 환해졌다. 폰 뷜로가 자신을 칭찬했기 때문이다. 폰 뷜로는 황제를 한껏 치커세우고 자신은 낮추었던 것이다. 그러자 황제는 어떤 일도 용서할 수 있게 되었다.

황제는 들뜬 표정으로 의기양양하게 말했다.

"그러게 내가 우리는 찰떡궁합이라고 전부터 말하지 않았는가? 우리는 뭉쳐야 하네, 앞으로도 계속!"

황제는 폰 뷜로의 손을 잡고 몇 번이고 악수했다. 그날 오후가 되어 기분이 최고조에 달한 황제는 두 주먹을 불끈 쥔 채 "누구든 나한테 폰 뷜로 대공을 헐뜯는 말을 하면 **코가 부러질 줄 알라**"며 고래고래 고함을 쳤다.

때맞춰 화를 면하기는 했지만 날고 기는 외교관이었던 폰 뷜로도 한 가지 오류를 범하고 말았다. 황제가 방패막이로 쓸 사람이 절실한 나머지 정신이 나갔다고 공격할 것이 아니라 자신의 단점과 빌헬름 2세의 우월한 점에 관한 말부터 **시작했어야** 했는데 그러질 못했던 것이다.

자신을 낮추고 상대를 치켜세우는 말 몇 마디를 함으로써 모욕을 당했다고 느낀 오만한 황제를 든든한 아군으로 바꿀 수 있었다면, 겸손과 칭찬이 일상생활에서 우리 같은 평범한 사람들에게 어떤 결과를 가져다줄지 한번 상상해보라. 적시적지에 사용하기만 한다면 겸손과 칭찬은 인간관계에서 참된 기적을 빚어낼 수 있을 것이다.

얼굴을 붉히거나 원망을 사지 않고 상대방을 바꾸기 위해 지켜야 할 세 번째 원칙은,

상대방을 비난하기 전에 자신의 실수부터 인정하라.

How
to WIN
Friends
and
Influence
People

| 4장 |

명령을 좋아하는 사람은 없다

언젠가 미국 전기작가협회장인 아이다 타벨 여사와 저녁 식사를
함께할 기회가 있었다. 내가 본 저서를 집필 중이라는 이야기를
꺼내면서 우리의 대화 주제는 인간관계라는 지극히 중요한 주제
로 넘어가게 되었다. 타벨 여사는 오언 D. 영의 전기를 쓸 당시 영
과 같이 3년간 같은 사무실을 썼던 사람과 인터뷰했다고 한다. 그
남자는 영이 누구에게든 대놓고 명령하는 것을 한 번도 보지 못
했노라고 자신 있게 말했다고 한다. 영은 명령이 아니라 제안을
했다. 가령 오언 D. 영은 "이래라, 저래라" 또는 "이러지 마라, 저러
지 마라"와 같은 식으로는 절대로 말하지 않았다. 대신 그는 "이런
것도 생각해보시면 어떨까요?" 또는 "그렇게 하면 될까요?"라고
말하곤 했다. 편지를 구술하게 한 뒤에도 종종 "이 점에 대해서는
어떻게 생각하십니까?" 하고 물었다. 어떤 직원이 작성한 문서를
검토하던 영은 "이 부분은 이렇게 고치면 더 좋을 것 같은데" 하

고 말하곤 했다. 그는 항상 상대방에게 스스로 해결할 기회를 주었다. 직원들에게도 일하라고 시킨 적이 결코 없었다. 스스로 실수를 통해 배우도록 해주었다.

이러한 방법은 상대방이 쉽게 잘못을 바로잡을 수 있게 해준다. 상대방의 자존심을 세워주고 자중감을 느끼게 해주며 반감보다 협력을 이끌어낸다.

얼굴을 붉히거나 원망을 사지 않고 상대방을 바꾸기 위해 지켜야 할 네 번째 원칙은,

직접 명령을 내리기보다 요청하라.

5장

상대방의 체면을 세워주어라

여러 해 전 제너럴일렉트릭 사는 찰스 스타인메츠를 부서장에서 해임해야 하는 난감한 상황에 부닥치게 되었다. 스타인메츠는 전기에 관한 한 타의 추종을 불허하는 천재였으나 기획부서장으로서는 낙제생이었다. 그런데도 불구하고 회사는 스타인메츠를 감히 해고하지 못하고 있었다. 없어서는 안 되는 인물인 데다 그가 극도로 예민한 성격의 소유자였기 때문이다. 그래서 회사는 그에게 새로운 직함을 주었다. 업무는 현재와 달라지는 것이 없었지만 제너럴일렉트릭 사의 컨설팅 엔지니어라는 새로운 직책에 앉히고는 부서장은 다른 사람에게 맡겼다.

스타인메츠는 만족했다.

제너럴일렉트릭 사의 임원들도 만족스러웠다. 성미가 가장 까다로운 인물을 인사이동시키면서 얼굴 붉힐 일 없이 그의 체면도 세워줄 수 있었기 때문이다.

누군가의 체면을 세워주는 것! 그것은 아무리 강조해도 지나치지 않는다! 그런데도 이 부분에 대해서 곰곰이 생각해보는 이가 우리 중 몇 명이나 되는가! 우리는 상대방의 자존심에 생길 상처 따위에는 아랑곳없이 제 고집만 피우고 허물을 들춰내고 으름장을 놓고 다른 사람들이 있는 자리에서 자녀나 종업원을 혼내는 등 타인의 감정을 짓밟는다. 그러나 잠깐 생각해보고 사려 깊은 한두 마디 말을 건네고 상대방의 사고방식을 진심으로 이해해준다면 상처를 최소화할 수 있을 것이다.

다음번에 종업원을 해고하거나 질책해야 하는 달갑지 않은 상황에 부닥치거든 이 말을 기억하도록 하자(이 말은 공인회계사인 마셜 A. 그레인저가 내게 보낸 편지에서 발췌한 것이다).

"종업원을 해고하는 일은 별로 재미없는 일입니다. 해고당하는 처지에서는 더더욱 재미가 없겠지요.

우리가 하는 일이라는 게 대개 시기를 탑니다. 따라서 3월에는 많은 사람을 해고해야 하지요. 우리끼리 하는 말이 있습니다. 누군들 모가지 자르는 걸 좋아서 하겠느냐는 것이죠. 따라서 될 수 있으면 신속하게 마무리하는 습관이 생겼고 대개는 다음과 같은 방식으로 진행합니다.

'스미스 씨, 앉으시죠. 소득세 신고철이 끝났으므로 당신에게 더는 맡길 일이 없습니다. 바쁜 시기에만 임시로 채용되었다는 사실은 물론 알고 계셨겠지요……'

이런 말을 듣고 이 사람들은 실망감과 '낙오자'라는 느낌을 받습니다. 이들은 대부분 평생을 회계 업무에 종사한 자들이지만 자신들을 밥 먹듯 버리는 회사에 특별한 애정을 가질 수가 없습니다.

저는 최근 이런 임시직 직원들을 좀 더 요령껏 사려 깊은 방법으로 해고해야겠다고 마음먹었습니다. 그래서 한 사람씩 불러들일 때마다 반드시 그 사람이 겨우내 한 일에 대해서 주의 깊게 생각해봅니다. 해고를 알리는 말도 이렇게 바꿔보았습니다.

'스미스 씨, 그동안 수고가 많았습니다. 뉴어크 파견 업무가 꽤 고되셨을 줄로 압니다. 그런데도 현장에서 활약이 대단했다고 들었습니다. 따라서 우리 회사는 스미스 씨를 매우 자랑스럽게 여기는 바입니다. 유능하신 분이니 어딜 가든 잘해내실 것입니다. 저희는 스미스 씨를 믿어 의심치 않으며 늘 성원을 아끼지 않을 것입니다. 이 점 잊지 말아주시길 부탁드립니다.'

결과요? 사람들은 해고에 대해서 전보다 훨씬 좋은 감정을 품고 회사를 떠납니다. '낙오자'라는 느낌도 받지 않고요. 일거리만 있었다면 자신들을 해고하지 않았을 거라는 사실도 알고 있습니다. 따라서 다음에 다시 그들을 채용하게 되면 그때는 이전보다 더 강한 애착을 품고 돌아오겠지요."

작고한 드와이트 모로에게는 서로 못 잡아먹어 안달이 난 호전적인 사람들을 화해시키는 묘한 재주가 있었다. 비결이 뭐냐고? 우선 양쪽의 옳은 점을 세심하게 찾아내어 이를 칭찬하고 강조한

다음 조심스럽게 서로가 그것을 알아차리게 했고, 어떻게 해결이 나건 당사자 중 누구도 비난하는 법이 없었다.

중재자라면 누구나 알고 있는 것, 그것은 바로 양쪽의 체면을 지켜주어야 한다는 사실이다.

정말 중요한 거물들은 너무 바빠서 사사로운 승리에 뿌듯해할 틈 따위는 없다. 예를 들어보자.

1922년, 수 세기 동안 대립과 반목을 거듭하던 끝에 터키는 그리스인을 터키 땅에서 영원히 몰아내기로 결심했다.

무스타파 케말은 병사들 앞에서 나폴레옹처럼 연설하면서 "제군들의 목표는 지중해"라고 했고 역사상 가장 격렬한 전쟁 가운데 하나가 이렇게 시작되었다. 터키가 승리하여 그리스의 두 장군인 트리코피스와 디오니스가 항복하기 위해 케말의 본진에 들어왔을 때, 터키 국민은 완패한 적군에게 천벌을 내려야 한다며 난리였다.

그러나 케말의 태도에는 완승한 기색이 전혀 드러나지 않았다.

적장의 양손을 꼭 잡으면서 "여기 앉으시오. 피곤하겠군요" 하고 말할 뿐이었다.

그런 다음 군사 작전에 관하여 상세하게 논하고 난 후, 다음과 같은 말로 완패의 충격을 누그러뜨렸다.

"전쟁이란 모름지기 가장 뛰어난 사람도 질 때가 있는 게임이지요."

승리의 기쁨이 최고조에 달해 있을 때조차 케말은 중요한 원칙
(우리에게는 다섯 번째 원칙)을 잊지 않았던 것이다.

상대방의 체면을 세워주어라.

How to Win Friends and Influence People

6장

사람들을 격려하여 성공으로 이끄는 방법

내가 아는 사람 중에 피트 발로란 사람이 있다. 그는 동물 쇼를 하면서 평생 서커스와 보드빌 쇼voudevills shows단1과 함께 유랑 생활을 했다. 나는 피트가 쇼에 내보낼 개를 처음으로 훈련하는 모습을 구경하는 것이 그렇게 좋을 수가 없었다. 개가 조금이라도 잘하는 모습을 보이면 피트는 그 즉시 개를 쓰다듬어주고 칭찬하고 고기를 주면서 수선을 떨었다.

전혀 새로울 것 없는 방법이다. 동물 조련사들이 오래전부터 써오던 방법이다.

동물의 행동을 바꿀 때 사용하는 이러한 상식적인 방법을 사람의 행동을 바꿀 때 사용해보는 것은 어떨까? 채찍 대신 고기를, 비난 대신 칭찬을 해보면 어떨까? 조금이라도 진전을 보이면 칭찬

---

1. 노래, 춤, 만담, 곡예 따위를 섞은 쇼.

을 해주자. 그것을 계기로 상대방은 앞으로도 계속 잘하고 싶은 의욕을 품게 된다.

루이스 E. 로스 교도소장은 조금이라도 진전을 보였을 때 칭찬을 해주면, 그 사람이 심지어 싱싱 교도소에 갇힌 철면피 범죄자일지라도 이롭게 작용한다는 사실을 알게 되었다. 로스 소장은 이번 장을 집필하던 중 필자가 받은 편지에 이렇게 적고 있다.

"저는 수감자들의 노력에 합당한 인정을 해주면 그들이 저지른 범죄를 혹독하게 비난하고 질책할 때보다 훨씬 수월하게 협력을 얻어낼 수 있으며 궁극적으로 갱생도 촉진할 수 있다는 사실을 알게 되었습니다."

싱싱 교도소에 갇힌 적은 없지만(적어도 아직까지는) 돌이켜보면 내 인생에도 미래를 180도 바꿔놓은 칭찬의 말 몇 마디를 들었던 결정적인 순간이 있다. 당신의 인생에도 그러한 순간이 있지 않은 가? 역사 속에는 순전히 칭찬 덕분에 벌어진 마법과도 같은 사례 가 수없이 많다.

예를 들어보자. 반세기 전 나폴리의 공장에서 일하던 열 살짜리 소년이 있었다. 그는 가수가 되고 싶었지만 처음 노래를 가르쳐준 스승 때문에 꿈을 접을 뻔했다. 스승이 이런 말을 했기 때문이었다.

"너는 노래를 할 수 없어. 가창력이 전혀 없기 때문이지. 네 목소리는 창문 틈으로 들어오는 바람 소리 같아."

그러나 가난한 농부였던 소년의 어머니는 소년을 꼭 안아주면서 칭찬을 해주었고 노래를 잘한다고 말해주었다. 어머니는 아들의 노래가 벌써 늘었다면서 성악 레슨비를 벌기 위해 두 발 벗고 나섰다. 농사꾼 어머니의 칭찬과 격려가 소년의 인생을 뒤바꿔놓았다. 여러분도 그의 이름을 들어본 적이 있을 것이다. 그 소년의 이름은 엔리코 카루소Enrico Caruso였다.

오래전 런던에 작가를 꿈꾸는 한 젊은이가 살았다. 그러나 온 우주가 그의 꿈을 반대하는 것 같았다. 학교도 4년 이상을 다녀보지 못했고 그의 아버지는 빚을 갚지 못해 감방 신세를 지게 되었으며 그는 하루가 멀다 하고 배를 곯아야 했다. 마침내 쥐가 득시글거리는 창고에서 구두약 병에 상표 붙이는 일을 구했지만, 밤에는 음침한 다락방에서 런던의 빈민가를 떠돌아다니는 부랑아 두 명과 잠을 자야 했다.

이 젊은이는 자신의 글 솜씨에 너무나 자신이 없었던 나머지 남들의 비웃음거리가 될까 봐, 처음 쓴 원고도 한밤중에 몰래 밖으로 나가 부치고 올 정도였다. 원고는 보내는 족족 퇴짜를 맞았다. 마침내 원고가 채택되어 그에게도 기쁜 날이 찾아왔다. 원고료는 한 푼도 받지 못했지만 어느 편집자가 그를 칭찬하고 인정해주었다. 그는 감격에 겨워 두 뺨 위로 눈물을 줄줄 흘리면서 정처 없이 거리를 돌아다녔다.

한 편의 글이 출간되면서 받은 칭찬과 인정이 이 젊은이의 인생을 뒤바꿔놓았다. 그때 그 격려가 없었더라면 그 젊은이는 평생

쥐가 창궐하는 공장에서 벗어나지 못했을 것이다. 여러분은 이 소년의 이름 또한 들어본 적이 있을 것이다. 그의 이름은 다름 아닌 찰스 디킨스Charles Dickens였다.

반세기 전 런던의 또 다른 소년은 포목점의 점원으로 생계를 꾸려나갔다. 그는 새벽 5시에 일어나 가게를 청소하고 하루에 14시간을 뼈 빠지게 일해야 했다. 소년은 고되고 단조롭기만 한 이 일을 지긋지긋하게 여겼다. 2년이 지난 뒤 더는 견딜 수가 없게 된 소년은 가정부로 일하고 있던 어머니와 의논하려고 24킬로미터를 넘게 걸어갔다.

그는 미칠 것 같은 심정에 어머니에게 울면서 애원했다. 그 가게를 그만두지 못하면 자살하겠노라고 맹세했다. 그러고는 옛 교장 선생님께 상심이 너무 커서 더는 살고 싶은 마음이 없다는 내용의 길고 애처로운 편지를 보냈다. 교장 선생님은 그를 칭찬하더니 그와 같이 머리가 좋은 사람은 그보다 훌륭한 일에 적합하다고 거듭 강조하고는 교사 자리를 제안했다.

그 칭찬은 소년의 앞날을 바꿔놓았고 그는 영문학사에 길이 남을 발자취를 남겼다. 왜냐하면 그 소년은 자라서 77권의 책을 쓰고 글로 백만장자가 되었기 때문이다. 당신도 아마 그의 이름을 들어보았을 것이다. 그의 이름은 바로 H. G. 웰스H. G. Wells2이다.

---

2. 허버트 조지 웰스는 SF소설가이자 문명 비평가이다. 《타임머신(The Time Machine)》, 《투명인간(The Invisible Man)》, 《우주전쟁(The War of the Worlds)》 등을 남겼다.

1922년 한 젊은이가 캘리포니아의 어느 벽지僻地에서 부인과 함께 어렵사리 생계를 꾸려가고 있었다. 일요일이면 교회 성가대에서 노래를 불렀고 가끔 결혼식에서 '약속해주세요Oh Promise Me'를 불러주고 5달러를 받기도 했다. 너무나 궁핍한 나머지 시내에서 살 형편도 못 되어 포도밭 한가운데 있는 다 무너져가는 집을 빌려 살았다. 월세는 12달러 50센트였다. 하지만 그렇게 낮은 임대료조차 낼 수가 없어 10개월이나 집세가 밀린 상태였다. 임대료를 내려고 그는 포도밭에서 포도 따는 일을 했다. 그는 나에게 어떤 때는 포도밖에 먹을 것이 없을 때도 있었다고 했다. 크게 상심하여 가수로서의 꿈을 접고 먹고살기 위해 트럭 판매원이 되려던 찰나에 루퍼트 휴스가 그를 칭찬해주었다. "당신은 가수에 소질이 있습니다. 뉴욕에서 성악 공부는 해야 하겠지만요" 하고 말해주었던 것이다.

그 젊은이를 최근 만났는데 그러한 칭찬, 약간의 격려가 삶의 전환점이 되었다면서 이를 계기로 2500달러를 빌려 동부에서 새 출발을 했다고 한다. 이 젊은이의 이름 또한 들어보았을 것이다. 그의 이름은 로런스 티벳Lawrence Tibbett3이다.

사람을 바꾼다는 것, 이는 참으로 경이로운 일이다. 우리가 만나는 사람들로 하여금 자기 안에 숨겨진 보물을 깨닫게 할 수 있

---

3. 미국의 바리톤 가수.

다면 사람을 바꾸는 것 이상의 일을 할 수 있을 것이다. 말 그대로 사람을 탈바꿈시킬 수 있다.

과장이라고? 그렇다면 미국이 배출한 가장 유명한 심리학자이자 철학자인 윌리엄 제임스 교수가 남긴 현명한 말을 음미해보라.

우리가 가진 잠재력에 비하면 우리는 반만 깨어 있다. 우리는 육체적·정신적 능력의 극히 일부분만을 이용하고 있다. 폭넓은 의미에서 우리 인간은 한계에 훨씬 못 미치는 삶을 살고 있다. 인간은 무한한 능력이 있으면서도 그 능력을 습관적으로 방치하고 있다.

그렇다, 지금 이 글을 읽고 있는 당신 또한 무한한 능력을 품고 있으면서도 그 능력을 습관적으로 방치하고 있다. 그렇게 십분 발휘하지 못하고 사장되는 능력 가운데 하나가 아마도 다른 사람을 칭찬하고 그들의 잠재력을 깨닫게 하는 마법 같은 능력일 것이다.

얼굴을 붉히거나 원망을 사지 않고 상대방을 바꾸기 위해 지켜야 할 여섯 번째 원칙은,

조금이라도 진전이 보이면 지나치지 말고 반드시 칭찬하라.
"마음에서 우러나온 칭찬을 아낌없이" 하라.

7장

착한 개라고 소문을 내라

뉴욕 스카스데일 브루스터 로드 175번지에 거주하는 내 친구 어니스트 젠트 부인은 하녀를 채용하면서 다음 주 월요일부터 출근하라고 했다. 그 사이 젠트 부인은 전에 이 하녀를 고용했던 여자에게 전화를 걸어보았다. 마음에 쏙 들지는 않았다고 했다. 하녀가 처음으로 출근하던 날 젠트 부인은 이렇게 말했다.

"넬리, 엊그제 네가 일하던 집 부인께 전화를 걸어보았단다. 부인이 말하길 네가 정직하고 믿음직하고 요리 솜씨도 훌륭한데, 아이들도 그렇게 잘 보살폈다고 하더구나. 하지만 꼼꼼하질 못하고 집 청소는 깔끔하지 않았다고도 하셨지. 그런데 그 부인 말이 거짓말인 것 같구나. 누가 봐도 이렇게 단정하게 옷을 입은 사람이 그럴 리가 없잖니. 틀림없이 너는 집도 너처럼 깔끔하게 가꿀 거야. 우리 둘이 서로 잘 지내보자꾸나."

둘은 정말 잘 지냈다. 넬리에게는 이제 지켜야 할 평판이 생겼고 넬리가 정말로 그 평판에 부끄럽지 않게 처신했기 때문이다. 넬리는 집 안을 반짝반짝 윤이 날 정도로 깨끗하게 청소했다. 젠트 부인이 자신에게 품고 있는 이상적인 모습에 어긋나지 않기 위해 시간이 더 걸리더라도 기꺼운 마음으로 바닥을 박박 문지르고 먼지를 탈탈 털었을 것이다.

당시 볼드윈 철도의 회장이었던 새뮤얼 보클레인은 이렇게 말했다.

"보통 사람이라면 그 사람이 당신을 존경하고 있고 당신도 그 사람이 갖춘 특별한 능력을 존경하고 있다는 사실을 보여주면 손쉽게 원하는 방향으로 이끌 수 있다."

간단히 말하면 어떤 사람의 특정한 일면을 개선하고 싶다면 그 특정한 일면이 이미 그 사람의 장점 가운데 하나인 것처럼 말하라는 뜻이다. 셰익스피어는 "덕을 갖추지 못했으면 있는 척이라도 하라"고 했다. 상대방이 길렀으면 하는 덕목이 있으면 그가 이미 그 덕목을 가지고 있다고 생각하고 이러한 자신의 생각을 알리라는 뜻이다. 지켜야 할 평판을 부여해주면 사람들은 상대방이 실망하게 하지 않으려고 각고의 노력을 기울일 것이다.

조젯 르블랜드는 저서 《추억, 마테를링크와 함께한 내 인생 Souvenirs, My Life with Maeterlinck》에서 보잘것없던 벨기에 출신 신데렐라의 놀라운 변신에 대해서 이렇게 묘사하고 있다.

"인근 호텔의 하녀가 내 식사를 가지고 왔다. 그 아이는 처음에 시작한 일이 접시닦이 보조여서 별명이 '접시닦이 매리'였다. 사팔뜨기에 안짱다리인 소녀는 외면과 내면 모두 볼품없는 괴물 같았다.

어느 날 그 아이가 빨개진 손으로 내 마카로니 접시를 들고 있을 때, 나는 지체 없이 이렇게 말했다.

'매리, 네 안에 어떤 보물이 숨어 있는지 모르는 모양이구나.'

자신의 감정을 숨기는 데 익숙했던 매리는 어떤 사달이 날지 무서워 감히 옴짝달싹하지도 못하고 가만히 서 있기만 했다. 그러더니 테이블 위에 접시를 올려놓고는 한숨을 쉬며 솔직하게 털어놓았다.

'부인, 평소의 저였다면 그 말을 결코 믿지 못했을 거예요.'

소녀는 의심하지도 않았고 질문하지도 않았다. 그저 주방으로 돌아가 내가 해준 말을 되풀이하기만 했을 뿐이다. 그리고 그 강력한 신념의 힘은 이제 더는 아무도 그녀를 조롱하지 못하게 만들었다. 그날 이후 소녀는 심지어 배려까지 받게 되었다. 그러나 모든 변화 가운데서도 가장 경이로운 변화는 보잘것없던 매리 자신에게서 일어났다. 자기 안에 보이지 않는 기적이 숨어 있다고 믿게 된 매리는 더욱 정성을 들여 얼굴과 몸을 가꾸기 시작했고 그 결과 관심에 굶주려 있던 젊음이 활짝 피어나 못생긴 얼굴도 적당히 가려졌다.

두 달 뒤, 떠나려는 내게 매리가 주방장의 조카와 결혼을 앞두고 있다고 알려왔다. 매리는 '저도 이제 숙녀가 될 거예요'라면서 나에게 감사 인사를 건넸다. 사소한 말 한마디가 매리의 인생을

180도 바꿔놓은 것이다."

조젯 르블랜드는 '접시닦이 매리'에게 지키고 싶은 평판을 부여해주었고, 그 평판은 매리를 완전히 다른 사람으로 둔갑시켰다.

프랑스에 파병된 미국 출신 보병들의 품행을 바꿔놓고 싶었던 헨리 클레이 리스너도 이와 똑같은 방법을 사용했다. 가장 유명한 미국 장군 가운데 한 명인 제임스 G. 하보드는 리스너에게 본인이 신문지상에서 읽어보았거나 실제로 접촉해본 보병 중 프랑스에 파병된 200만 명의 미국 보병이 가장 깔끔하고 가장 이상적이었다고 말했다.

터무니없는 칭찬이라고? 그럴지도 모르겠다. 그러나 리스너가 이를 어떻게 활용했는지 살펴보자.

리스너는 글에서 다음과 같이 밝혔다.

"나는 병사들에게 장군의 말씀을 반드시 전달했다. 그 말의 진위에 대해서는 단 한순간도 의심을 품어본 적이 없으며, 설사 사실이 아니라 하더라도 하보드 장군의 의견을 알려주는 것만으로도 병사들이 그 기준에 도달하기 위해 노력하게 할 수 있을 것이다."

옛말에 "개를 잡으려면 그 개가 미쳤다고 하라"고 했다. 반대로 그 개가 착한 개라고 하면 어떤 일이 벌어지겠는가!

부유하든 가난하든 거지든 도둑이든 거의 모든 사람은 자신에게 떨어진 정직하다는 평판에 부응하려는 경향이 있다.

이 부분에 있어서만큼은 그 누구보다 잘 안다고 할 수 있는 싱싱 교도소의 로스 소장의 말을 들어보자.

"사기꾼을 상대할 때 그를 이기는 방법은 오로지 한 가지밖에 없습니다. 그것은 바로 그 사기꾼이 훌륭한 신사인 듯 대해주는 것입니다. 그 사람의 정직성을 당연하게 여기십시오. 그런 대접을 받게 되면 그는 우쭐한 기분이 되어 이에 부응하려 하고 누군가 자신을 믿어준다는 사실을 자랑스럽게 여길 것입니다."

로스 소장의 조언이 매우 예리하고 의미심장하므로 한 번 더 강조하고자 한다.

"사기꾼을 상대할 때 그를 이기는 방법은 오로지 한 가지밖에 없습니다. 그것은 바로 그 사기꾼이 훌륭한 신사인 듯 대해주는 것입니다. 그 사람의 정직성을 당연하게 여기십시오. 그런 대접을 받게 되면 그는 우쭐한 기분이 되어 이에 부응하려 하고 누군가 자신을 믿어준다는 사실을 자랑스럽게 여길 것입니다."

따라서 얼굴을 붉히거나 원망을 사지 않고 어떤 사람의 행동에 영향을 주기 위해 지켜야 할 일곱 번째 원칙은,

상대방에게 높은 기대치를 부여하라.

How
to
WIN
Friends
and
Influence
People

실수를 쉽게 바로잡을 수 있다는
인상을 심어주어라

내 친구 중에 마흔 정도 된 미혼 친구가 있는데 얼마 전 약혼을 하게 되었다. 그런데 약혼녀가 이 노총각 친구에게 댄스 교습을 받으라고 했다. 그 친구가 털어놓은 자초지종은 다음과 같다.

"내게 댄스 교습이 필요하게 될 줄 누가 알았겠나? 하긴 20년 전 처음으로 춤을 췄을 때는 그저 되는 대로 추었으니까. 모르긴 몰라도 맨 처음 춤을 가르친 교사가 한 말이 사실일 걸세. 하나부터 열까지 모두 틀렸다더군. 다 잊고 처음부터 다시 시작해야 한다면서 말이야. 하지만 그런 말을 들으니 의욕이 싹 사라지더군. 계속 배우고 싶은 마음이 없어져서 그만두었다네.

그다음에 찾아간 교사는 거짓말을 했을지는 몰라도 내 마음에는 들었네. 내 춤이 약간 구식일지 몰라도 기초는 제대로 잡혀 있다고 태연하게 말하면서 새로운 스텝 몇 가지 정도는 아무 문제 없이 배울 수 있을 거라고 안심시켜주기까지 하더군. 첫 번째 교사는 내 실수를 강조하는 바람에 의욕을 꺾어버렸지만 새 선생님은 그 반대였네. 잘한 것은 계속 칭찬해주고 실수는 최대한 감춰주었지.

그녀는 '타고난 리듬감을 가지고 계시네요. 타고난 춤꾼이세요' 하고 말하면서 격려해주었어. 머리로는 언제나 그랬듯 앞으로도 나는 4류 댄서라는 것을 알고 있으면서도 마음속으로는 그녀의 말이 **맞을지도 모른다는** 생각을 하고 있지 뭔가. 내가 수강료를 내니까 그런 말을 해준 것이겠지만 굳이 그런 말을 할 필요는 없지 않겠나?

좌우지간 그녀가 나에게 타고난 리듬감을 가지고 있다는 말을 해주지 않았더라면 지금보다 춤을 못 추었을 걸세. 그 말을 듣고 의욕이 생겼고 희망이 생겼으니까. 그러니까 더 잘 추고 싶어지더란 말이지."

자녀나 남편, 종업원에게 이런 일도 못하다니 바보, 멍청이라고, 재능이 없다고, 하나부터 열까지 다 틀렸다고 말하면 더 잘하고 싶은 의욕을 완전히 꺾어버린다. 그러나 이와 정반대의 방법을 이용해보라. 다시 말해 격려를 아끼지 않고 할 수 있다는 자신감을 심어주고 상대방의 능력을 믿고 있다는 것을 보여주고 상대방에게 미개발된 재능이 있다는 사실을 알려주면, 그 사람은 지금보다 더 잘하기 위해 밤을 지새우며 연습할 것이다.

이것이 바로 로웰 토머스가 활용한 방법이다. 단언컨대 그는 인간관계의 달인이다. 그는 상대방에게 자신감을 불어넣고 용기와 신념을 고취시켰다. 언젠가 나는 토머스 부부와 함께 주말을 지낸 적이 있다. 토요일 저녁, 활활 타오르는 벽난로 앞에서 브리지 게임을 하자는 권유를 받았다. 브리지 게임이라고? 안 돼! 절대 안 돼! 나는 브리지 게임에 관해서 아는 것이 전혀 없었다. 내게 브리지 게임은 언제나 종잡을 수 없는 수수께끼였다. 그러니 절대 안될 말이었다. 두 눈에 흙이 들어가기 전까지는!

그때 로웰이 이렇게 말했다.

"데일, 브리지는 아주 단순한 게임이야. 기억력과 판단력만 있으면 된다고. 자네는 기억력에 관한 글까지 쓴 사람이 아닌가. 자네 같은 사람한테 브리지는 누워서 떡 먹기 같은 거야. 자네에게는 안성맞춤이라고."

잠시 후, 정신을 차려보니 나는 어느새 난생처음 브리지 게임을 하고 있었다. 나한테 천부적인 재능이 있다는 말만 들었을 뿐인데 벌써 게임이 쉬워 보였다.

브리지 게임 하니까 일리 컬버트슨이 생각난다. 그의 이름은 브리지 게임이 벌어지는 곳이면 어디든 으레 등장하는 이름이며, 브리지 게임에 관한 그의 저서는 10여 개국 언어로 번역되어 100만 부 이상 팔려나갔다. 그럼에도 그는 어떤 젊은 여자가 그에게 재능이 있다는 확신을 심어주지 않았더라면 브리지 게임을 직업으로 삼지 못했을 것이라고 말한 적이 있다.

1922년 미국에 도착한 그는 철학과 사회학 강사 자리를 알아보았지만 구할 수가 없었다. 그래서 석탄 장사를 시작했지만 실패하고 말았다.

그다음에는 커피를 팔아보았지만 이 역시 실패하고 말았다.

그 시절에는 자신이 브리지 게임을 가르칠 날이 오리라고는 꿈에도 생각지 못했다. 그는 어설픈 카드 선수였을 뿐만 아니라 고집 또한 셌다. 이것저것 귀찮게 물어보는 것도 많으면서 게임이 끝나면 반드시 승부의 원인을 분석하려고 했기 때문에 게임 상대로는 기피 대상 1호였다.

그러다가 아름다운 브리지 게임 교사인 조세핀 딜런을 만나 사랑에 빠져 그녀와 결혼했다. 조세핀은 일리가 카드를 꼼꼼하게 분석한다는 사실을 알아채고는 그에게 카드 게임에 대한 잠재적인 천재성이 있다는 사실을 깨닫게 해주었다. 컬버트슨은 내게 브리지 게임을 직업으로 삼게 된 단 하나의 이유가 있다면 그것은 바로 조세핀의 격려였다고 말했다.

따라서 얼굴 붉히거나 원망을 사지 않고 사람을 바꾸기 위해 지켜야 할 여덟 번째 원칙은,

격려하라.
당신이 바로잡고 싶은 결점이 극복하기 쉽다는 인상을 심어주고
상대방에게 시키고 싶은 일이 쉬워 보이게 하라.

| 9장 |

당신이 원하는 바를 사람들이
기쁜 마음으로 하게 하라

1915년 미국은 아연실색했다. 1년도 넘게 유럽의 여러 나라가 인류 역사상 그 유례를 찾아볼 수 없을 정도의 규모로 서로 학살하고 있었기 때문이다. 과연 평화가 다시 찾아올 수 있을까? 아무도 장담할 수 없었다. 그러나 우드로 윌슨은 한번 나서보기로 했다. 그는 유럽의 참전 당사국 군사 지도자들과 협의하기 위해 평화사절단을 파견하려고 했다.

평화주의자인 국무장관 윌리엄 제닝스 브라이언은 이번 임무를 굉장히 맡고 싶어 했다. 그는 이번 일을 나라에도 크게 이바지하고 후세에 이름도 길이 남길 수 있는 기회라고 생각했다. 그러나 윌슨 대통령은 브라이언의 절친한 친구이자 대통령의 고문인 하우스 대령을 임명했다. 브라이언에게 이 달갑지 않은 소식을 감정 상하지 않게 전해야 하는 난처한 임무는 하우스에게 떨어졌다.

하우스 대령은 일기에 다음과 같이 기록하였다.

"브라이언은 이번 평화특사로 파견될 인물이 나라는 소식을 듣자 크게 실망한 눈치였다. 자신이 직접 유럽에 갈 계획이었다고 하면서…….

나는 그에게 대통령이 이번 일을 공적인 자리에 있는 사람에게 맡기면 득책이 되지 못하리라 생각하더라고 대답했다. **국무장관이 가면 세인의 시선을 끌게 되어** 결국 그 사람이 유럽에 간 이유를 궁금하게 여길 것이라는 말과 함께…….”

이 말의 숨은 뜻을 알겠는가? 하우스는 사실 브라이언에게 그가 이번 일을 맡기에는 **아주 대단한** 인물이라고 말한 것이고, 그래서 브라이언은 만족할 수 있었다.

세상사에 밝은 수완가였던 하우스 대령은 인간관계의 중요한 법칙 가운데 한 가지를 적용했다. **상대방이 당신의 제안에 기꺼운 마음으로 협력하도록 하라.**

우드로 윌슨 대통령은 심지어 윌리엄 기브스 매카두에게 각료가 되어달라고 부탁할 때도 이 방법을 사용했다. 대통령이 내각을 구성하면서 이런 식으로 청했다는 것은 최고의 영광이 아닐 수 없는데도, 윌슨 대통령은 매카두로 하여금 훨씬 대단한 사람으로 느끼게 해주었던 것이다. 당시 상황을 매카두의 입을 통해 들어보자.

"윌슨 대통령은 내각을 구성 중인데 내가 재무장관 자리를 수락해준다면 더없이 기쁘겠다고 말했습니다. 호감 가는 말투 때문인지 이런 더없는 영광을 받아들이면서도 내가 대통령의 부탁을 들어주는 거라는 인상을 받았습니다.”

유감스럽게도 윌슨 대통령이 늘 이처럼 상냥한 방법을 쓴 것은 아니었다. 그랬다면 아마도 역사는 크게 달라졌으리라. 예를 들어 윌슨 대통령은 미국의 국제연맹 가입과 관련해 상원과 공화당 모두에게 반발을 불러일으켰다. 윌슨 대통령은 엘리휴 루트나 샤를에번스 휴스나 헨리 캐벗 로지와 같이 걸출한 공화당 지도자들과 함께 평화회담에 동반 참석하는 것을 거부했다. 대신 자신이 속한 당에서 이름도 없는 인물들을 수행원으로 데리고 갔다. 공화당원들을 무시하기 일쑤였고 국제연맹이 당과 함께가 아닌 자신이 단독으로 낸 아이디어라고 생각하게 했으며, 독불장군처럼 굴었다. 인간관계를 이처럼 등한시한 결과 자신의 경력에도 오점을 남기고 건강을 해쳐 명이 단축되었을 뿐만 아니라 미국의 국제연맹 가입도 좌절시켜 세계 역사 또한 뒤바꿔놓았다.

유명한 출판사 더블데이페이지는 **상대가 나의 제안에 기꺼이 따르게 하라**는 원칙을 늘 지켰다. 회사가 이 방면에 얼마나 노련했는지 단편소설 한 편에 퇴짜를 놓으면서도 정말 우아하고 기분 좋게 퇴짜를 놓았다. 그래서 O. 헨리는 다른 출판사에서 원고를 채택해주었을 때보다도 더블데이가 퇴짜를 놓았을 때 기분이 더 좋았다고 하기도 했다.

나는 강연 초청을 비롯하여 친구들과 신세를 진 지인들의 초대를 수차례 거절한 사람을 알고 있다. 그러나 어찌나 수완 좋게 거절하던지 상대방은 거절을 당하고도 불쾌하게 여기지 않았다. 그 비결은 무엇일까? 그저 이런저런 일로 너무 바쁘다는 말만 늘어놓은 것은 분명 아니었다. 우선 초청해주어 고맙지만 수락하지 못해 유감이라는 뜻을 전한 다음 다른 연사를 제안했다. 다시 말해서, 상대로 하여금 거절로 불쾌감을 느낄 틈을 전혀 주지 않고 재빨리 초청을 수락할 수 있을 만한 다른 연사에게로 상대방의 주의를 돌려놓았던 것이다.

그는 "〈브루클린 이글Brooklyn Eagle〉의 편집자인 내 친구 클리블랜드 로저스한테 강연을 맡아달라고 하는 건 어떨까요?" 하고 제안할 것이다. 혹은 "가이 히콕은 고려해보셨나요? 그 친구는 유럽 특파원으로 파리에서 15년을 살았기 때문에 청중 앞에서 들려줄 재미난 이야깃거리가 아주 많을 겁니다. 아니면 리빙스턴 롱펠로는 어떤가요? 그 친구, 인도에서 맹수 사냥을 하는 장면을 담은 어마어마한 영화를 가지고 있거든요" 하고 말할 것이다.

뉴욕 최대의 후븐 활자와 사진 오프셋 인쇄소 가운데 하나인 J. A. 원트 사의 사장인 J. A. 원트는 분노를 자아내지 않고 기계공의 태도와 요구사항을 바꿔놓아야 할 상황에 부닥쳤다. 이 기계공이 맡은 일은 수십 대의 타자기와 그 밖에 조작이 어려운 기계들을 밤이고 낮이고 부드럽게 돌아가도록 유지하는 것이었다. 그는 근무시간도 너무 길고 할 일도 너무 많다고 늘 투덜대면서 조수가 필요하다고 했다.

J. A. 원트는 조수를 구해주지도 않고 근무시간과 업무량을 줄여주지도 않은 채 그 기계공의 불만을 잠재웠다. 어떻게 그럴 수 있었던 걸까? 이 기계공에게 개인 사무실을 내주었던 것이다. 문에는 그의 이름과 '서비스 부서장'이라는 직함이 함께 새겨진 명패가 붙어 있었다.

그는 더는 너나 할 것 없이 모두가 부려대던 수리공이 아니라 한 부서를 책임지는 부서장이 되었다. 그에게는 위엄, 인정, 자중감이 생겼다. 그는 아무런 불평 없이 행복하게 맡은 일을 해냈다.

유치하다고? 그럴지도 모르겠다. 그러나 나폴레옹이 레지옹 도뇌르 훈장을 제정하여 군인들에게 1만 5000개의 십자가 메달을 수여하고 장군 가운데 18명을 '대원수' 자리에 앉히고 군대를 '대육군'이라 칭했을 때도 사람들은 유치하다고 했다. 전쟁으로 단련된 베테랑들에게 '장난감'이나 준다는 비난을 받자 나폴레옹은 이렇게 응수했다.

"사내들이란 이런 장난감에 좌지우지하는 법이다."

직함과 권한을 부여하는 수법이 나폴레옹에게 효과가 있었다면 우리에게도 유효할 것이다. 예를 들어보자. 앞서 언급했던 뉴욕 주 스카스데일에 사는 내 친구 어니스트 젠트 부인은 망아지처럼 뛰어다니면서 잔디밭을 망쳐 놓는 남자아이들 때문에 골치를 앓고 있었다. 젠트 부인은 혼도 내보고 달래보기도 했지만 그 어느 것도 통하지 않았다. 그러자 무리 중 가장 말썽이 심한 아이에게 직함과 지휘권을 주기로 마음먹었다. 젠트 부인은 그 아이를 자신의 '탐정'으로 임명한 다음 잔디밭을 무단으로 출입하는 사람들을 단속하는 임무를 맡겼다. 이제야 모든 문제가 해결되었다. 젠트 부인의 '탐정'은 뒷마당에 모닥불을 피워놓고 쇠막대를 시뻘겋게 달궈 놓고는 잔디밭에 발을 들여놓는 아이는 누구든 그 쇠막대로 낙인을 찍겠다고 으름장을 놓았다.

인간의 본성이란 그런 것이다. 따라서 얼굴 붉히거나 원망을 사지 않고 사람을 바꾸기 위해 지켜야 할 아홉 번째 원칙은,

상대가 당신의 제안에 기꺼이 따르게 하라.

얼굴 붉히거나 원망 사지 않고
상대를 변화시키는 9가지 방법

원칙1. 먼저 상대를 칭찬하고 진심으로 인정해주어라.

원칙2. 실수를 간접적으로 깨닫게 하라.

원칙3. 상대방을 비난하기 전에 자신의 실수부터 인정하라.

원칙4. 직접 명령을 내리기보다 요청하라.

원칙5. 상대방의 체면을 세워주어라.

원칙6. 조금이라도 진전이 보이면 지나치지 말고 반드시 칭찬하라. "마음에서 우러나온 칭찬을 아낌없이" 하라.

원칙7. 상대방에게 높은 기대치를 부여하라.

원칙8. 격려하라. 결점을 극복하기 쉽다는 인상을 심어주어라.

원칙9. 상대가 당신의 제안에 기꺼이 따르게 하라.

기적을 일으킨 편지들

How
to WIN
Friends
and
Influence
People

이쯤 되면 당신이 무슨 생각을 할지 묻지 않아도 알 수 있다. 십중 팔구 이런 말을 중얼거리고 있을 것이다.

'기적을 일으킨 편지라니! 말도 안 돼! 약장사 냄새가 나는군!'

그렇게 생각하는 것도 당연하다. 15년 전에 이런 책을 집어 들었다면 나 역시 같은 생각을 했을 것이다. 너무 회의적인 것 아니냐고 할 수도 있겠지만 나는 회의적인 사람을 좋아한다. 인생의 초반 20년을 미주리 주에서 보낸 사람으로서 증거가 있어야 믿는 사람들을 좋아하기 때문이다. 인간의 사유로 이룩한 거의 모든 비약적 발전은 의심 많은 사람들, 의문을 제기하는 사람들, 도전하는 사람들, 증거를 요구하는 사람들이 있었기에 가능했다.

툭 까놓고 말해보자. '기적을 일으킨 편지들'이라는 제목은 과연 정확하다고 할 수 있을까?

솔직히 말해서 정확하다고 볼 수 없다.

사실 기적이라는 말로도 **모자라기** 때문이다. 이번 장에 소개된 편지 중에는 기적 이상이라는 평가를 받은 성과를 가져온 것들도 있다. 평가는 누가 했느냐고? 존스맨빌의 판촉 담당자였다가 지금은 콜게이트-파몰리브피트 회사의 광고 책임자 겸 전국광고주협회 회장을 맡은 미국 최고의 판촉 전문가, 켄 R. 다이크이다.

다이크 씨 말로는 판매업 종사자들에게 정보를 요청하는 편지를 보내면 회신율이 고작 5퍼센트에서 8퍼센트에 불과했다고 한다. 그는 회신율이 15퍼센트였으면 별일이네 했을 것이고, 20퍼센트에 육박했으면 기적에 가까운 일로 여겼을 것이라고 했다. 그런데 이번 장에 소개된 편지 가운데 한 편지가 42.5퍼센트의 회신율을 보였다. 다시 말해서 그 편지는 기적보다 곱절 더 큰 성과를 냈다. 웃어넘길 일이 아니다. 이 편지는 요행이나 우연이 아니었다. 다른 수많은 편지도 이와 비슷한 성과를 올렸기 때문이다.

다이크의 비결은 무엇이었을까? 켄 다이크의 설명을 직접 들어보자.

"편지의 효과가 이처럼 놀라울 정도로 좋아지기 시작한 때는 '효과적인 말하기와 인간관계'라는 카네기 씨의 강좌에 참석하고 난 직후였습니다. 강좌를 들어보니 그동안 제가 완전히 잘못 알고 있었더군요. 그래서 이 책에서 배운 원칙들을 적용해보았더니 정보를 요청한 제 편지의 효과가 500퍼센트에서 800퍼센트까지 뛰어올랐습니다."

여기 그 편지를 소개하겠다. 편지는 읽는 사람에게 사소하지만 자신이 중요한 존재라는 느낌이 드는 부탁을 함으로써 당사자를 우쭐하게 해준다.

편지의 내용에 대한 내 의견은 괄호 처리하였다.

인디애나 주, 아무개 마을, 존 아무개 씨 귀하

아무개 선생님께,

죄송하지만 저를 좀 도와주시겠습니까?

(상황을 파악해보자. 애리조나 주에 사는 어떤 목재상이 존스맨빌 사 중역으로부터 편지를 받았다고 가정해보자. 편지의 첫 줄에서 뉴욕의 잘 나가는 중역이 상대방에게 도움을 요청한다. 애리조나 주의 목재상은 '이런, 뉴욕의 이 친구 곤경에 처한 모양인데 사람 한번 잘 골랐군. 나는 기꺼이 남을 돕는 사람이니까 말이야. 이 친구 문제가 뭔지 한번 볼까.' 하고 혼잣말을 하는 모습이 그려진다.)

작년에 저는 지붕 공사 자재의 매출 신장을 위해 대리점주들에게 가장 필요한 것은 일 년 내내 광고 우편물을 발송하는 것이며 비용은 존스맨빌 사가 전액 부담해야 한다는 점을 회사 측에 이해시키는 데 성공했습니다.

(애리조나 주의 목재상은 아마도 이런 말을 할 것이다. '당연히 본사가

부담해야지. 수익 대부분을 가져가고 있잖아. 내가 방세도 겨우 내면서 힘들게 사는 동안 회사는 떼돈을 벌고 있을 텐데. 이 자식이 무슨 곤경에 처했다는 거지?')

　최근 이러한 광고 방안을 이용해본 1600명의 상인에게 설문지를 돌렸는데, 그들로부터 이렇게 지원해주어 고맙다는 인사와 함께 아주 큰 도움이 되었다는 답변이 쇄도하여 기쁜 마음을 금할 길이 없었습니다.

　우레와 같은 성원에 힘입어 폐사는 새로운 광고용 우편물 발송 계획을 내놓게 되었으며, 여러분께서 전보다 더욱 흡족해하시리라 믿습니다.

　오늘 아침 사장님께 작년도 광고 방침에 관하여 보고하던 중 그 효과를 어느 정도 추적할 수 있느냐는 질문을 받게 되었습니다. 자연히 그 답변을 준비해야 하는 저로서는 여러분의 도움에 호소하는 수밖에 없게 되었습니다.

　('그 답변을 준비해야 하는 저로서는 여러분의 도움에 호소하는 수밖에 없게 되었다'는 표현이 아주 백미다. 뉴욕에 계신 높은 양반이 솔직하게 상황을 털어놓으면서 애리조나 주에 있는 존스맨빌 목재상을 진심으로 인정해주고 있다. 켄 다이크가 자기네 회사가 얼마나 잘났는지에 대하여 떠드는 데 지면을 전혀 낭비하지 않고 있다는 점을 눈여겨보기 바란다. 그보다 자신이 상대방의 도움을 얼마나 절실히 필요로 하고 있는

지를 여실히 드러내고 있다. 켄 다이크는 이 편지를 읽는 목재상의 도움이 없으면 자신은 존스맨빌의 사장에게 보고조차 할 수 없다는 사실 또한 인정하고 있다. 그러니 애리조나 주의 목재상도 인간인 이상 자연히 이런 솔직담백한 얘기에 마음이 넘어가지 않을 수 없을 것이다.)

그리하여 제가 여러분께 부탁드리려는 것은 다음과 같습니다.
(1) 동봉한 엽서로 작년의 광고용 우편물 발송 방안 덕분에 확보한 지붕 공사와 지붕 보수 건수는 몇 건인지, (2) 그리고 증가한 공사대금을 센트 단위까지 될 수 있으면 자세하게 알려주십시오(시행한 공사의 총비용에 입각하여).
번거로우시겠지만 호의를 베풀어 위 사항에 대한 답변을 주신다면 대단히 감사하겠습니다.
판촉 담당자
켄 R. 다이크 배상.

(마지막 문장에서 자신을 낮추고 상대를 높이고 있다는 점에 주목하라. '대단히 감사하겠다'라든가 '호의를 베풀어' 또는 '번거로우시겠지만'이라는 표현을 눈여겨봐 두자.)
대단할 것 없는 편지지만 상대방에게 부탁하는 모양새를 취함으로써 상대방에게 자신이 중요한 존재라는 느낌이 들게 하여 '기적'을 일으켰다.
석면 지붕을 팔든 포드 자동차를 타고 유럽을 여행하든 이러한 심리는 어떤 경우에도 유효하다.

예를 들어보자. 언젠가 호머 크로이와 함께 자동차를 타고 프랑스 내륙을 일주하던 중 길을 잃었다. 우리는 구식 포드 자동차를 세우고 지나가는 농부들에게 가장 가까운 도시까지 가는 길을 물었다.

질문 자체가 잔잔한 수면에 던진 돌이 되었다. 나막신을 신고 있던 이 농부들은 미국인이라면 다들 부자인 줄 아는 것 같았다. 게다가 이 지역에서 자동차를 보기란 하늘의 별 따기와 같은 일이었다. 자동차를 타고 프랑스를 일주하는 미국인이라니! 우리를 백만장자로 여기는 것이 분명했다. 헨리 포드의 사촌쯤으로 여기는 것 같았다. 하지만 그들은 우리가 모르는 정보를 가지고 있었다. 돈은 우리가 더 많을지 몰라도 다음 마을까지 가는 길을 알아내야 했기에 우리는 굽실거리며 길을 물었고 이로써 그 농부들의 자중심을 충족시켜줄 수 있었다. 농부들은 다들 동시에 입을 열었다. 극히 드문 이 같은 기회에 유독 신이 난 한 친구가 나머지 사람들에게 조용히 하라고 호통을 쳤다. 그는 우리에게 길을 알려주는 재미를 독차지하고 싶었던 것이다.

당신도 직접 시도해보길 바란다. 다음에 낯선 도시에 가게 되거든 사회적, 경제적 지위가 당신보다 낮은 사람을 붙잡고 이렇게 말해보길 바란다.

"죄송하지만 부탁을 좀 드려도 될까요? 어디 어디에 가려면 어떻게 가야 하는지 알려주실 수 있으세요?"

벤저민 프랭클린도 이 방법을 사용하여 반감을 품고 있는 강적을 평생지기로 바꾸었다. 젊은 시절 프랭클린은 저축한 돈을 몽땅 소규모 인쇄소에 투자했다. 그러고는 필라델피아 주의회 서기 자리를 가까스로 구했다. 그 자리에 앉은 덕분에 공문서를 인쇄하는 일을 맡을 수 있었다. 꽤 괜찮은 수입원이었기에 프랭클린은 이 일자리를 놓치고 싶지 않았다. 그러나 불행의 그림자가 드리우기 시작했다. 주의회에서 가장 부유하고 유능한 인물이 프랭클린을 끔찍이 싫어했다. 그냥 싫어하기만 한 정도가 아니라 공공연하게 그를 비난하고 다니기까지 했다.

바람 앞의 초 같은 신세가 된 프랭클린은 그 사람의 반감을 호감으로 바꿔놓겠다고 결심했다.

그러나 방법이 문제였다. 적의 부탁을 들어줄까? 의심을 살 것이 뻔했고 경우에 따라 비웃음조차 살 수 있으므로 안 될 말이다.

프랭클린은 그 정도 함정에 빠질 정도로 어리석거나 어설픈 사람이 결코 아니었다.

그래서 그는 예상 밖의 행동을 했다. 적에게 부탁을 들어달라고 했던 것이다.

프랭클린은 고작 10달러를 빌려달라고 한 것이 아니었다. 그래서는 어림도 없을 것이기 때문이다. 그는 상대방에게 쾌감을 안겨줄 만한 부탁, 즉 상대방의 허영심을 건드리고 상대방을 치켜세워주면서 상대방의 지식과 업적에 대한 프랭클린 자신의 존경심도 은근슬쩍 드러내 보일 수 있는 부탁을 했다.

나머지 이야기는 프랭클린의 입을 통해 들어보자.

그의 장서 중에 매우 희귀하고 진기한 책이 있다는 이야기를 듣고 나는 그 책을 읽어보고 싶으니 며칠 동안만 빌려달라는 편지를 보냈다.
그는 즉시 책을 빌려주었고 나는 그 책을 일주일 정도 가지고 있다가 그의 호의에 진심으로 감사한다는 메모와 함께 돌려주었다.
다음번에 의회에서 다시 만났을 때 그는 나에게 매우 정중하게 말을 건넸다(전에는 없던 일이었다). 그 이후로 어떤 경우든 내 부탁만은 기꺼이 들어주겠다는 뜻을 내비쳤다. 그렇게 해서 우리는 절친한 친구가 되었고 우리의 우정은 그가 죽을 때까지 계속되었다.

벤저민 프랭클린이 세상을 떠난 지도 벌써 150년이 넘었지만 상대방에게 호의를 요청함으로써 마음을 사로잡는 방법은 오늘날까지 계속 이어져 내려오고 있다.
이를테면 내 강좌의 수강생인 앨버트 B. 암셀은 이 방법을 이용해 기막힌 성공을 거두었다. 배관 및 난방 자재 영업사원인 암셀은 브루클린에 있는 특정 배관공과 거래를 트려고 공을 들여오던 참이었다. 이 배관공은 사업 규모도 이례적으로 크고 신용도 매우 좋았다. 그러나 암셀은 시작부터 녹아웃을 당했다. 그 배관공은 상스럽고 거칠고 심술궂게 구는 것을 자랑으로 여기는 황당한 유형의 인간이었다. 커다란 시가를 입가에 꼬나물고 책상 뒤에 앉아 암셀이 문을 열 때마다 이렇게 호통을 쳤다.

"오늘은 아무것도 필요 없어! 시간 낭비하지 마! **가던 길이나 가라고!**"

그러던 어느 날, 암셀은 새로운 방법을 시도해보았다. 그 덕분에 그의 장부를 속속들이 볼 수 있게 되었고 그와 친구가 되었으며 실속 있는 주문도 많이 받게 되었다. 암셀의 회사는 롱아일랜드의 퀸스 빌리지에 새로 대리점을 내려고 매입 협상을 하던 중이었다. 그곳은 그 배관공이 훤히 알고 있고 사업 거래도 자주 한 동네였다. 그래서 암셀은 다음 방문에서 이렇게 말했다.

"사장님, 오늘은 영업하러 온 것이 아닙니다. 괜찮으시다면 부탁을 하나 드릴까 합니다. 1분만 시간을 내주시겠습니까?"

배관공이 시가를 반대쪽 입가로 보내며 말했다.

"그래, 무슨 꿍꿍이인지 어디 들어나 봅시다."

"우리 회사가 이번에 퀸스 빌리지에 대리점을 열 계획입니다. 사장님은 주민보다도 그 지역을 잘 알고 계시지 않습니까? 그래서 고견을 여쭈러 이렇게 온 것입니다. 이쪽으로 옮기는 게 잘하는 일일까요?"

지금까지와는 상황이 달랐다! 수년간 이 배관공은 영업사원에게 고함을 치고 가던 길이나 가라고 내쫓음으로써 자신의 존재감을 내세웠다.

그런데 이번에는 이 영업사원이 자신에게 조언을 구하고 있는 것이다. 그것도 중대한 문제를 앞두고 앞으로 어떤 행보를 취해야 할지 알려달란다.

배관공은 의자를 앞으로 끌며 "앉아보게" 하고 말했다. 그로부터 한 시간 내내 퀸스 빌리지의 배관업 시장이 지닌 특이점과 장단점을 설명해주었다. 대리점의 위치 선정에 동의해주었을 뿐만 아니라 부지 매입, 물품 구매, 거래 트기까지의 전 과정에 대해서도 자신의 지식을 총동원하여 일목요연하게 설명해주었다. 그는 배관자재 도매업체에 대리점 운영을 어떻게 해야 하는지를 일러주면서 자중감을 충족시켰던 것이다. 그러면서 그는 대화의 주제를 사생활의 영역까지 확장시켰다. 나긋나긋해진 그는 암셀에게 집안 문제와 부부가 싸운 일까지 털어놓았다.

암셀은 이렇게 말했다.

"그날 저녁 그 사무실에서 나설 때 제 주머니에는 최초로 받은 대량 주문서가 있었습니다. 그게 다가 아니었습니다. 돈독한 비즈니스 관계의 발판도 마련해 놓은 상태였습니다. 전에는 저에게 소리를 지르며 문전박대하던 이 친구와는 이제 함께 골프도 치는 사이가 되었습니다. 그 친구가 이렇게 변하게 된 이유는 제가 그 친구에게 자신이 중요한 존재라는 느낌을 들게 하는 부탁을 했기 때문이었습니다."

켄 다이크의 또 다른 편지를 살펴보면서 그가 이러한 "부탁 하나만 들어주세요" 심리요법을 얼마나 노련하게 활용하고 있는지 두 눈 크게 뜨고 보도록 하자.

몇 년 전만 해도 다이크는 상인들, 계약업체들, 건축업자들에게 정보를 요청하는 편지를 보내고 회신을 받아내지 못해 고민이 이만저만이 아니었다.

당시 건축업자와 엔지니어의 회신율은 잘해야 1퍼센트였다. 회신율이 2퍼센트만 돼도 양호하다고 여겼고 3퍼센트가 되면 감지덕지했다. 하물며 10퍼센트라면? 10퍼센트라면 기적이라며 환호했을 것이다.

그러나 아래 소개할 편지에는 50퍼센트가 회신을 해왔다. 기적으로 일컬어지는 결과보다 5배나 훌륭한 결과였다. 게다가 답변의 내용 또한 알찼다! 두세 장에 걸친 장문의 편지에는 정감 어린 조언과 협력의 뜻을 비치는 훈훈한 내용이 담겨 있었다.

여기 편지를 소개하겠다. 편지를 찬찬히 뜯어보면 적용된 심리 기법을 비롯하여 심지어 몇몇 군데는 373페이지에 인용된 편지와 표현마저 거의 똑같다는 것을 알 수 있을 것이다.

이번 편지 또한 정독하면서 행간의 숨은 의미를 파악하여 수신인의 심정을 분석해보기 바란다. 이 편지가 기적보다 5배 더 대단한 결과를 낳은 이유를 찾아보자.

뉴욕 시 40번가 동쪽으로 22번지 존스맨빌

뉴저지 주, 아무개 마을, 아무개 거리 617번지
홍길동 귀하

홍 선생님께,

죄송하지만 저를 좀 도와주시겠습니까?

1년 전쯤 저는 건축업자들에게 가장 필요한 것 가운데 하나가 바로 존스맨빌의 자재와 주택 보수 및 개조 부품을 전부 소개한 카탈로그라는 사실을 회사에 이해시켰습니다.

첨부한 카탈로그가 그 결과물이며 이러한 종류로는 최초인 것으로 알고 있습니다.

그러나 재고가 점차 떨어져 가고 있어 그 점을 사장님께 말씀드렸더니 여느 사장님과 마찬가지로 저희 사장님 또한 카탈로그가 본래 의도한 역할을 다했다는 충분한 증거를 **제시한다면** 최신판 카탈로그 제작에 반대할 이유가 없다고 말씀하셨습니다.

그리하여 저는 여러분께 도움을 청하지 않을 수 없는 상황에 놓여 이렇게 실례를 무릅쓰고 여러분을 비롯하여 전국 각지에 계신 49개 건축업체에 심사위원이 되어주십사 부탁드리려 합니다.

조금이라도 수고를 덜어드리고자 본 편지의 뒷면에 간단한 질문 몇 가지를 적어 두었습니다. 답에 표시를 해주시고 혹시 남기고 싶은 말씀이 있다면 적은 후 이 편지를 우표가 붙어 있는 회신용 봉투에 넣어 보내주시면 후의로 알고 감사히 받겠습니다.

당연한 말씀이겠지만 회신은 의무가 아닙니다. 이제 저는 카탈로그 제작을 중단할 것인지 혹은 여러분의 경험과 조언을 바탕으로 보강하여 재판할 것인지에 대해서 오로지 여러분의 판단에 맡기려 합니다.

좌우지간 제가 여러분의 협력에 무한히 감사하는 마음을 가지고 있다는 사실은 믿으셔도 좋습니다.

판촉 담당자

켄 R. 다이크 배상.

다시 한번 당부의 말을 전하고자 한다. 경험상, 이 편지를 읽고 판에 박은 듯 똑같이 베껴 써서 동일한 심리 효과를 노리려는 이들이 있음을 알고 있다. 그런 사람들은 진심 어린 감사의 표현이 아닌 아첨과 감언이설을 통해 상대방의 자존심을 세우려들 것이다.

인간이라면 누구나 칭찬과 인정을 갈망하며 이를 위해서는 어떤 일이든 하려고 한다는 점을 명심하라. 하지만 그 누구도 감언이설과 아첨은 원하지 않는다.

다시 한번 말하지만 이 책에 나온 원칙들은 마음에서 우러나온 것일 때에만 효력을 발휘한다. 내가 주창하려는 것은 얄팍한 속임수가 아니라 새로운 삶의 방식이다.

가정을 더욱 행복하게 만드는 7가지 원칙

How
to WIN
Friends
and
Influence
People

제 무덤을 파서 결혼 생활을 망치는 지름길

75년 전 나폴레옹 보나파르트의 조카인 나폴레옹 3세는 세상에서 가장 아름답기로 소문난 테바의 여 백작, 외제니 드 몽티조 Egénie de Montijo1와 사랑에 빠져 그녀와 결혼했다. 그의 고문들은 그녀가 별 볼 일 없는 어느 스페인 백작의 딸에 불과하다며 만류했지만 나폴레옹 3세는 "그게 어때서?"라며 반박했다. 그녀의 우아함, 젊음, 매력, 아름다움에 흠뻑 빠져 더할 나위 없이 행복한 나날을 보내고 있었기 때문이다. 칙유勅諭를 내리면서도 "짐은 얼굴도 모르는 여인보다 짐이 사랑하고 존경하는 여인을 선택하겠노라"고 선포함으로써 전 국민을 충격에 빠트렸다.

나폴레옹 3세와 그의 신부는 건강, 부, 권력, 명성, 아름다움, 사랑, 상호존중 등 모든 것을 갖췄다. 즉 완벽한 로맨스의 모든 조건

---

1. 스페인 식 발음으로는 '에우헤니아 데 몽티호.'

을 갖춘 셈이다. 결혼의 신성한 횃불은 더없이 환하게 불타올랐다.

그러나 슬프게도 그 성화는 얼마 안 가 명멸하다가 싸늘한 재만 남기고 꺼져버렸다. 나폴레옹 3세는 외제니를 황후로 만들어줄 수 있었지만 **아름다운 프랑스에** 있는 그 무엇도, 이를테면 황제의 사랑의 힘도 왕좌의 권력도 황후의 잔소리를 막을 수는 없었다.

질투에 눈이 멀고 의심의 노예가 된 황후는 황제의 명령을 공공연하게 무시했고 사생활을 전혀 존중해주지 않았다. 황제가 국사를 돌보는 중에 집무실 문을 벌컥 여는가 하면 가장 중요한 정사를 논하던 중에도 끼어들어 중단시키기도 했다. 황제가 다른 여자에게 한눈이라도 팔지 않을까 노심초사하여 그를 가만히 내버려두지 않으려고 했다.

하루가 멀다고 언니한테 달려가 남편 흉을 보면서 울고불고 욕설을 퍼붓고 으름장을 놓았다. 프랑스의 황제로 열두 왕궁의 주인인 나폴레옹 3세는 어느 것 하나 마음대로 할 수 있는 것이 없었다.

한편 외제니가 얻은 것은 무엇이었을까?

여기 그 답을 소개하겠다. 다음은 시간 가는 줄 모르고 읽게 되는 E. A. 라인하르트의 저서 《나폴레옹과 외제니: 제국의 희비극 Napoleon and Eugénie: The Tragicomedy of an Empire》에서 발췌한 내용이다.

"나폴레옹 폐하는 한밤중에 눈을 가릴 정도로 중절모를 깊이 눌러쓰고 심복 한 명을 데리고는 쪽문으로 몰래 빠져나가 **실제로** 자신을 기다리고 있을 어떤 아름다운 부인을 만나러 가곤 했다. 그런 약속이 없을 때면 옛날처럼 파리 시내를 이리저리 거닐거나 자신이 속한 동화 속 세상에서는 보기 어려운 거리를 지나다니면서 잠시나마 자유를 만끽했다."

이것이 바로 외제니의 잔소리가 불러온 결과이다. 외제니 황후가 프랑스의 왕좌에 앉았던 것도, 세상에서 가장 아름다운 여인이었던 것도 모두 사실이다. 그러나 왕족이어도, 제아무리 아름다워도 지독한 잔소리를 퍼붓는다면 사랑의 불씨가 꺼질 수밖에 없다. 외제니는 구약의 욥처럼 목청 높여 이렇게 울부짖었을 것이다. "내가 두려워하는 그것이 내게 임했구나."[2] 자기한테 임했다고? 딱하게도 그 모든 것을 자초한 것은 바로 그녀의 질투와 잔소리였다.

사랑을 파괴하려고 지옥의 악마들이 고안해낸 그 모든 악랄하고 확실한 계략 가운데 가장 치명적인 것은 잔소리다. 잔소리의 효과는 어긋나는 법이 없다. 킹코브라의 독처럼 예외 없이 사랑을 파괴하고 죽인다.

레프 톨스토이의 부인 또한 그 사실을 발견했으나 이미 때는 늦고 말았다. 숨을 거두기 전 그녀는 딸들에게 이렇게 고백했다.

"너희 아버지는 나 때문에 돌아가신 거란다."

딸들은 아무 대꾸도 하지 못하고 울기만 했다. 어머니가 한 말이 사실임을 알고 있었기 때문이다. 어머니의 끊임없는 불평, 멈출 줄 모르는 비난과 잔소리가 아버지를 죽게 했다는 사실을 딸

---

2. 구약성서 욥기 3장 25절.

들은 이미 알고 있었다.

톨스토이 백작과 그의 부인은 아무리 생각해도 행복하게 살아야 했던 부부였다. 톨스토이는 시대를 초월하여 가장 유명한 소설가 가운데 한 명이다. 그가 남긴 명작 《전쟁과 평화War and Peace》와 《안나 카레니나Anna Karenina》는 문학사에 길이 남아 찬란히 빛날 것이다.

톨스토이의 유명세가 얼마나 대단했는지, 수많은 숭배자가 밤이고 낮이고 그를 쫓아다니며 그의 입에서 나온 말은 무엇이든 속기로 받아 적을 정도였다. 심지어 아무 생각 없이 "가서 잠이나 자야겠군" 하고 말해도 기록되었다. 현재 러시아 정부는 그가 남긴 문장을 모두 책으로 내고 있는데 그 글을 전부 합하면 100권은 족히 나올 것이다.

톨스토이 부부에게는 명성뿐만 아니라 부, 사회적 지위, 자녀도 있었다. 이보다 좋은 조건에서 성사된 결혼은 없을 것이다. 처음에는 너무나 완벽하게 더할 나위 없이 행복해서 이 행복이 오래가지 못할 것만 같았다. 그래서 둘은 함께 무릎을 꿇고 지금의 더없는 행복을 거두어가지 마시라고 전능하신 하나님께 기도드렸다.

그러다 놀라운 일이 벌어졌다. 톨스토이가 점차 변했다. 그 결과 그는 완전히 다른 사람이 되었다. 자신이 쓴 위대한 작품들을 부끄럽게 여겼고 그 후부터는 평화와 전쟁 및 빈곤 퇴치를 설파하는 소책자를 쓰는 데 일생을 바쳤다.

젊은 시절 상상할 수 있는 죄악이란 죄악은 모조리 저질렀고 심지어 살인도 한 적이 있다고 고백했던 이 남자가 말 그대로 예수의 가르침을 따르려고 노력하게 된 것이다. 자신의 영지를 무상으로 분배해주고 가난한 삶을 살았다. 나무를 베고 건초를 베는 등 들판에서 고된 노동을 했다. 구두도 직접 만들어 신었고 방 청소도 직접 했으며 나무 그릇에 밥을 먹고 원수도 사랑하려고 노력했다.

레프 톨스토이의 삶은 비극이 되었고, 비극의 원인은 바로 결혼 생활이었다. 그의 부인은 호화로운 생활을 즐겼지만 그는 그것을 경멸했다. 그녀는 명성과 세간의 갈채를 갈망했지만 그에게 그런 것들은 무의미하고 하찮은 것에 불과했다. 그녀는 부귀영화를 바랐지만 그는 부와 사유재산을 죄악으로 여겼다.

톨스토이가 인세를 비롯하여 자신의 책을 출판할 권리를 그 어떤 대가도 받지 않고 넘겨야 한다고 주장하자, 그녀는 수년간 잔소리를 퍼붓고 호통을 치고 악을 썼다. 그녀는 책으로 벌어들일 돈을 원했기 때문이었다.

톨스토이가 반대하자 그녀는 아편 병을 입에 문 채 바닥을 뒹굴었고, 우물로 뛰어들어 죽어버리겠다고 협박하는 등 히스테리 발작을 일으켰다.

내가 역사상 가장 슬프다고 여기는 사건 가운데 하나가 바로 톨스토이 부부에게 일어난 사건이다. 앞에서도 말했지만 결혼 초창기만 해도 이들은 행복한 결혼 생활을 누리고 있었다. 그러나 48년이 흐른 후 톨스토이는 부인의 얼굴을 보는 것조차 견디기 어려웠다. 때때로 밤이 되면 이 늙고 상심한 부인은 애정을 갈구하며 남편에게 다가가 그의 발치에 무릎을 꿇고 50년 전 그가 일기에 기록했던 사랑에 관한 주옥같은 구절들을 읽어달라고 애원했다. 톨스토이가 이제는 영원히 돌아오지 않을 아름답고 행복했던 시절에 관한 글을 낭독할 때면, 두 사람 다 눈물을 흘렸다. 오래전 둘이 함께 꿈꿨던 달콤한 꿈과는 멀어진, 아득히 멀어진 현실이 떠올랐기 때문이리라.

여든둘이 되자 톨스토이는 결국 불행한 가정생활을 더는 견디지 못하고 1910년 눈 내리던 시월의 어느 날 밤, 부인을 버리고 추위와 암흑 속으로 무작정 도망쳤다.

11일 후, 톨스토이는 기차역에서 폐렴으로 세상을 떠났다. 그는 죽어가면서도 부인이 가까이 오지 못하게 해달라고 부탁했다.

톨스토이 백작 부인은 잔소리와 불평, 히스테리의 대가를 그렇게 치렀다.

독자 여러분은 톨스토이의 부인도 이유가 있으니까 잔소리를 했으리라 생각할 것이다. 그 점은 나도 인정한다. 그러나 문제는 잔소리가 아니다. 중요한 것은 톨스토이 부인이 잔소리로 이익을 보았느냐, 혹은 그렇지 않아도 심각한 상황을 무한정 악화시켰느냐 하는 것이다. "그때는 내가 정말 미쳤던 것 같아." 이 말은 톨스토이 백작 부인이 곰곰이 생각한 끝에 뒤늦게 내뱉은 말이다.

에이브러햄 링컨의 일생이 비극이 된 것도 결혼 때문이었다. 암살을 당한 일은 결혼에 비하면 비극이랄 수 없을 정도였다. 부스가 총을 발사했을 때 링컨은 자신이 총에 맞은 줄도 몰랐다. 그러나 그의 동료 변호사였던 헌든의 표현에 따르면 링컨은 23년 동안 거의 매일 "부부간의 불화로 쓸쓸한 대가"를 치렀다고 한다. "부부간의 불화?" 사실 이것도 완곡하게 말한 것이다. 링컨 부인은 거의 4반세기 동안 링컨에게 잔소리를 퍼부어 그의 삶을 고달프게 만들었다.

그녀는 늘 남편에게 불평을 늘어놓고 그를 비난했다. 그의 모든 것을 못마땅하게 여겼던 것이다. 그녀의 말에 따르면, 링컨은 등이 구부정하고 걸음걸이가 이상해서 마치 인디언처럼 발을 뻣뻣하게 내딛는다고 했다. 걸음걸이에 생기라고는 눈곱만큼도 없고 움직임도 우아함과는 거리가 멀다고 했다. 자신이 직접 걸음걸이를 흉내 내가면서 링컨에게 자신이 렉싱턴에 있는 멘텔 부인의 기숙학교에서 배운 것처럼 발가락을 땅에 붙이라고 잔소리를 했다.

그녀는 링컨에게 가뜩이나 큰 귀가 돌출된 점도 마음에 들지 않는다고 했고 심지어 코가 비뚤어졌네, 아랫입술이 툭 튀어나왔네 하며 나무라기도 했다. 폐병환자처럼 보인다느니, 손발은 너무 크고 머리는 지나치게 작다는 말도 서슴지 않았다.

에이브러햄 링컨과 메리 토드는 모든 면에서 상극이었다. 교육, 집안, 성향, 취향, 정신세계까지 그 무엇 하나 일치하는 것이 없었다. 둘은 끊임없이 서로의 비위를 건드렸다.

우리 세대의 링컨 전문가 중 가장 뛰어난 인물로 고인이 된 상원의원 앨버트 J. 베버리지의 책에는 이런 내용이 나온다.

"링컨 부인의 시끄럽고 새된 목소리는 길 건너편에서도 들을 수 있었으며 시도 때도 없이 터져 나오는 악다구니는 이웃의 귀에까지 닿았다. 분노를 말이 아닌 다른 수단으로 표출할 때도 잦아서 폭력에 관한 일화를 말하자면 밤을 새도 모자랄 판이다."

예를 들어보겠다. 링컨 부부는 결혼 직후, 의사인 남편을 여의고 생계를 위해 하숙을 칠 수밖에 없었던 제이콥 얼리 부인과 함께 살았다.

어느 날 아침 식사를 하던 중 링컨은 부인의 욱하는 성미를 건드리는 행동을 하고 말았다. 그것이 어떤 행동이었는지는 아무도 모른다. 그러나 격분한 링컨 부인은 뜨거운 커피가 담긴 커피잔을 남편의 얼굴에 내동댕이쳤다. 그것도 다른 하숙인들이 보는 앞에서.

굴욕을 당한 링컨이 말없이 가만히 있으려니까 얼리 부인이 얼른 나가 젖은 수건을 가지고 와서는 커피가 묻은 그의 얼굴이며 옷을 닦아주었다.

링컨 부인의 시기심이 어찌나 어리석고 믿을 수 없을 정도로 극심했는지, 그녀가 사람들이 있는 자리에서 연출한 한심하고 낯뜨거운 이러한 장면에 관한 글을 75년이나 지난 지금 읽는 것만으로도 너무 놀라워 말문이 막힐 정도이다. 급기야 그녀는 미치고 말았다. 그나마 그녀와 관련해 해줄 수 있는 가장 너그러운 말은, 아마도 그러한 기질이 가벼운 정신이상 증상 때문이었으리라는 것이다.

이렇게 주야장천 잔소리를 하고 호통을 치고 성질을 부리는 것으로 링컨을 바꿀 수 있었을까? 딱 한 가지 바뀐 것이 있기는 하다. 그것은 바로 그녀에 대한 링컨의 태도이다. 그 때문에 링컨은 불행한 결혼을 후회하게 되었고 부인과 함께하는 자리를 될 수 있는 한 피하게 되었다.

스프링필드에는 변호사가 11명 있었는데 그들 모두 그곳에서 생계를 꾸릴 수는 없었다. 그래서 가끔 말을 타고 각지에서 재판하는 데이비드 데이비스 판사를 따라 이리저리 군청 소재지를 다녀야 했다. 그런 식으로 변호사들은 제8재판구역 전역의 모든 군청 소재지에서 힘겹게 사건을 맡았다.

다른 변호사들은 모두 어떻게 해서든 토요일마다 스프링필드로 돌아와 가족과 주말을 보냈지만 링컨은 그럴 수가 없었다. 그는 집에 가는 것이 두려워 봄에 석 달, 가을에 석 달을 순회재판소에 남아 스프링필드 근처에는 얼씬도 하지 않았다.

그는 매년 이런 식으로 장기간 집을 비웠다. 시골 호텔의 생활 여건은 말할 수 없을 만큼 열악하기 일쑤였지만 제아무리 열악하다고 하더라도 링컨은 쫓아다니며 잔소리를 하고 툭하면 화를 내는 부인이 있는 집보다 호텔을 더 좋아했다.

이것이 바로 링컨 부인과 외제니 황후, 톨스토이 백작 부인이 잔소리로 얻은 결과였다. 이들이 얻은 것이라고는 비극밖에 없다. 다들 가장 소중하게 여기는 것을 자기 스스로 파괴해버린 것이다.

뉴욕 시에 있는 가정법원에서 11년을 보내는 동안 처자 유기

사건을 수천 건 심리한 바 있는 베시 햄버거는 남자들이 가정을 떠나는 주된 원인 가운데 하나로 부인의 잔소리를 꼽는다. 〈보스턴 포스트^{Boston Post}〉지에 따르면 "많은 부인이 일련의 삽질로 결혼의 무덤을 파고 있다"고 한다.

따라서 행복한 가정을 꾸리기 위해 명심해야 할 첫 번째 원칙은,

잔소리는 절대 금물!!!

2장

사랑한다면 자유를

디즈레일리는 "살면서 어리석은 일을 수없이 많이 저지르겠지만 결코 사랑 때문에 결혼하지는 짓 따위는 하지 않을 것이다"라고 했다.

그리고 그는 정말 그렇게 했다. 독신을 고수하다가 서른다섯에서야 자신보다 열다섯 살이나 많은 부유한 미망인에게 청혼한 것이다. 그녀는 50년 세월의 흔적을 고스란히 보여주는 백발의 미망인이었다. 그가 그녀를 사랑했느냐고? 천만의 말씀이다. 그녀도 그가 자신을 사랑하지 않는다는 것을 알고 있었다. 돈 때문에 결혼하려 한다는 사실 또한 알고 있었다! 그래서 한 가지 조건을 내걸었다. 그의 성격을 파악할 기회를 달라는 의미에서 1년만 기다려달라고 했던 것이다. 그 기간이 끝나갈 때쯤 그녀는 디즈레일리와 결혼했다.

돈만 밝히는 속물적인 사람들 같다고 느끼는가? 역설적으로 들리겠지만 디즈레일리의 결혼은 씁쓸하고 살벌한 결혼의 역사에서 가장 찬란한 성공을 거둔 결혼이었다.

디즈레일리가 선택한 돈 많은 미망인은 젊지도 아름답지도 똑똑하지도 않았다. 오히려 그 반대라고 할 수 있었다. 그녀와 대화를 나누다 보면 문학이든 역사든 실소를 금할 수 없는 어처구니없는 실수가 심심찮게 새어나왔다. 이를테면 그녀는 "그리스가 먼저인지 로마가 먼저인지도 몰랐다." 의상에 대한 취향은 기이하기 이를 데 없었고 가구에 대한 취향은 기상천외했다. 그러나 결혼에서 가장 중요한 것, 즉 남자를 다루는 기술만은 세상에서 제일가는 천재였다.

그녀는 디즈레일리 앞에서 지식을 뽐내려는 짓은 하지 않았다. 재치 넘치는 공작부인들과 오후 내내 입담을 겨루느라 지치고 피곤해진 디즈레일리가 집에 돌아오면 메리 앤은 시답잖은 수다를 늘어놓지 않고 남편을 푹 쉬게 내버려두었다. 그에게 집은 정신적 휴식을 취할 수도 있고 메리 앤의 포근한 사랑을 듬뿍 받을 수도 있는 장소여서 집에 가는 것이 나날이 즐거워졌다. 늙어가는 부인과 집에서 함께 보낸 시간이 그에게는 평생 가장 행복한 시절이었다. 그녀는 그의 조력자이자 친구이자 조언자였다. 매일 밤 그는 그날 하루 있었던 일을 부인에게 들려주고 싶어 하원의사당에서 부리나케 집으로 향했다. 이 부분이 특히 중요한데, 메리 앤은 그가 어떤 일을 맡든 실패할 리가 없다고 믿었다.

30년 동안 메리 앤은 오로지 디즈레일리만을 바라보며 살았다.

그녀가 재산을 소중히 여긴 것도 순전히 재산이 있어야 디즈레일리가 더욱 안락하게 살 수 있기 때문이었다. 아내의 극진한 대접에 대한 보답으로 디즈레일리는 그녀를 영웅처럼 여겼다. 디즈레일리도 메리 앤이 세상을 떠난 후 백작이 되기는 했지만, 메리 앤의 생전에 자신은 아직 평민이면서도 빅토리아 여왕을 설득하여 메리 앤을 귀족 신분으로 격상시켜주었다. 그래서 1868년 그녀는 비콘스필드의 자작 부인이 될 수 있었다.

디즈레일리는 메리 앤이 공적인 자리에서 경거망동하더라도 그녀를 비난하거나 나무라는 법이 결코 없었다. 감히 그녀를 조롱하는 이가 있으면 그는 맹렬한 기세로 덤벼들어 그녀를 비호하고 나섰다.

메리 앤은 완벽한 여자는 아니었지만 30년 동안 한결같이 남편을 칭송하고 존경했다. 그 결과는 어땠을까? 디즈레일리는 "우리는 30년 동안 함께 살았지만 나는 한 번도 집사람에게 싫증을 느낀 적이 없었다"고 했다(그런데도 역사를 모른다는 이유로 메리 앤이 바보라고 생각하는 사람들이 있다니!).

디즈레일리는 메리 앤이 자신의 인생에서 가장 소중한 존재라는 사실을 공공연히 내세웠다. 그 결과가 어땠냐고? 메리 앤은 친구들에게 "그이가 너무 다정하게 대해준 덕분에 내 인생은 매 순간이 행복의 연속이 되었다"라고 말하곤 했다.

부부끼리는 이런 농담을 주고받았다. 디즈레일리가 "그거 아세요? 내가 돈 때문에 당신이랑 결혼했다는 것을요" 하고 말하면 메리 앤은 웃으며 "그럼요, 하지만 다음에 다시 저랑 결혼하게 되면 그때는 사랑 때문에 결혼하실 거잖아요. 안 그래요?" 하고 대답하곤 했다.

그는 솔직하게 시인했다.

메리 앤은 분명 완벽한 여자는 아니었지만 디즈레일리는 그녀를 있는 그대로 받아들일 만큼 현명했다.

헨리 제임스는 "타인과 관계를 맺을 때 가장 먼저 깨우쳐야 할 것은 행복을 추구하는 상대방 나름의 방식이 우리의 방식에 지장을 주지 않는다면 각자의 방식에 일체 간섭하지 말아야 한다"고 했다.

중요한 말이니 다시 한번 마음에 새겨보자.

"타인과 관계를 맺을 때 가장 먼저 깨우쳐야 할 것은 행복을 추구하는 상대방 나름의 방식이 우리의 방식에 지장을 주지 않는다면 각자의 방식에 일체 간섭하지 말아야 한다."

혹은 릴런드 포스터 우드가 자신의 저서 《가정에서 함께 성장하기Growing Together in the Family》에서 말한 것과 같이 "결혼의 성공은 올바른 배우자를 찾는 일보다 자신이 올바른 배우자감이 되는 것에 달려 있다"고 할 수 있다.

그러니 행복한 가정생활을 누리기 위해 명심해야 할 두 번째 원칙은,

배우자를 바꾸려 들지 마라.

3장

이렇게 하면 가정법원행 확정!

공직 생활을 하면서 디즈레일리가 맞은 최대의 라이벌은 바로 그 유명한 글래드스턴^{Gladstone}[1]이었다. 이 둘은 대영제국 아래에서 사사건건 부딪혔지만 딱 한 가지 공통점이 있었으니, 그것은 바로 사생활에서 더없는 행복을 누렸다는 것이다.

윌리엄과 캐서린 글래드스턴 부부는 50년 동안 해로했는데 반백 년 세월 동안 서로에게 변함없이 헌신하는 아름다운 모습을 보여주었다. 나는 영국의 역대 총리 중 가장 위엄 있는 수상인 글래드스턴이 부인의 손을 꼭 잡고서 벽난로 앞 깔개 주변을 빙빙 돌며 춤추는 모습을 즐겨 떠올리곤 한다. 이때 그는 다음과 같은 노래를 부른다.

---

1. 자유주의 입장에서 하층민을 위한 많은 개혁을 단행한 영국의 총리. 백작 지위를 거부하며 끝내 평민으로 살아서 '위대한 평민'으로 불린다.

"부랑아 남편과 뺑덕어멈 부인, 우리는 깽깽이를 켜고 뜯으며 고단한 인생을 살아가지."

공적으로는 강적으로 여겨지던 글래드스턴은 집에서는 절대로 비난을 하지 않았다. 아침 식사를 하러 내려갔다가 나머지 가족들이 아직 일어나지도 않았다는 사실을 알게 되어 화가 나더라도 이를 대놓고 드러내지 않았다. 나머지 가족 구성원들로 하여금 영국에서 가장 바쁜 사람이 홀로 아래층에서 아침 식사를 기다리고 있다는 사실을 일깨워주는 신비한 노래를 목청 높여 집 안이 떠나가도록 불렀을 뿐이다. 사려 깊고 노련한 글래드스턴은 식구들을 비난하는 일을 철저하게 삼갔다.

세상에서 제일 큰 제국 가운데 하나를 다스리는 예카테리나 대제도 그런 경우가 종종 있었다. 그녀는 수백만 백성의 생살권을 손아귀에 거머쥔 여인이었다. 쓸모없는 전쟁을 벌이고 수많은 정적에게 총살형을 선고하는 등 정치적으로는 무자비한 폭군이었다. 그러나 요리사가 고기를 태워도 아무 말을 하지 않았다. 아량을 베풀어 웃는 얼굴로 그 고기를 먹어주었다. 이는 미국의 남편들이 마땅히 본받아야 할 태도이다.

불행한 결혼 생활의 원인에 관해서는 미국 최고의 권위자인 도러시 딕스는 전체 결혼의 50퍼센트 이상이 파경을 맞고 있다고 밝히면서 그토록 수많은 낭만적인 꿈이 이혼이라는 단단한 바위에 부딪혀 산산이 부서지는 이유는 바로 백해무익하고 마음만 상하게 하는 비난이라고 했다.

따라서 행복한 가정을 꾸리기 위해 명심해야 할 세 번째 원칙은,
비난하지 마라.

자녀를 꾸짖고 싶은 마음이 들 때면 **아서라** 하고 말리는 내 모습을 상상할지도 모르겠다. 하지만 나는 말릴 마음이 없다. 단, 꾸짖기 **전에** 미국 언론사에 길이 남을 고전 가운데 하나인 '아버지는 잊어버린다Father Forgets'를 꼭 읽어보라고만 할 참이다. 이 글은 원래 〈피플스 홈 저널People's Home Journal〉에 실린 사설이었다. 저자의 동의를 얻어 이 글을 〈리더스 다이제스트〉에 실렸던 요약본으로 다시 한번 여기에 소개하려고 한다.

'아버지는 잊어버린다'는 저자가 진정한 깨우침의 순간에 단숨에 써내려간 짧은 글로 수많은 독자의 심금을 울려 해마다 독자가 뽑은 올해 최고의 기사가 되었다. 저자인 W. 리빙스턴 라니드W. Livingston Larned는 글에서 다음과 같이 밝혔다. 약 15년 전 처음 게재된 이후, '아버지는 잊어버린다'는 "수많은 잡지 및 사보를 비롯하여 미국 전역의 신문에 꾸준히 게재되고 있습니다. 미국뿐만 아니라 외국에도 번역되어 소개되었지요. 학교, 교회, 강단 등 내 글을 읽고 싶다고 한 각계각층의 사람들에게 직접 허락해준 적도 있습니다. 이 글은 수많은 프로그램에서 수차례 '방송'을 타기도 했습니다. 뜻밖이지만 대학의 정기 간행물과 고등학교 교지에도 실

렸지요. 이유는 모르겠지만 별것 아닌 글이 '선풍적인 인기'를 끌 때가 있습니다. 이 글이 바로 그런 글이 되었지요."

아버지는 잊어버린다

W. 리빙스턴 라니드

아들아, 내 말을 들어라. 조그만 손은 볼 밑에 깔렸고 곱슬곱슬한 금 발머리는 젖은 이마에 찰싹 달라붙은 모습으로 곤히 자는 너를 보며 말하고 있단다. 조금 전 서재에 앉아 서류를 읽고 있는데 불현듯 거센 후회의 물결이 밀려오더구나. 미안한 마음으로 네 머리맡에 와보았다.

몇 가지 생각나는 게 있구나, 아들아. 아버지가 너한테 화를 냈던 일 말이다. 네가 등교 준비를 하는 동안 고양이 세수를 한다고 혼냈었지. 구두를 깨끗하게 닦지 않았다고 야단을 치기도 했고. 네 물건 몇 가지 를 바닥에 내던졌다고 호통을 친 일도 있었구나.

아침을 먹는 자리에서도 너를 나무랐더구나. 음식을 흘린다고 혼내 고, 허겁지겁 먹는다고 혼내고, 식탁에 팔꿈치를 올린다고 혼내고, 빵 에 버터를 너무 많이 바른다고 혼냈지. 너는 밖으로 놀러 나가고 나는 기차를 타러 나가려는데 네가 돌아서서 손을 흔들며 "아빠, 안녕히 다 녀오세요!"라고 인사를 하더구나. 그런데 아빠는 "어깨 좀 활짝 펴고!" 라면서 얼굴을 찌푸렸지.

그날 오후 늦게 또다시 잔소리가 시작되었지. 집으로 오는 길목에서 아빠는 땅바닥에 무릎을 꿇고 구슬치기를 하는 너를 몰래 지켜보았다. 양말에 구멍이 나 있더구나. 널 앞에 세우고 집까지 떠밀고 가다니 친구들 앞에서 네 체면이 말이 아니었을 게다.

"양말이 얼마나 비싼 줄 알아. 네가 돈을 벌면 그렇게 막 신지 않을 거다."

세상에, 아버지면서 아들한테 그런 말을 했다니!

나중에 아빠가 서재에서 일하고 있는데 네가 상처받은 눈빛을 하고서 겁먹은 표정으로 들어왔던 일 기억나니? 일에 방해를 받아서 짜증이 난 아빠가 서류 너머로 너를 흘끗 쳐다보니까 넌 선뜻 들어오지 못하고 망설였지.

"무슨 일이냐?"

아빠가 퉁명스럽게 말을 했더구나.

넌 아무 말 없이 한달음에 쪼르르 달려와서는 아빠 목에 양팔을 두르고 키스를 해주었지. 네 작은 팔은 하나님께서, 무관심에도 시들지 않고 네 마음속에서 꿋꿋이 꽃피우게 해주신 애정으로 잔뜩 힘이 들어가 있더구나. 그러곤 너는 계단을 후다닥 올라가 버렸지.

아들아, 손에서 서류가 스르륵 빠져나가고 끔찍한 두려움이 엄습한 것은 바로 그때였다. 어쩌다 내가 이렇게 나쁜 버릇을 갖게 된 걸까? 끊임없이 흠을 잡고 꾸중하는 버릇 말이다. 아들로 태어났다는 것만으로 네게 그렇게 가혹하게 굴었더구나. 널 사랑하지 않아서 그런 건 아니란다. 아빠가 아직 어린 네게 너무 큰 기대를 했다. 세상이 바뀌었는데 옛날 생각만 하고 아빠가 어린 시절의 잣대를 너에게 들이대려 했던 거지.

너는 사실 아주 착하고 곱고 참된 인성을 가지고 있어. 네 작은 심장은 사실 언덕 너머를 비추는 새벽빛보다 한없이 넓단다. 네가 쪼르르 달려와 나에게 굿나잇 키스를 해준 것만 봐도 알 수 있는 사실이지. 지금 이 순간 뭐가 더 중요하겠니. 어두운 밤 이렇게 네 머리맡에 다가와 부끄러운 마음으로 무릎 꿇는 일밖에!

보잘것없는 속죄로구나. 네가 깨어 있는 동안에는 이런 말을 해봐야 네가 이해하지 못하겠지. 하지만 아빠는 내일부터 달라지려고 한단다! 네 친구가 되어 힘든 일이 있을 때는 함께 힘들어하고 기쁜 일이 있을 때는 함께 기뻐하려고 해. 곱지 못한 말이 튀어나오려고 할 때는 이를 악물고 참으마. 주문을 외듯 "이 아이는 어린아이에 불과하다"는 말을 곱씹을 거야.

그동안 너를 어른으로 대하는 실수를 범했던 것 같다. 지금 작은 침대에 옹크린 채 곤히 자는 너를 보니 아직 어린아이에 불과한데도 말이야. 엄마 품에 안겨 엄마 어깨에 고개를 얹고 있던 모습이 어제처럼 눈에 선하구나. 그동안 아빠가 너한테 너무 많은 걸 요구해왔다, 너무나 많은 것을.

| 4장 |

모두를 만족하게 만드는 빠른 방법

로스앤젤레스에 있는 가족관계 연구소의 소장인 폴 포페노는 "부인을 구하는 남자들은 대개 회사 간부 같은 여성이 아니라 자신들의 허영심을 부추겨주고 우월감을 느끼게 해줄 정도의 매력과 의지를 갖춘 상대를 찾고 있는 것"이라고 말했다. 따라서 그 여성 간부는 한 번 정도는 점심 식사에 초대받을 수 있을지 모르겠다. 그러나 그녀는 '현대철학의 주류'에 관하여 대학 시절 배운 짧은 지식을 우려먹을 가능성이 농후하며 어쩌면 밥값도 자신이 내겠다고 우길지도 모른다. 그 결과 그녀는 앞으로 두 번 다시 점심 식사에 초대받는 일이 없어진다.

그에 반해서 대학을 나오지 않은 여성 타이피스트는 점심에 초대를 받으면 자신의 동행에게 시선을 고정한 채 동경하는 표정으로 "당신 얘기를 좀 더 들려주세요" 하고 말한다. 그 결과 남자는 동료에게 "그 여자는 빼어난 미인은 아니지만 정말 훌륭한 대화 상대"라고 말하게 된다.

남자는 잘 차려입어서 예뻐 보이려는 여성의 노력에 감사하는 마음을 표현할 줄 알아야 한다. 남자들은 여자들이 다들 옷에 얼마나 깊은 관심을 두는지 잊어버린다. 물론 그 사실을 깨달은 남자에 한한 이야기겠지만 말이다. 가령 어떤 남자와 여자가 함께 거리를 걷다가 지나가는 다른 남녀와 마주치게 되면 여자는 대개 남자는 거들떠보지도 않고 상대 여자가 옷을 얼마나 잘 입었는지를 살핀다.

우리 할머니는 몇 년 전 98세의 연세로 돌아가셨다. 돌아가시기 직전 우리는 30년 전에 찍은 할머니 사진을 보여드렸다. 눈이 어두워져서 사진을 제대로 볼 수 없으면서도 할머니께서는 사진을 보시더니 "내가 무슨 옷을 입고 있는 거니?" 하고 물어보셨다. 생각해보라! 100세를 바라보는 고령의 노인이 병상에 누워 더는 자신의 딸들도 못 알아볼 정도로 빠르게 기억을 잃고 있는 마당에 30년 전에 무슨 옷을 입었는지 알고 싶어 하는 모습을! 할머니께서 그 질문을 하셨을 때 나도 병상을 지키고 있었다. 그 일은 나에게 영원히 흐려지지 않을 강한 인상을 남겼다.

지금 이 글을 읽고 있는 남자들은 5년 전에 어떤 양복을 입었는지 혹은 어떤 셔츠를 입었는지 기억할 수도 없고, 기억하고 싶은 마음도 전혀 없을 것이다. 하지만 여자들은 다르므로 우리 남자들은 그 점을 인지하고 있어야 한다. 프랑스 상류층의 남자들은 여성의 옷과 **모자**에 감탄을 표하는 법을 배우는데, 감탄을 단 한

번으로 끝내지 않고 하루 저녁에도 몇 번이고 표해야 한다고 한다. 5000만 프랑스 남자들이 모두 틀릴 리는 없지 않은가!

스크랩한 기사 중에, 실제 일어났을 리는 없지만 진리를 명쾌하게 보여주는 이야기가 있어 다시 한번 소개하고자 한다.

이 어리석은 이야기에 의하면, 어느 농가의 주부가 고된 일과를 마치고 돌아와 집 안의 남자들 앞에 식사 대신 수북한 건초 더미를 놓았다. 남자들이 못마땅한 표정으로 미친 거 아니냐고 묻자 여자가 대답했다. "이래야 눈치챌 거 아니야? 지난 20년 동안 꼬박꼬박 밥을 차려주었건만 그 기나긴 세월 동안 건초 더미를 먹지 **않게 해줘서** 고맙다는 말을 한마디도 듣지 못했어."

제정 러시아 시대 상류사회에서는 만찬을 들 때 반드시 요리사를 식사 자리로 불러들여 축하해주는 관습이 있었다고 하니, 모스크바와 상트페테르부르크의 꼴불견 귀족들도 예전에는 본데가 있었던 모양이다.

하물며 당신의 부인에게 그 정도 배려도 못 해서야 되겠는가? 다음번에 튀긴 닭이 연하고 맛있거든 부인에게 그렇게 말해주어라. 건초 더미를 먹지 않게 해줘서 고맙다는 사실을 부인에게 알려주어라. 아니면 "이 깜찍한 아가씨에게 큰 박수를 부탁드린다"고 하던 텍사스 기난[1]처럼 말해보자.

한편 감사를 표하는 동시에 부인이 당신의 행복에 얼마나 중요

---

1. 금주법 시대, 유명인사들이 드나들었던 나이트클럽의 소유주.

한 존재인지도 기탄없이 말하기 바란다. 디즈레일리는 영국이 배출한 최고의 정치가였지만 앞에서 본 바와 같이 '자신만의 어여쁜 여인'의 덕을 얼마나 많이 보고 있는지를 스스럼없이 세상에 알렸다.

얼마 전 잡지를 읽다가 우연히 에디 캔터 인터뷰 기사를 발견했다. 에디 캔터를 인터뷰한 내용은 다음과 같다.

"저는 세상 그 누구보다 집사람에게 신세를 많이 지고 있습니다. 집사람은 어린 시절 저의 가장 친한 친구로 제가 똑바로 살 수 있도록 도와주었습니다. 결혼한 후에는 알뜰하게 돈을 모아 여기저기 투자를 하더니 한밑천 마련해주었습니다. 토끼 같은 자식도 다섯이나 두었답니다. 집사람은 살림도 똑소리 나게 잘합니다. 제가 잘되면 그건 전적으로 집사람의 공입니다."

런던의 로이드 보험사조차 꺼릴 정도로 결혼이 위험천만하다는 할리우드라는 동네에서 몇 안 되는 잉꼬부부 가운데 한 쌍이 바로 워너 백스터 부부이다. 결혼 전 위니프리드 브라이슨이라 불렸던 백스터 부인은 결혼과 동시에 성공적인 배우 생활을 접었다. 그러나 그녀의 희생이 둘의 행복에 지장을 주는 일은 한 번도 없었다. 워너 백스터는 "집사람이 무대에서 받는 갈채를 아쉬워했기 때문에 저는 **제가** 집사람한테 갈채를 보내고 있다는 사실을 적극 표현하기 위해 노력했습니다. 여자가 남편에게서 행복을 찾아야 한다면, 남편의 이해와 헌신에서 행복을 찾을 수 있을 것입니다.

그러한 이해와 헌신이 실재한다면 **남편이** 행복할 수 있는 해답 또
한 거기에 있을 거예요."

보다시피, 행복한 가정을 꾸리기 위해 지켜야 할 가장 중요한
법칙 가운데 하나인 네 번째 원칙은,

상대에게 감사하는 마음을 표현하라.

How
to WIN
Friends
and
Influence
People

5장

여자한테는 무척 소중한 것

아주 오랜 옛날부터 꽃은 사랑의 징표로 여겨져 왔다. 별로 비싸지도 않고, 특히나 제철이라면 더더욱 저렴하며, 거리 모퉁이에서 쉽게 살 수도 있다. 그럼에도 남편들이 수선화 꽃다발을 들고 귀가하는 경우가 그토록 드문 것을 보면, 수선화가 난초만큼 비싸고 구름이 내리깔린 알프스 산에서나 볼 수 있는 에델바이스만큼이나 구하기 어려운 꽃이라고 착각할 법하다.

어째서 부인이 병원에나 입원해야 꽃 몇 송이를 던져준단 말인가? 오늘 밤 당장 장미꽃 몇 송이라도 선사해보는 건 어떤가? 당신이 실험을 좋아한다면 무슨 일이 벌어지는지 두고 보길 바란다.

조지 M. 코핸[1]은 정신없이 바쁜 브로드웨이에서도 돌아가시기 직전까지 어머니에게 하루 두 번 반드시 전화를 걸었다. 전화

---

1. 미국의 뮤지컬 배우이자 제작자, 극작가, 작곡가.

를 걸 때마다 매번 어머니한테 깜짝 놀랄 소식이라도 전했던 걸까? 천만의 말씀이다. 이런 작은 관심의 의미는 사랑하는 사람에게 당신이 그 사람을 늘 생각하고 있으며 그 사람을 기쁘게 해주고 싶어 하며, 그 사람의 행복과 안녕이 당신에게는 매우 소중하다는 사실을 보여주는 데 있다.

여자들이 생일이나 기념일에 그토록 큰 의미를 부여하는 이유는 수많은 미스터리 가운데 하나로 영원히 남을 것이다. 평범한 남자들은 이런저런 날짜를 기억하지 못해 평생을 쩔쩔맬 수 있지만, 반드시 기억해야 할 날짜가 몇 가지 있다. 1492년과 1776년[2], 그리고 부인의 생일과 본인 결혼기념일이 바로 여기에 해당한다. 앞의 두 날짜는 몰라도 사는 데 지장이 없지만 마지막 날짜는 그렇지 않다!

이혼소송 4만 건을 취급한 후 2000쌍의 조정에 성공한 시카고의 조지프 사바스 판사의 말을 들어보자.

"부부가 싸우는 이유를 파헤쳐보면 사소한 문제인 경우가 대부분이다. 아내가 남편의 아침 출근길에 손을 흔들며 배웅해주는 별것 아닌 일로도 대부분의 이혼은 막을 수 있다."

역사상 가장 목가적인 삶을 살았다는 세평을 받은 로버트 브라우닝은 엘리자베스 배럿 브라우닝과 살면서 소소한 부분에도 찬사와 관심을 아끼지 않음으로써 사랑의 불씨를 살리는 노력을 소

---

2. 1492년은 콜럼버스가 미대륙을 발견한 해이고, 1776년은 영국의 식민지였던 미국이 독립을 선포한 날이다.

홀히 하지 않았다. 병자인 아내를 어찌나 극진히 보살폈는지 엘리자베스가 언니들에게 이런 편지를 보낼 정도였다.

"이제는 자연히 내가 진짜 천사가 아닐지도 모른다는 의문이 들기 시작해."

그런데도 이처럼 사소하고 일상적인 관심의 가치를 과소평가하는 남자들이 너무나 많다. 게이너 매독스는 〈픽토리얼 리뷰Pictorial Review〉에 기고한 기사를 통해 이렇게 밝혔다. "미국 가정에 절실히 필요한 것은 몇 가지 악습이다. 이를테면 침대에서 아침 식사하기는 수많은 여성이 향유해야 할 달콤한 게으름 가운데 하나이다. 여성에게 침대에서 아침 식사하기는 남성들의 회원전용 클럽이나 마찬가지다."

결국 결혼이란 일련의 사소한 사건들로 이루어져 있다. 따라서 그러한 사실을 간과하는 부부에게는 화가 미칠 것이다. 에드나 세인트 빈센트 밀레이Edna St. Vincent Millay3의 간결한 시구는 이 모든 것을 압축했다고 볼 수 있다.

내 마음이 아픈 이유는 사랑이 떠나서가 아니라
사소한 것들 때문에 사랑이 떠나갔기 때문입니다.

기억해 두면 유용한 시가 아닐까 싶다. 리노 시의 이혼 법정은

---

3. 미국의 여성 시인이자 극작가.

1주일에 6일, 10분에 한 번 꼴로 이혼을 승인한다. 이 중 엄청난 비극 때문에 이혼이라는 암초에 좌초된 건은 몇이나 될 것 같은가? 장담컨대 극소수일 것이다. 이혼 법정에 앉아 허구한 날 불만에 찬 남편과 아내가 쏟아내는 증언을 듣다 보면 사랑이 "사소한 것들 때문에 떠나갔다"는 사실을 알 수 있을 것이다.

지금 당장 가위를 가져다 이 인용문을 오려서 모자 안이나 거울에 붙여두고 매일 아침 면도할 때마다 눈여겨보기를 바란다.

"인생은 단 한 번뿐이다. 그러므로 누군가에게 행할 수 있는 착한 일이나 베풀 수 있는 친절이 있다면 지금 당장 실천하자. 나중으로 미루거나 게으름을 피우지 말자. 내게 주어진 삶은 단 한 번뿐이므로."

따라서 행복한 가정을 꾸려나가기 위해 명심해야 할 다섯 번째 원칙은,

작은 관심을 표현하라.

6장

순식간에 모두를 행복하게 만드는 비결

발터 담로슈Walter Damrosch1는 미국에서 가장 위대한 웅변가이자 대선 후보에도 올랐던 제임스 G. 블레인의 딸과 결혼했다. 앤드루 카네기의 고향 스코틀랜드에서 처음 만난 이후 담로슈 부부는 내내 깨 볶는 냄새를 풍기며 잉꼬부부로 살았다.

비결이 무엇이냐고?

담로슈 부인의 말을 들어보자.

"배우자 선택 다음으로 주의해야 할 것으로 저는 부부간의 예의를 꼽고 싶습니다. 젊은 새댁들이 낯선 사람을 대할 때처럼 남편에게도 예의를 차린다면 얼마나 좋을까요. 독설을 참고 살 남자는 이 세상에 없을 겁니다."

무례는 사랑을 좀먹는 암이다. 누구나 이 사실을 알고 있지만,

---

1. 독일 출생의 미국 지휘자. 뉴욕필하모닉의 지휘자로 활약하였으며 음악학자, 작곡가로서도 많은 업적을 남겼다.

그럼에도 우리는 친인척보다 생판 모르는 남에게 훨씬 더 예의를
차린다.

낯선 사람이 말을 하는 도중에 "세상에, 그 구닥다리 얘기를 또
하려고!" 하면서 말을 끊는 사람은 아무도 없다. 허락 없이 친구
의 편지를 뜯어본다거나 사사로운 비밀을 캐낸다는 것은 꿈도 못
꿀 일이다. 우리가 사소한 잘못에도 서슴없이 모욕을 주는 대상은
우리와 가장 가깝고 우리에게 가장 소중한 존재, 바로 가족밖에
없다.

도러시 딕스의 말을 한 번 더 인용하겠다.

"놀랍게도 진실은 실제 우리에게 모욕적이고 상처가 되는 말을
하는 사람은 남이 아니라 바로 우리 가족이라는 사실이다."

헨리 클레이 리스너는 "예의란 부서진 대문을 못 본 체하고 그
대문 너머 마당에 있는 꽃들로 관심을 돌리는 마음씨"라고 했다.

결혼에서 예의는 자동차의 엔진오일처럼 중요한 것이다.

《아침 식탁의 독재자Autocrat of the Breakfast Table》라는 인기도서의
저자 올리버 웬들 홈스Oliver Wendell Holmes 2는 자신의 집에서는 절
대로 독재자가 아니었다. 오히려 제아무리 우울하고 기운 없어도
전혀 내색하지 않을 정도로 가족들을 배려해주었다. 불쾌한 기분
은 자기 혼자로 충분하니 나머지 가족들에게 그런 우울한 기운을
전염시킬 필요는 없다고 홈스는 말했다.

---

2. 19세기 미국의 의학자이자 문필가로 하버드 대학교 의학 교수이기도 했다. 다양한
시뿐만 아니라 위트 있는 산문 '독재자 시리즈' 등의 작품도 남겼다.

올리버 웬들 홈스는 이런 사람이었다. 그렇다면 나머지 평범한 인간들은 어떠한가? 거래를 성사시키지 못하거나 상사에게 꾸중을 듣는 등 회사에서 안 좋은 일이 생겨 지독한 두통이 생기거나 5시 15분 기차를 놓치기라도 하면 집에 도착하기가 무섭게 식구들에게 화풀이한다.

네덜란드에서는 집에 들어가기 전에 문간에 신발을 벗어둔다. 맹세컨대 우리가 네덜란드의 이러한 관습을 보고 배운다면 집에 들어가기 전에 일터에서 있었던 골치 아픈 일들을 털어버릴 수 있을 것이다.

윌리엄 제임스는 〈인간이 지닌 어떤 맹점에 관하여On a Certain Blindness in Human Beings〉라는 수필을 쓴 일이 있다. 일부러 시간을 내어 가장 가까운 도서관에 가서 찾아 읽을 만한 가치가 있는 수필이다. 수필에는 이런 내용이 나온다.

"본 담론이 다루게 될 인간의 맹점은 우리 자신과는 다른 존재와 타인에 대하여 품는 감정에 관한 것으로, 이는 우리 모두가 빠지는 맹점이다."

"우리 모두가 빠지는 맹점." 고객한테는 언성을 높일 꿈조차 꾸지 못하면서 아내에게 호통치는 일은 예사로 아는 남자들이 많다. 그러나 개인의 행복에서 결혼이 일보다 훨씬 중요하고 필수불가결한 요소이다.

행복한 결혼 생활을 누리고 있는 평범한 인간이 홀로 고독하게 사는 천재보다 훨씬 행복한 법이다. 러시아의 문호 투르게네프는 전 세계로부터 갈채를 받은 인물임에도 이런 말을 남겼다.

"내가 저녁을 집에 와서 먹을지 말지에 신경 써주는 여자만 있다면 내 재능과 작품 모두를 헌신짝처럼 내버릴 수 있다."

그렇다면 결혼에서 행복을 찾을 가능성은 얼마나 될까? 앞에서 인용한 바처럼 도러시 딕스는 결혼의 절반 이상이 파국을 맞이한다고 보고 있지만 폴 포페노 박사의 생각은 다르다. 포페노 박사는 "일보다 결혼에서 성공할 가능성이 더욱 높다. 식료품 사업에 뛰어든 인구의 70퍼센트가 실패한다. 반면 혼인 서약을 한 남녀 70퍼센트가 성공한다"고 했다.

도러시 딕스의 말은 이 모든 것을 일목요연하게 요약해준다.

"결혼에 비하면 출생은 단순한 에피소드에 불과하고, 죽음도 한낱 사소한 사건에 불과하다. 남편들이 사업이나 자기 전문 분야에서 성공하기 위해 심혈을 기울이는 것처럼 가정을 정성스럽게 돌보지 않는 이유를 이해하는 여자는 세상에 없다.

백만장자가 되는 것보다도 사랑하는 아내와 평화롭고 행복한 가정을 꾸리는 쪽이 남자에게 더욱 의미 있는 일인데도 불구하고 가정의 행복을 위해 진지하게 고민한다거나 성실한 노력을 기울이는 남자는 백에 하나도 되지 않는다. 자신의 인생에서 가장 중대한 일을 운에 맡겨버리고는 운이 따라주면 이기고 아니면 만다는 식이다. 게다가 강압적인 방법이든 햇볕정책이든 마음대로 고를 수 있으면서도 남편들이 우리 여자들을 좀 더 노련하게 다루지 못하는 이유를 도무지 알 수가 없다.

남자라면 누구나 부인을 구슬려서 어떤 일이든 시킬 수 있다는 사실을 알고 있다. 아내에게 얼마나 훌륭한 살림꾼인지, 내조는 또 얼마나 잘하는지, 입에 침이 마르게 칭찬을 해주면 아내는 허리띠를 졸라맬 것이라는 사실도 알고 있다. 또한 아내에게 작년에 입었던 옷이 얼마나 아름답고 사랑스러웠는지 말해주면 그 옷을 파리에서 들여온 최신 수입 의류하고도 바꾸지 않을 거라는 사실도 알고 있다. 아내의 눈에 입맞춤을 해주면 아내는 보고도 못 본 척해줄 것이고 쪽 소리가 나게 입술에 키스해주면 꿀 먹은 벙어리가 되어줄 것이라는 사실도 알고 있다.

아내라면 누구나 남편이 자신에 관하여 이런 것들을 알고 있다는 사실을 인지하고 있다. 왜냐하면 남편에게 자신을 요리하는 방법을 일러준 것이 본인이기 때문이다. 그런데도 아내는 남편에게 화를 내야 할지 질색을 해야 할지 갈피를 잡지 못한다. 왜냐하면 남편은 아내의 비위를 맞춰주고 아내가 간절히 바라는 대로 아내를 대해주는 수고보다는 차라리 부부싸움을 택함으로써 형편없는 밥상을 감수하고, 아내로 하여금 홧김에 돈을 쓰게 하고서는 새 옷과 자동차, 보석을 사줄 것이기 때문이다."

따라서 행복한 가정을 꾸리기 위해 명심해야 할 여섯 번째 원칙은,

예의를 지켜라.

How
to
WIN
Friends
and
Influence
People

'결혼 생활의 문맹'이 되지 마라

사회위생국의 국장 캐서린 비먼트 데이비스는 기혼 여성 1000명을 설득하여 매우 사적인 질문에 대한 매우 솔직한 답변을 받아냈다. 그 결과는 충격적이었다. 미국의 평범한 성인이 겪고 있는 성적 불만족에 관하여 대단히 충격적인 대답들을 내놓았던 것이다. 데이비스 박사는 이들 1000명의 기혼 여성으로부터 받은 답변을 꼼꼼히 분석한 후 미국의 부부들이 이혼하는 주된 원인 가운데 하나가 육체적 부조화라는 확신을 주저 없이 발표했다.

G. V. 해밀턴 박사의 설문조사 또한 이러한 연구 결과를 확증한다. 해밀턴 박사는 남성 100명과 여성 100명의 결혼 생활을 연구하는 데 4년을 바쳤다. 그는 이 남녀들에게 결혼 생활에 관한 질문 400개를 개별적으로 던진 후 그들의 문제점을 철저히 논했다. 조사 기간만 4년이 걸릴 정도로 철저한 연구였다. 이 연구는 사회학적으로 매우 중요하다고 인정되어 일단의 선도적인 독지가들에

게 자금 지원을 받았다. 실험 결과는 해밀턴 박사와 케네스 맥고완의 저서 《결혼 생활의 문제가 무엇인가What's Wrong with Marriage?》에서 확인할 수 있다.

그렇다면, 결혼의 장애는 과연 **무엇일까?** 해밀턴 박사는 이렇게 말했다. "성적 부조화가 가정불화의 주요한 원인이 되지 않는다는 일부 정신 의학자들의 주장은 편협하고 무분별하다. 성생활만 순조롭다면 보통 다른 사소한 마찰은 문제가 되지 않는다."

로스앤젤레스에 있는 가족관계 연구소의 소장인 폴 포페노 박사는 수천 쌍의 결혼을 검토한 경험이 있으며 가정생활에 관해서는 미국 최고의 권위자라고 할 수 있다. 포페노 박사에 따르면 결혼이 실패하는 원인은 대개 네 가지라고 한다. 그가 제시한 원인은 순서대로 다음과 같다.

1. 성적 부조화
2. 여가 이용에 관한 의견의 불일치
3. 재정난
4. 정신적·육체적·정서적 이상

성적인 문제가 가장 먼저 등장한다는 사실에 주목할 필요가 있다. 기이하게도 금전 문제는 세 번째에서야 등장한다.

이혼 문제의 권위자들은 한결같이 성적 적합성이 절대적으로 필요하다고 말한다. 가령, 몇 년 전 (가정불화에 대해서는 신물 나게 들어본) 신시내티 가정법원의 호프만 판사는 "10건의 이혼 중 9건이 성적인 문제에 기인한다"고 발표했다.

저명한 심리학자 존 B. 왓슨은 "성은 인생에서 가장 중요한 주제임이 틀림없다. 성은 의심의 여지 없이 남녀의 행복에 풍파를 일으키는 주된 원인이다"라고 했다.

나 또한 우리 강좌에 참여한 수많은 개업의가 발표에서 이와 같은 견해를 피력하는 것을 수차례 목격했다. 그렇다면 수많은 관련 도서와 교육 기회가 존재하는 20세기에 가장 원초적이고 자연적인 본능에 관한 무지로 파경을 맞고 삶이 좌초된다면, 정말 안타까운 일이 아닐까?

올리버 M. 버터필드 목사는 감리교 목사로 18년을 지낸 후 뉴욕 시에 있는 가정상담소를 이끌고자 설교단을 떠났다. 그는 아마도 그 누구보다 주례를 많이 선 인물일 것이다. 버터필드 목사는 "목사가 된 지 얼마 안 되었을 때 보니, 서로 사랑하고 잘하려는 마음을 가지고 있음에도 식장에 오는 많은 남녀가 결혼 생활에 관해서는 문맹 수준이더라"고 했다.

결혼 생활의 문맹이라니!

버터필드 목사는 뒤이어 "결혼 생활처럼 극도로 적응하기 어려운 대사大事를 주로 운에 맡겨버리고 있는 실정을 고려하면 16퍼센트의 이혼율은 기적에 가깝다고 볼 수 있다. 사실 놀랄 만큼 많은 남녀가 이혼하지 못해 함께 살고 있으니 일종의 지옥에 갇힌 셈이다"라고 했다.

버터필드 박사는 "행복한 결혼이 우연의 산물인 경우는 거의 없다. 행복한 결혼은 지능적이고 정교한 설계를 통해 이룩된다는 점에서 건축과도 같다"라고 조언한다.

결혼 생활의 설계에 도움이 되고자 버터필드 박사는 자신이 주례를 서는 커플이면 누구나 장래 계획에 관하여 자신과 솔직하게 상의할 것을 수년간 고집해오고 있다. 예비부부들과 이렇게 오랫동안 상의해본 결과 그는 결혼 당사자 중 꽤 다수가 "결혼 생활에 관하여 문맹"이라는 결론에 도달했다.

버터필드 박사의 말을 들어보자.

"성은 결혼 생활에서 만족을 느낄 수 있는 여러 가지 일 중 한 가지에 불과하지만, 이 관계가 정립되지 않으면 아무것도 정립할 수 없다."

그렇다면 성을 어떻게 정립해야 할까? 버터필드 박사의 말을 계속 들어보자.

"정서적 침묵을 버리고 결혼 생활에 대한 사고방식과 실천 사항에 대하여 객관적이고 냉철하게 논할 수 있는 능력을 키워야 한다. 이러한 능력을 함양할 수 있는 가장 좋은 방법은 건전한 배움과 바람직한 취향을 담은 책을 활용하는 것이다. 나는 내가 만든 소책자인 《결혼과 성의 조화Marriage and Sexual Harmony》 외에도 관련 도서 몇 권을 더 소장하고 있다.

입수할 수 있는 모든 도서 중에서 일반 독자가 읽기에 가장 적합한 것으로 보이는 3권은 이자벨 E. 허턴의 《부부를 위한 섹스 기법The Sex Technique in Marriage》, 맥스 엑스너의 《결혼 생활의 성적인 면The Sexual Side of Marriage》, 그리고 마지막으로 헬레나 라이트의 《결혼 생활의 성적 요소The Sex Factor in Marriage》이다."

따라서 '가정을 더욱 화목하게 만드는 법'의 일곱 번째 원칙은,

결혼 생활의 성을 다룬 양서를 읽어라.

가정을 더욱 행복하게 만드는 7가지 원칙

원칙1. 잔소리는 절대 금물!!!

원칙2. 배우자를 바꾸려 들지 마라.

원칙3. 비난하지 마라.

원칙4. 상대에게 감사하는 마음을 표현하라.

원칙5. 작은 관심을 표현하라.

원칙6. 예의를 지켜라.

원칙7. 결혼 생활의 성을 다룬 양서를 읽어라.

가정을 더욱 행복하게 만들기 위한 **몇 가지 질문들**

〈아메리칸 매거진American Magazine〉은 1933년 6월 호에 에밋 크로지어의 '결혼 생활이 어긋나는 이유'라는 글을 실었다. 다음은 그 기사에 실렸던 설문 내용이다. 각 질문에 답하면서 스스로 점검해볼 만한 가치가 있을 것이다. 긍정적인 답을 하면 각 질문에 10점의 점수를 매긴다.

남편을 위한 질문

1. 생일이나 기념일에 혹은 깜짝 선물의 의미로 가끔 꽃다발과 같은 선물을 선사함으로써 아내에게 지금도 '구애'를 하고 있는가?

2. 남들 앞에서 절대로 아내에게 면박을 주지 않도록 조심하고 있는가?

3. 생활비를 제외하고 온전히 아내 마음대로 쓸 수 있는 돈을 주고 있는가?

4. 아내가 여자로서 느끼는 변화무쌍한 기분을 파악하여 아내가 피로, 불안, 짜증을 느끼는 기간을 잘 넘길 수 있도록 돕고 있는가?

5. 여가 중 최소한 절반 정도는 아내와 함께 보내고 있는가?

6. 아내에게 유리한 부분을 제외하고 요리나 살림 솜씨 등 아내에게 불리한 부분을 어머니나 아는 사람의 아내와 비교하지 않도록 요령껏 잘 참고 있는가?

7. 아내의 지적 활동, 아내가 속한 클럽과 단체, 요즘 읽는 책, 시정 문제에 관한 아내의 관점에 분명한 관심을 표시하는가?

8. 아내가 다른 남자와 춤을 추거나 다른 남자로부터 다정한 관심을 받아도 질투에 찬 말을 참을 수 있는가?

9. 아내를 칭찬하고 아내에 대한 존경심을 표현할 기회를 호시탐탐 엿보고 있는가?

10. 단추를 달아준다거나 양말을 꿰매준다거나 당신의 옷을 세탁소에 맡겨주는 일 등 아내가 해주는 소소한 일들에 대해서 감사를 표하고 있는가?

아내를 위한 질문

1. 근무시간에 남편에게 완전한 자유를 보장해주고, 남편의 동료나 비서 채용 또는 근무시간에 대하여 나무라지 않고 있는가?

2. 가정을 재미있고 멋진 곳으로 만들기 위하여 최선을 다하고 있는가?

3. 남편이 식탁에 앉을 때마다 어떤 음식이 나올지 전혀 예상하지 못할 정도로 식사 메뉴를 다양하게 바꾸고 있는가?

4. 남편이 어떤 일을 하는지 완전히 이해하고 있어서 업무와 관련하여 남편과 유익한 대화를 나눌 수 있는가?

5. 남편의 실수를 책망한다거나 남편보다 더욱 성공한 사람들과 비교하지 않으며 재정적 어려움에 용감하고 활기차게 직면할 수 있는가?

6. 시어머니나 그 밖의 친척들과 원만한 관계를 맺기 위해 각고의 노력을 기울이고 있는가?

7. 옷을 입을 때도 색채나 스타일 면에서 남편의 기호를 존중해주고 있는가?

8. 화목하기 위해 약간의 견해차는 양보하고 있는가?

9. 남편과 여가를 함께 즐길 수 있도록 남편이 좋아하는 게임을 배우기 위해 노력하고 있는가?

10. 남편의 지적인 관심사를 수용할 수 있도록 그날그날의 뉴스, 신간 도서, 새로운 사상을 꾸준히 파악하고 있는가?

이 책에서 배운 원칙을 적용한 나의 경험

이 책에서 배운 원칙을 적용한 나의 경험

How
to
WIN
Friends
and
Influence
People

데일 카네기, 어떻게 읽을 것인가*

살면서 자기계발서 한 권 읽어보지 않은 사람이 있을까? 많은 현대인이 지금보다 나은 삶을 꿈꾸며 다양한 자기계발 프로그램에 심취한다. 지금으로부터 100년도 전에 오늘날의 우리들 못지않게 성공과 삶의 개선에 뜨거운 열정을 가진 남자가 있었다. 성공의 의미를 현대적으로 정의하고 거기에 어울리는 성공 원칙을 제시하여 자기계발 운동의 아버지라고 불리게 된 데일 카네기(1888~1955)가 바로 그 남자다. 뉴욕 YMCA 지회에서 성인 대상으로 대중연설을 가르치는 강사로 출발한 카네기는 너무도 유명한 책 《카네기 인간관계론》을 내놓으며 성공에 목말라하던 사람들에게 폭발적인 반응을 일으켰다. 이 책은 미국 역사상 가장 많

---

* 이 글은 스티븐 와츠(Steven Watts)가 쓴 세계 최초의 데일 카네기 평전 《인간관계를 발명한 남자(Self Help Messiah)》를 우리말로 옮긴 정지현 번역작가가 독자들의 이해를 돕기 위해 평전의 내용을 바탕으로 데일 카네기의 현대적 의미에 대해 소개한 것이다.

이 팔린 책 3위에 기록될 정도로 역사에 기념비적인 발자취를 남겼으며 지금까지 자기계발서의 바이블로 불리며 사랑받고 있다.

당시 데일 카네기의 유명세와 영향력은 상상을 초월했다.《카네기 인간관계론》은 그저 뉴욕의 잘나가는 대중연설 강사에 불과했던 그를 전 세계적인 유명인사로 만들어주었다. 전국으로 확장된 카네기 강좌에는 보다 나은 내일을 꿈꾸는 사람들이 구름처럼 몰려들었고 TV, 영화, 광고, 심지어 군대에서도 그의 인간관계 원칙이 적용되었다. 그 시절에 바다 건너 일본에서까지 한 수 배우고자 그를 초청했다. 강좌 설명회가 열리는 날이면 호텔 안은 물론이고 바깥의 인도까지 발 디딜 틈도 없이 사람들이 꽉 들어찼고 경찰까지 동원될 정도였다고 한다. 마치 인산인해를 이루는 인기스타의 팬 미팅 현장을 보는 듯하다. 한마디로 카네기는 사람들에게 성공의 아이콘이자 간절한 희망이었다.

데일 카네기는 1888년 미주리 주 산골짜기 마을에서 태어났다. 태어날 적 그의 성은 우리가 아는 것처럼 Carnegie가 아니라 Carnagey였다. 발음은 똑같지만 강세가 어디 들어가느냐가 달랐다. 그의 아버지는 가난하지만 근면 성실한 농부였고 어머니는 독실한 신앙심을 가진 지혜로운 여성이었다. 그의 가족은 당장 먹고 살 일을 걱정해야 할 만큼 지독하게 가난했다. 하지만 카네기를 계속 앞으로 나아가게 해준 것은 불굴의 열정이었다. 그것은 결코 같은 자리에 머물러 있지 않겠다는 뜨거운 삶의 의지이기도 했다. 하지만 카네기는 힘든 형편에 들어간 대학에서 초라한 옷차림과 동급생들의 비웃음으로 열등감에 시달려야만 했다. 다른 학생들이 학교 근처에서 하숙할 때 혼자 말을 타고 먼 거리를 통학하고, 몸에 맞지도 않는 초라한 옷차림 때문에 자꾸만 작아져야 했다. 하지만 카네기는 존경스러울 만큼 희망의 끈을 꽉 붙잡고 놓지 않았다. 그에게 구원의 빛이 되어준 것은 바로 말솜씨였다. 그에게는 사람들 앞에서 그 누구보다 설득력 있고 열정적으로 말할 수 있는 능력이 있었다. 캠퍼스에서 각종 연설과 토론대회를 섭렵하여 자신감을 회복했다. 특히 어려서부터 지긋지긋하게 겪어야 했던 가난은 반드시 성공하고 말겠다는 투지를 더욱 불태웠다. 그러나 젊은 카네기 앞에 펼쳐진 미래는 결코 만만하지 않았다. 카네기는 당시 경제와 소비자를 이어주는 중대한 가교로 떠오르기 시작한 세일즈맨의 세계로 뛰어들었지만 처음에는 처참한 실패를 맛봐야 했다. 하지만 인간관계가 직업적인 성공에 얼마나 중요한지 깨달으면서 판매 실적 1위까지 오르는 대성공을 거둔다. 미소와 함께 상대방에게 관심을 보여주고, 논쟁을 피하고, 이름을 기억해주고, 상대방이 자신의 이야기를 하도록 장려하고, 경청하고, 칭찬과 격려를 아끼지 않고, 상대방이 중요한 사람처럼 느끼게 해줘야 한다는, 즉 훗날 《카네기 인간관계론》의 핵심 메시지가 된 원칙들을 어렴풋이 깨달은 것이다. 하지만 카네기의 가슴 한편에서는 항상 뭔가가 꿈틀거렸다. 그는 자신을 표현하고 창조성을 발휘할 수 있는 일을 하고 싶었다. 결국 잘나가는 세일즈맨을 과감하게 그만두고 연기학교에 들어가려고 미국 최대 도시 뉴욕에 입성한다. 휘황찬란한 뉴욕의 밤거리에 두 눈이 휘둥그레지고 첫날밤에 밤잠까지 설치는 안쓰러운 모습은 성공을 꿈꾸며 도시에 상경한 시골 풋내기 그 자체였다. 그는 반짝이 타이즈를 입고 순회공연까지 마쳤건만 배우라는 직업에서 가능성이 보이지는 않았다. 그래서 역시나 자신의 특기를 살려 대중연설을 가르치는 강사로 눈을 돌렸다. 또 우연한 기회에 〈팔레스타인의 앨런비, 아라비아의 로런스〉라는 흥행 쇼의 매니저 역할을 맡아 유럽으로 떠나기도 한다. 유럽 전역을 여행하면서 견문을 넓히고 짧게나마 소설가의 꿈도 꾸었으며 신문이나 잡지에 열심히 기고도 했다. 이렇게 다양한 일에 도전해본 카네기는 결국 사람들에게 화술을 가르치는 일이 자신의 천직임을 깨닫고 미국으로 돌아와 강좌에 매진한다. 언제나 타인에게 섬세한 관심을 기울였던 카네기는 자신의 강좌에 등록한 학생들에게 진정으로 필요한 것이 무엇인지 단번에 파악할 수 있었다. 그들은 연단에 서서 과장된 몸짓으로 멋진 웅변을 하고 싶은 것이 아니라 일상에서 만나는 사람들에게 막힘없이 말하고 그들과 매끄러운 관계를 맺고 싶어 할 뿐이라는 것을. 그들은 성공에 필요한 화술을 원했다. 카네기의 강좌를 찾은 학생들은 새롭게 형성된 대규모 조직사회에서 승진과 출세를 원하는 화이트칼라 종사자들이 대부분이었다.

　사람들의 니즈를 파악하는 데 남다른 능력이 있던 카네기는 대중연설 강사로 계속 승승장구한다. 그의 강좌에 등록한 출판사 관계자의 설득으로 마침내 기념비적인 베스트셀러 《카네기 인간관계론》을 내놓게 된다. 이 책의 원제는 '친구를 얻고 사람들에게 영향을 끼치는 방법'이다. 카네기의 주특기인 화술을 뛰어넘어 사람들을 잘 다루는 방법이라는 폭넓은 주제를 다룬 책이다. 이 책이 출간된 1936년 당시만 해도 미국은 대공황의 여파에 허덕이던 힘겨운 시기였다. 사업체가 줄줄이 파산하고 노숙자와 실업자가 무섭게 불어났다. 대대적인 위기에 처한 국가, 절망에 빠진 사람들…… 하지만 그만큼 사람들의 가슴 깊은 곳에는 그 어느 때보다 삶의 의지와 성공에 대한 열망이 뜨거웠다. 적어도 자신의 삶은 스스로 가꿔나가고 개선하고 싶다는 막연한 바람이 자리했다. 바로 그때 카네기가 등장했다. '남들에게 보이는 성격 이미지를 강화하고 인간관계를 개선하면' 돈도 얻고 인기도 얻을 수 있다는 메시지를 들고 나타나 돌풍을 일으켰다. 말 그대로 '내가 나를 도움으로써' 성공을 일궈나갈 수 있다는 '셀프 헬프' 메시지였다. 그것은 대공황 여파로 힘들어하는 사람들의 내면을 부드럽게 어루만져주는 한편 성공 의지를 더욱 뜨겁게 자극했다. 구명 밧줄을 간절히 기다리던 사람들에게 데일 카네기는 시기적절하게 등장한 메시아나 마찬가지였다. 누구에게나 삶을 개선하는 능력이 있다는 힘차고 긍정적인 메시지는 그에게 '20세기 미국에서 가장 중요한 사람'이라는 영광스러운 타이틀까지 선사했다.

카네기의 성공 철학이 그렇게 엄청난 성공을 거둔 이유를 생각해보면 고개가 저절로 끄덕여진다. 카네기가 활동한 1900년대 초반은 미국이 막 현대사회로 변모하는 시기였다. 그전까지만 해도 엄격한 개신교의 전통에 따라 단호한 성품과 흔들림 없는 도덕성이 인간의 행동 기준으로 여겨지며 그런 사람이 성공한 사람이라고 평가받았다. 요즘 식으로 보자면 '고지식하고 올곧은 성품'을 가진 사람이었다. 그러나 20세기로 접어들면서 모든 것이 바뀌었다. 소비자가 주축이 되는 경제를 기반으로 사회 전반에 역동적인 대변화의 물결이 일어났다. 당연히 새로운 시대에 맞는 새로운 성공 이념이 필요했다. 이제는 나 혼자 아무리 올곧은 성품을 가지고 묵묵히 일한들, 별 소용이 없었다. 기업들의 덩치가 커지고 소비자의 구매력이 거세지면서 사람들과 더불어 일 잘하는 사람, 고객을 제대로 응대할 수 있는 사람이 필요했다. 한마디로 사람들 속에서 잘 융화되고 인간관계에 능숙하게 대처하는 사람이 성공하는 시대로 바뀐 것이다. 따라서 개인은 사람들과의 관계 속에서 자기만의 매력을 발휘해 사람들의 호감을 얻을 필요가 있었다. 흔히 말하는 '사회적 가면'의 필요성이 떠오르기 시작한 것이다. 성격을 계발하고 강화해야만 성공하는 시대가 되었다. 그렇게 현대인의 성공 키워드로 '인간관계'가 등장했다. 사람들에게는 새로운 환경에서 성공하는 방법을 알려주고 이끌어줄 누군가가 절실히 필요했다. 그것이 바로 데일 카네기였다.

카네기가 제시한 성공 원칙에서는 내가 아니라 타인이 주인공이었다. '진실한 관심을 보여라', '인정받는다고 느끼게 해주어라' 같은 핵심 원칙은 타인의 심리와 욕구를 제대로 파악하고 매끄러운 인간관계를 엮어나가야만 성공할 수 있음을 시사했다. 특히 그는 모든 사람에게는 인정받고 싶고, 중요한 사람처럼 느끼고 싶은 욕구가 있음을 거듭 강조했다. 바로 그 욕구를 채워줘야만 성공할 수 있다고 했다. 이것은 그가 당시 새로운 학문으로 떠오르기 시작한 심리학에 지대한 관심을 기울여 이끌어낸 원칙이었다.

카네기의 성공 원칙은 구시대의 유물을 털어버리고 역동적인 새로운 시대로 완전히 진입하려는 사회적 분위기를 반영하는 것이기도 했다. 물론 당시에도 성공학을 다루는 작가들은 많았다. 하지만 카네기가 대표 주자로 우뚝 설 수 있던 것은 그가 가진 대중적인 매력 덕분이었다. 그는 미국 사회의 지각변동을 알린 변화의 신호를 날카롭게 감지하여 대중이 쉽게 소화할 수 있도록 풀어내는 능력이 탁월했다. 이전 시대의 가치관이 서서히 부식되고 자기 인식과 개인 성장, 자존감, 심리적 행복이 중요해지기 시작한 시대적 상황에 맞는 성공법을 내놓고 대중화시켰다. 일화를 중심으로 소개하는 편안하면서도 활기찬 스타일은 사람들이 그의 원칙을 더 쉽게 받아들이게 했다. 실제로 경쾌하기까지 한 대화식 문체, 힘찬 에너지가 뿜어져 나오는 조언, 풍성한 일화, 격식에 얽매이지 않는 편안한 여담, 불현듯 등장하는 진지한 유머를 이 책에서도 한껏 느껴볼 수 있다.

카네기가 《카네기 인간관계론》을 쓴 지 10여 년 후, 제2차 세계대전이 마무리되고 찾아온 풍요의 시대에 사람들의 생활을 위협하는 복병이 등장했다. 바로 불안감이었다. 경제적인 생존이 보장되자 이제 현대인은 온갖 마음의 걱정거리에 시달리게 되었다. 이에 카네기는 두 번째 베스트셀러 《카네기 행복론How to Stop Worrying and Start Living》을 발표하여 사람들이 마음의 걱정을 없애고 진정한 위안을 얻을 수 있도록 도왔다. 다시 한번 사람들의 욕구를 정확하게 파악하고 조준한 것이다.

카네기는 그가 수립한 성공 원칙을 통해 개인의 입신양명만 달성한 것이 아니었다. 심리적인 관점과 기법을 활용한 그의 '셀프 헬프' 메시지는 사회·문화적으로 상당히 큰 업적을 남겼다. '치유의 시대'라고 해도 과언이 아닐 정도로 여기저기서 '힐링'과 '웰빙'을 찾게 된 현대 문화의 밑바탕을 쌓은 장본인이 바로 데일 카네기다. 일상생활에서 사람들과 잘 어울리는 사람일수록 더 많은 수익은 물론이고 여유와 행복을 즐길 수 있다는 카네기의 기본 사상에는 '치유'의 의미가 담겨 있다. 궁극적으로 카네기는 웰빙이나 치유 같은 개념이 현대인의 삶으로 깊숙이 들어오는 데 기여했다. 이 단어들은 우리가 일상에서 자연스럽게 사용할 정도로 익숙한 단어이자 중요한 가치로 자리 잡았다. 자기계발 정신을 담은 '힐링'은 현대인의 삶에서 너무도 당연하고 중요해졌다.

카네기는 지금으로부터 거의 한 세기 전 모든 사람에게는 인정받고 싶은 욕구가 있다고 강조했고, 현대의 오프라 윈프리는 TV 토크쇼에서 모두를 위한 상담 치료사를 자청하여 자신은 물론 수많은 사람의 인생을 바꿔놓았다. 그동안 카네기의 자기계발 유산이 계속 이어져서 현대 문화의 일부로 굳건하게 자리 잡았다는 증거이다. 그렇다. 스티븐 코비, 디팩 초프라, 말콤 글래드웰, 오프

라 윈프리 이전에 데일 카네기가 '원전原典의 품격'으로 우뚝 서 있
다. 오늘도 현대인의 손에는 자기계발서가 들려 있고 '힐링'을 이
야기하는 프로그램에 푹 빠져 있다.

이 책은 《카네기 인간관계론》 1936년 초판(95쇄)의 국내 최초
완역본이다. 카네기의 펜 끝에서 나와 현대인의 생활에 완전히 스
며든 '셀프 헬프' 성공 원칙을 하나도 빠뜨리지 않고 만나보기 바
란다. 마지막으로 데일 카네기가 성공에 목말라 있는 사람들에게
특유의 열정적인 어조로 즐겨 했던 말을 소개한다.

"누구나 성공할 수 있습니다. 여러분이라고 그러지 말라는 법이
있겠습니까?"

지은이 데일 카네기(Dale Carnegie, 1888~1955)

어려서부터 성공에 대한 열망이 뜨거웠던 카네기는 여러 특이한 경력을 거친 끝에 YMCA에서 대중연설을 가르치는 일에 열정을 쏟게 된다. 그 열정은 훗날 현대적인 성공 철학을 정의한 베스트셀러,《카네기 인간관계론》을 쓰게 만들었다. 카네기의 엄청난 영향력은 단순하지만 심오한 메시지에서 나왔다. 성공하고 싶다면 호감 가는 성격을 만들고 타인의 심리적 욕구를 이해하라는 것이었다. 그것이 바로 복잡한 관료주의 사회에서 부와 지위를 손에 넣는 열쇠였다. 이처럼 단호한 성품과 엄격한 도덕성이 아닌 인간관계의 중요성을 강조하는 그의 조언은 실로 폭발적인 반응을 일으켰다. 데일 카네기는 '행복의 추구'라는 말의 현대적 의미를 정의함으로써 20세기의 가장 영향력 있는 인물로 자리매김했다. 현재까지 3000만 부 이상 판매된《카네기 인간관계론》은 지금도 여전히 미국에서 매년 10만 부 이상 판매되면서 그 영향력을 계속 발휘하고 있다. 데일 카네기의 주요 저서로는 그의 두 번째 밀리언셀러인《카네기 행복론》, 에이브러햄 링컨 대통령에 대한 길지 않은 전기《카네기가 들려주는 링컨 이야기》등을 비롯해 다수의 대중연설 및 화술 관련 책들이 있다.

옮긴이 황금진

숙명여자대학교 영어영문학과를 졸업하고 현재 번역 에이전시 베네트랜스에서 전문 리뷰어 및 전문번역가로 활동 중이다. 옮긴 책으로는《개와 영혼이 뒤바뀐 여자》《기업을 키우는 인사결정의 기술》《사랑과 돈의 경제학》(공역) 등이 있고 출간 예정작으로《파사우스》《문명 시리즈(역사서)》등 다수가 있다.

카네기 인간관계론

친구를 얻고 사람들에게 영향을 끼치는 방법

1판 1쇄 발행 2014년 3월 25일
1판 5쇄 발행 2020년 4월 21일

지은이 데일 카네기 **옮긴이** 황금진 **펴낸이** 신정민

기획·책임편집 김성수 **디자인** 문성미 **교정** 네오북(김연정)
마케팅 정민호 김경환 **홍보** 김희숙 김상만 지문희 우상희 김현지
저작권 한문숙 김지영 이영은 **제작** 강신은 김동욱 임현식 **제작** 한영문화사

펴낸곳 (주)교유당 **출판등록** 2019년 5월 24일 제406-2019-000052호

주소 10881 경기도 파주시 회동길 210
문의전화 031-955-8891(마케팅) 031-955-3583(편집) **팩스** 031-955-8855
전자우편 gyoyudang@munhak.com

ISBN 978-89-546-2433-6 13320

■ 아템포는 (주)교유당의 실용 브랜드입니다. 이 책의 판권은 아템포에 있습니다.
 이 책 내용의 전부 또는 일부를 사용하려면 반드시 아템포에 서면 동의를 받아야 합니다.
■ 이 도서의 국립중앙도서관 출판시도서목록(CIP)은 서지정보유통지원시스템 홈페이지(http://seoji.nl.go.kr)와 국가자료종합목록 구축시스템(http://www.kolis-net.nl.go.kr)에서 이용하실 수 있습니다.
 (CIP제어번호: CIP2014007443)